石油石化职业技能培训教程

净 水 工

(上册)

中国石油天然气集团有限公司人事部 编

石油工业出版社

内 容 提 要

本书是由中国石油天然气集团有限公司人事部统一组织编写的《石油石化职业技能培训教程》中的一本。本书包括净水工应掌握的基础知识、初级工操作技能及相关知识，并配套了相应等级的理论知识练习题，以便于员工对知识点的理解和掌握。

本书既可用于职业技能鉴定前培训，也可用于员工岗位技术培训和自学提高。

图书在版编目(CIP)数据

净水工. 上册/中国石油天然气集团有限公司人事部编. —北京：石油工业出版社，2019.12

石油石化职业技能培训教程

ISBN 978-7-5183-3595-4

Ⅰ. ①净⋯ Ⅱ. ①中⋯ Ⅲ. ①石油加工厂-工业用水-净水-技术培训-教材 Ⅳ. ①TE685.3

中国版本图书馆 CIP 数据核字(2019)第 203141 号

出版发行：石油工业出版社

（北京市安定门外安华里 2 区 1 号　100011）

网　　址：www.petropub.com

编辑部：(010)64251613

图书营销中心：(010)64523633

经　　销：全国新华书店

印　　刷：北京晨旭印刷厂

2019 年 12 月第 1 版　2021 年 4 月第 2 次印刷

787 毫米×1092 毫米　开本：1/16　印张：17

字数：435 千字

定价：60.00 元

（如发现印装质量问题，我社图书营销中心负责调换）

版权所有，翻印必究

《石油石化职业技能培训教程》编委会

主　任：黄　革

副主任：王子云　何　波

委　员（按姓氏笔画排序）：

丁哲帅	马光田	丰学军	王　莉	王　雷
王正才	王立杰	王勇军	尤　峰	邓春林
史兰桥	吕德柱	朱立明	刘　伟	刘　军
刘子才	刘文泉	刘孝祖	刘纯珂	刘明国
刘学忱	江　波	孙　钧	李　丰	李　超
李　想	李长波	李忠勤	李钟馨	杨力玲
杨海青	吴　芒	吴　鸣	何　峰	何军民
何耀伟	宋学昆	张　伟	张保书	张海川
陈　宁	罗昱恒	季　明	周　清	周宝银
郑玉江	胡兰天	柯　林	段毅龙	贾荣刚
夏申勇	徐春江	唐高嵩	黄晓冬	常发杰
崔忠辉	蒋革新	傅红村	谢建林	褚金德
熊欢斌	霍　良			

《净水工》编审组

主　　编：刘睿诚

参编人员(按姓氏笔画排序)：

　　　　王　丽　田　华　邢珏莹　张　龙　张一婷

　　　　贾双喜　梅文迪

参审人员(按姓氏笔画排序)：

　　　　王有东　司　莹　杨炳林　徐　静

PREFACE 前言

随着企业产业升级、装备技术更新改造步伐不断加快,对从业人员的素质和技能提出了新的更高要求。为适应经济发展方式转变和"四新"技术变化要求,提高石油石化企业员工队伍素质,满足职工鉴定、培训、学习需要,中国石油天然气集团有限公司人事部根据《中华人民共和国职业分类大典(2015年版)》对工种目录的调整情况,修订了石油石化职业技能等级标准。在新标准的指导下,组织对"十五""十一五""十二五"期间编写的职业技能鉴定试题库和职业技能培训教程进行了全面修订,并新开发了炼油、化工专业部分工种的试题库和教程。

教程的开发修订坚持以职业活动为导向,以职业技能提升为核心,以统一规范、充实完善为原则,注重内容的先进性与通用性。教程编写紧扣职业技能等级标准和鉴定要素细目表,采取理实一体化编写模式,基础知识统一编写,操作技能及相关知识按等级编写,内容范围与鉴定试题库基本保持一致。特别需要说明的是,本套教程在相应内容处标注了理论知识鉴定点的代码和名称,同时配套了相应等级的理论知识练习题,以便于员工对知识点的理解和掌握,加强了学习的针对性。此外,为了提高学习效率,检验学习成果,本套教程为员工免费提供学习增值服务,员工通过手机登录注册后即可进行移动练习。本套教程既可用于职业技能鉴定前培训,也可用于员工岗位技术培训和自学提高。

净水工教程分上、下两册,上册为基础知识、初级工操作技能及相关知识,下册为中级工操作技能及相关知识、高级工操作技能及相关知识、技师操作技能及相关知识。

本工种教程由大庆油田有限责任公司任主编单位,参与审核的单位有大庆油田有限责任公司、宝鸡石油机械有限责任公司、玉门油田分公司、吉林石化分公司等。在此表示衷心感谢。

由于编者水平有限,书中错误、疏漏之处请广大读者提出宝贵意见。

编者

2019年9月

CONTENTS 目录

第一部分　基础知识

模块一　水资源知识 3
 项目一　水资源的概念 3
 项目二　水化学知识 5
 项目三　水处理微生物知识 8

模块二　取水知识 10
 项目一　取水工程及给水水源概述 10
 项目二　地下水取水构筑物 16
 项目三　地表水取水构筑物 19
 项目四　取水水泵 31

模块三　水质检验 36
 项目一　饮用水卫生标准 36
 项目二　水质检验知识 38

模块四　水力学知识 50
 项目一　水力学基本概念 50
 项目二　水力学研究对象 54

模块五　电气与计算机知识 58
 项目一　电力知识 58
 项目二　计算机知识 60

模块六　安全知识 62
 项目一　安全生产与劳动保护知识 62
 项目二　消防安全知识 70

项目三　安全用电知识 …………………………………………………… 77
　　项目四　现场安全管理知识 ……………………………………………… 80

第二部分　初级工操作技能及相关知识

模块一　管理净水主体工艺 ………………………………………………… 87
　　项目一　相关知识 ………………………………………………………… 87
　　项目二　绘制常规工艺流程图 …………………………………………… 114
　　项目三　绘制水处理构筑物简图 ………………………………………… 115
　　项目四　巡回检查加药间 ………………………………………………… 116
　　项目五　加药泵切换操作 ………………………………………………… 117
　　项目六　溶液池切换操作 ………………………………………………… 118
　　项目七　识别加药系统管件 ……………………………………………… 119
　　项目八　巡回检查反应沉淀池 …………………………………………… 120
　　项目九　沉淀池排泥操作 ………………………………………………… 121
　　项目十　巡回检查滤池 …………………………………………………… 122
　　项目十一　普通快滤池反冲洗 …………………………………………… 123

模块二　管理净水辅助工艺 ………………………………………………… 124
　　项目一　相关知识 ………………………………………………………… 124
　　项目二　使用酸度计测定水的 pH 值 …………………………………… 139
　　项目三　使用二氧化氯分析仪测定余量 ………………………………… 140
　　项目四　测定水样色度 …………………………………………………… 141
　　项目五　巡回检查臭氧发生器间 ………………………………………… 142

模块三　管理维护设备 ……………………………………………………… 143
　　项目一　相关知识 ………………………………………………………… 143
　　项目二　识别常用工具 …………………………………………………… 161
　　项目三　更换 PVC 球阀 …………………………………………………… 162
　　项目四　使用托盘天平称量物品 ………………………………………… 163
　　项目五　使用光散射浊度仪测量浑浊度 ………………………………… 164
　　项目六　使用防毒面具 …………………………………………………… 165
　　项目七　水表读数 ………………………………………………………… 165

理论知识练习题

初级工理论知识练习题及答案……………………………………………………169

附　录

附录1　职业技能等级标准……………………………………………………223
附录2　初级工理论知识鉴定要素细目表……………………………………234
附录3　初级工操作技能鉴定要素细目表……………………………………240
附录4　中级工理论知识鉴定要素细目表……………………………………241
附录5　中级工操作技能鉴定要素细目表……………………………………247
附录6　高级工理论知识鉴定要素细目表……………………………………248
附录7　高级工操作技能鉴定要素细目表……………………………………253
附录8　技师理论知识鉴定要素细目表………………………………………254
附录9　技师操作技能鉴定要素细目表………………………………………258
附录10　操作技能考核内容层次结构表……………………………………259

参考文献……………………………………………………………………………260

第一部分

基础知识

模块一　水资源知识

项目一　水资源的概念

地球上的水资源包括经人类控制并直接可供灌溉、发电、给水、航运、养殖等用途的地表水和地下水以及江河、湖泊、井、泉、潮汐、港湾和养殖水域等,狭义上来说是指逐年可以恢复和更新的淡水量。水资源是发展国民经济不可缺少的重要自然资源。

一、水资源的概述

> CAA001　水资源的概述

水资源的概念通常有广义和狭义之分,狭义水资源是指人类能够直接使用的淡水,广义来说是指水圈内水量的总体。

地球上最丰富的水资源是海水资源,海洋占地球表面积大约为70%,淡水资源中,最易于人类使用的水资源是江河水。

二、水的循环

> CAA004　水的循环

地球上水的总量不变,地球上的洪涝、旱灾与水循环的时空分布不均匀有密切关系。水循环对自然环境及人类生存产生的影响有引起气候变化、造成再生资源、改变地表地貌形态。参加海陆之间大循环的有效水量占全球水循环总量的8%。地球上水资源总量虽然保持不变,但随着水污染严重,人类可用水资源在减少。

三、水的作用

> CAA003　水的作用

维系生命的三大要素是空气、阳光、水,而水是生物不可缺少的组成部分,自然界原始生命起源于水环境之中。水对气候影响较大,海水可以调节气候温度,是因为水的比热容最大。

四、天然水的特性

> CAA007　天然水的特性

天然水按来源可分为雨水、地表水、地下水;按用途可分为饮用水、生活用水、工业用水和冷却水。

天然水中的胶体物质通过混凝可以脱稳析出,腐殖质是天然水中有机杂质的主要成分,栖息在水体底部的动植物称为底栖生物。

(一) 地下水的特性

> CAA009　地下水的特性

地下水的特点有化学成分复杂、矿化度多样性、化学成分变化缓慢。按矿化度高低,地下水可分为五类:淡水、微咸水、咸水、盐水、卤水。地下水的矿化度随水层深度增加而增加,地下水中存在的物质有氧气、二氧化碳、有机物。位于潜水以下更深层的地下水称为泉水,其矿化度随水层深度增加而升高。

(二)地面水的特性

地面水的特点有水中含有大量有机物、溶解了大气中的氧气以及二氧化碳、水中微生物随季节变化较大。按河水中离子总量将河水矿化度划为4档,中矿化度河水离子总量范围是 200~500mg/L,河水中营养盐的主要来源有大气降水、农田施肥、生活污水,采集江河水的水样时,需沉入水下面 20~50cm。地面水中有机物含量较高,且其中的微生物受季节影响很大。

(三)天然水中的杂质

天然水中有机杂质的主要成分是腐殖质,肉眼可见的是悬浮物,天然水中胶体杂质稳定的基本原因是胶体颗粒带有同性电荷。天然水中胶体杂质的颗粒大小一般在 10^{-6} ~ 10^{-4} mm,用肉眼无法看到,天然水中的杂质在水中的存在状态主要决定于颗粒大小。天然水中含一定数量溶解的和悬浮的有机物。

(四)水中细菌的分布

对于河流而言,一般上游的细菌较少,湖底淤泥中的细菌相比湖水中多,地下水中的细菌较地面水少。水中细菌来源于空气、土壤、污水、垃圾和死的动植物。水中的原生生物可以吞噬细菌,藻类和噬菌能抑制一些细菌的生长。雨雪水中所含细菌的多少与地区的空气清洁度有关,湖泊中一般湖岸边细菌较多。

五、水质污染

来自污染源的污水,如不能充分处理就排入天然的、洁净的水体中,就是水质污染。水体在自然条件下的污染称为自然污染,水体在人为条件下的污染称为人为污染。水体对排入的污水有一定的自净能力,湖泊、水库的自净能力较弱。水体的自净作用包括物理、化学和生物作用。污染物向底泥中沉积,底泥被水流冲刷移动是物理作用。

(一)水体主要污染物

含碳水化合物、蛋白质、脂肪等有机化合物的生活污水和工业废水属于耗氧性有机污染物;藻类大量繁殖的水体属于生物污染。水体富营养化主要是指水体中氮、磷含量升高。水中耗氧有机物的含量测定指标有 BOD(生化需氧量或生化耗氧量,表示水中有机物等需氧污染物质含量的一个综合指标)、TOC(总有机碳,以碳含量表示水中有机物的总量)、COD(化学需氧量,以化学方法测量水样中需要被氧化的还原性物质的量)。水体富营养化可造成鱼类生活空间变小。藻草的过度生长可造成水中溶解氧升高、pH 值升高。

(二)耗氧污染物

耗氧性有机污染物主要来源于生活污水和工业废水,植物类营养污染物主要来源于生活污水和农业废弃物,石油类污染物主要来源于含油水的排放,医院污水、生物制品废水能造成水体的生物污染。生活污水可导致耗氧性有机污染物、植物营养污染物和生物污染物增加,造纸、皮革、制糖和印染厂排出的污水可导致耗氧性污染物升高。工业废水污染往往导致饮用水严格控制的氟化物、硝酸盐、三氯甲烷等化学指标的升高。

(三)氟化物

氟化物指负价氟的有机化合物和无机化合物。可制作杀虫剂、木材防腐剂的氟化物是氟化钠。用作玻璃蚀刻剂、金属表面的化学抛光剂的氟化物是氟化铵。氟化氢是具有腐蚀性和毒性的物质。自然界中存在最多的氟化物是氟化钙，萤石的主要成分是氟化钙。

（四）硝酸盐

> JAA007 硝酸盐的含义

氮循环中有机矿化物作用最终的氧化产物是硝酸盐氮；如果水中除硝酸盐氮外，并无其他氮类化合物共存，则表示污染物中蛋白类物质已分解完全，水质较为稳定。硝酸盐是离子化合物，含有硝酸根离子和对应的正离子。当水中硝酸盐氮、亚硝酸盐氮和氨氮几种氮化合物共存时，说明水体正在自净，仍有污染物存在的可能。测定水中硝酸盐氮时，取样后应尽快测定。采用二磺酸酚法测定硝酸盐氮的原理是利用二磺酸酚与硝酸根离子作用，生成硝基二磺酸酚，所得反应物在碱性溶液中发生分子重排，生成黄色化合物。采用二磺酸酚法测定水中硝酸盐氮时，干扰离子较多，特别是氯离子有严重干扰。

（五）三氯甲烷

> JAA008 三氯甲烷的含义

在自然界中，三氯甲烷主要以水氯化的消毒副产物的形式存在，在土壤中的转移方式是厌氧生物降解，三氯甲烷可用作麻醉剂，但现已被安全物质代替。人对三氯甲烷的摄取主要通过饮用水和呼吸。三氯甲烷具有特殊气味、易挥发、不燃等特点。水中的三氯甲烷可以分解到空气中。

六、我国水资源的概况

> CAA002 我国水资源的概况

我国是水资源十分短缺的国家之一，我国耕地受旱灾的重要原因之一是降雨时间和空间分配十分不均。我国水资源总量丰富，但人均占有量较少，水资源分布南北差异大，南多北少。

项目二　水化学知识

水化学是研究天然水（河流、湖泊、大气水、海水、地下水等）化学成分及其在空间和时间上的分布和演变的学科。水化学研究的内容包括水化学成分分类，在自然条件下和人为活动影响下水化学成分的形成过程，水质评价，水质分析和监测，水质的动态变化及其预报等。

一、水的性质

> CAA005 水的物理性质

（一）水的物理性质

纯水在0℃以下时为固态，在4℃时，水的密度最大，为$1g/cm^3$，水的比热容在已知物质中最大，水在结冰时，体积膨胀，密度减小，水变成冰时体积变大。

> CAA006 水的化学性质

（二）水的化学性质

水由氢和氧两种元素组成，它的化学分子式为H_2O。水分子是由1个氧原子和2个氢原子组成，所以水分子的形状为V形，液态水中的水分子呈聚集状，这是因为水分子的氢键而产生的现象，水可以与活泼金属反应，与钠反应可生成氢气。

> CAA011 水中溶解性气体对水质的影响

（三）水中溶解性气体对水质的影响

河水的pH值主要由水中的二氧化碳量所决定，河水中溶解氧含量一般不大于

15mg/L，二氧化碳在水中溶解量的范围一般是 20～30mg/L。夏季水生植物生长时期，河水中二氧化碳含量大幅降低。湖水的 pH 值升高。当水中溶解氧降低到一定程度时，水会变臭。

二、水的特性指标

CAA012 水的酸碱度

（一）水的酸碱度

地下水有酸性的、中性的和碱性的。pH 值为 8 的水属于弱碱性水，菹草生长期，水库水的 pH 值上升。为满足水质要求，在水处理过程中投加少量盐酸才能符合水质标准。溶液 pH 值越大，水中所含 OH^- 越多，溶液的碱性越强。

ZAA006 水的浊度

（二）浊度

NTU 是散射浊度单位的英文缩写，饮用水的浑浊度是水源水中悬浮颗粒物未经滤除造成的，GB 5749—2006 中规定饮用水中浊度的限值为 1NTU；化学法处理饮用水或废水时，一般用浊度来控制化学药剂的投加量；理论上讲，饮用水的浑浊度越低越好，浑浊度对消毒有效性的影响很大。

ZAA007 水中的余氯

（三）余氯

余氯是指用氯气消毒时，接触一定时间后，水中所剩余的消毒剂量，生活饮用水必须经过消毒处理，作用是抑制水中微生物生长，GB 5749—2006 中规定饮用水管网末梢余氯的下限值为 0.05mg/L。饮用水中的余氯包括游离性余氯和化合型余氯两种形式。水质标准中规定用氯气消毒时，接触 30min 后，游离余氯不应低于 0.3mg/L。

ZAA008 水的硬度

（四）水硬度

水的硬度主要指水中钙离子、镁离子的浓度。经加热煮沸后沉淀可消除的硬度称为暂时硬度；水沸腾后，不沉淀的仍以离子形式含于水中的 Ca^{2+}、Mg^{2+} 的含量，称为永久硬度。暂时硬度和永久硬度的总和称为总硬度。$Ca(HCO_3)_2$、$Mg(HCO_3)_2$ 属于暂时硬度的物质。水的硬度换算中，1mg 当量相当于 50mg/L $CaCO_3$。水的硬度过高，可在配水系统中形成水垢。

ZAA009 水的碱度

（五）水碱度

碱度的测定值因终点 pH 值不同而有很大的差异。测定水的碱度时，先加酚酞指示剂，如呈红色表示有氢氧化钠或碳酸盐存在，对饮用水而言，酚酞碱度不宜过高。构成水碱度的物质有氢氧化物、硅酸盐、碳酸盐和碳酸氢盐。

GAA007 水的耗氧量

（六）耗氧量

耗氧量指水样中可氧化物从氧化剂中所吸收的氧量，可衡量水体中有机物的相对含量，又称为化学需氧量，用高锰酸钾法测得的耗氧量又称高锰酸盐指数。耗氧量与溶解氧同时增加时，不能认为水已受到污染。耗氧量也是 1L 水中还原性物质在一定条件下被氧化时所消耗的氧毫克数。水中存的有机物质，直接测定比较困难，耗氧量是一种间接测定有机物的方法，是评价水体受有机物污染总量的一项综合指标。

GAA008 水中的溶解氧

（七）溶解氧

溶解于水中的氧气称为溶解氧；在一定条件下，氧气在水中的溶解达到动态平衡

($V_{溶解}=V_{溢出}$),称为氧气在该条件下的溶解度;在天然水体表面所承受的大气压下,空气中的氧在水中的溶解度称为饱和度。溶解氧实际含量与其同温、同盐条件下的饱和量的比称为饱和度。水中的溶解氧的含量与空气中的氧的分压、水的温度都有密切关系。清洁的地面水在正常情况下,水中的溶解氧接近饱和状态。

> GAA009 水中的氨氮

(八)氨氮

氨氮以游离氨或铵盐的形式存在于水中,具体在水中主要以何种形式存在,取决于水的pH值;水中氨氮主要为生活污水中含氮化合物受微生物作用的分解产物。氨氮在有氧环境中可转变为亚硝酸盐和硝酸盐。氨氮对水生生物有较大影响。

> GAA010 水中的菌落总数

(九)菌落总数

菌落总数是指1mL水在普通琼脂培养基中,于温度37℃经24h培养后,所生成的细菌菌落总数;经过净化、消毒处理的饮用水,菌落总数应不超过每毫升100CFU(菌落形成单位,指单位体积中的细菌、霉菌、酵母等微生物的菌落总数);计算菌落时,应包括琼脂表面和琼脂深部的菌落数。检验细菌的所有器具都必须经过灭菌处理。菌落总数可作为评价水质清洁程度和考核净化效果的指标。

> ZAA004 胶体物质的组成

三、胶体物质的组成

水中的胶体物质是指直径为$10^{-4} \sim 10^{-6}$mm的微粒。胶体是许多分子和离子集合物。胶体的结构包括胶核、吸附层、扩散层;吸附层和扩散层总称为双电层;胶粒所带电荷一般为负电荷。布朗运动是天然水中胶体微粒稳定性的因素之一。天然水中的泥沙容易通过静沉与水分离,而胶体颗粒却难以自然沉淀。

胶体颗粒的主要成分一般为二氧化硅;天然水中,基本都是负电胶体,最多的是二氧化硅胶体。

> ZAA005 溶液的性质

四、溶液的概念

一种或一种以上的物质以分子或离子形式分散于另一种物质中形成的均一、稳定的混合物称为溶液。溶液由溶质和溶剂组成。溶质是被溶解的物质,溶剂是能溶解其他物质的物质。水(H_2O)是最常用的溶剂,能溶解很多种物质。汽油、酒精、氯仿、香蕉水也是常用的溶剂,如汽油能溶解油脂,酒精能溶解碘等。溶质可以是固体,也可以是液体或气体;如果两种液体互相溶解,一般量多的一种称为溶剂,量少的一种称为溶质。溶液具有透明、均匀、稳定的宏观特征。实验室里,许多化学反应都是在溶液中进行的,其主要原因是反应进行得快。一杯溶液中,各部分的性质是相同的,当水分不蒸发,温度不改变时,溶液放置较长时间后,溶质不会分离出来;气、液、固都可以作为溶质的物质。

溶液一定是混合物,常见的食盐水洁净透明也是混合物。通常不指明溶剂的溶液,一般指的是水溶液。

项目三　水处理微生物知识

一、水处理微生物

GAA001 微生物的概念

(一)微生物的概念及特点

微小的、肉眼看不到的有机体称为微生物,其中放线菌为丝状微生物,藻类是含叶绿素的微生物。微生物学是研究微生物的构造、生命活动的特征与发展规律的一门科学,病毒属于微生物的一种。

GAA002 微生物的特点

微生物有分布广、种类多、易变异、易培养的特点;一般的细菌在适宜的条件下每 20~30min 就繁殖一代。微生物对于人类而言,既有有害的,又有有益的,微生物能利用多种农副产品作为营养,这是微生物的易培养特点。微生物具有各种生存方式和营养类型,这是微生物的分布广、种类多特性。随着外界环境的改变,微生物们的形态、结构也发生改变,这是微生物的易变异、适应性强特点。排水系统中,可以利用微生物降解水中有害物质,进行污水净化处理。

GAA003 细菌的基本形态

(二)细菌和病毒

1. 细菌的基本形态

细菌个体的形态有球状、杆状、弧状和螺旋状,细胞在两个互助垂直的平面上分裂,呈田字形排列的细菌为四联球菌,分裂后的细胞各自分散、单独存在的细菌是单球菌;球杆菌是杆菌的一种,结核菌属于分枝杆菌;霍乱弧菌属于螺旋菌。细菌的形态学分类有厌氧菌、根瘤菌。

GAA004 细菌细胞的结构

2. 细菌的细胞结构

细胞壁是细胞最外面的一层薄膜,对细胞起保护作用,它的厚度不超过 7.5nm,与细胞膜一样,都是一种具有选择性吸收的半透膜。当细胞处于不利条件下时,某些细胞会在细胞质内形成芽孢。细胞原生质中包括细胞膜、细胞质、核质。细胞的特殊构造主要有荚膜、细胞膜、芽孢、鞭毛。

GAA005 细菌的生长

3. 细菌的生长

细菌要进行新陈代谢,必须从周围环境中选取适当的物质,这些物质称为营养物,营养物包含水、氮、盐。细菌按对氧气的需要可分为需氧菌和厌氧菌,有些细菌在有氧和无氧的条件下都能生长;细菌按营养类型可分为自养菌、异养菌。

GAA006 细菌的呼吸

4. 细菌的呼吸

微生物学中,呼吸是指产生能量的生物氧化过程,细菌的能量转化都是在酶的催化作用下完成的;污水的生物处理一般都是利用好氧微生物的作用来完成的。细菌的呼吸方式有好氧呼吸、厌氧呼吸、兼性呼吸。细菌在呼吸过程中获得生长、繁殖、运动所需的能量。好氧菌需要空气中的氧气才能生活,废水处理中应用的大部分是好氧菌。

JAA002 水中常见的病毒

5. 水中常见的病毒

水中常见的病毒有轮状病毒、肠道病毒、肝炎病毒和 SARA 冠状病毒。水中的病毒来自人的排泄物;原污水中含感染性病毒可达 10 万~50 万个/L;城市污水处理后,需经过消毒才能排放入水体。

二、管网中的微生物对水质的影响

(一) 供水管网中经常出现的水质问题

管网中结垢层形成的原因:水对金属管壁腐蚀形成结垢层、碳酸盐沉淀形成结垢层、水中悬浮物的沉淀形成结垢层。出厂水带有腐蚀性,会使管道产生铁锈沉积,特别是流速低或停滞水的管网末端,这种铁锈沉积严重;而水厂出水生物稳定性低会导致管网内细菌滋生。

管网水质变化的原因:水中化合物及微生物的作用、水和管材发生化学反应、水中残存的细菌可能再繁殖。

使管网水质出现问题的原因:红水现象、pH 值异常、微生物的影响。

管道内生成的结垢层是细菌滋生的场所,形成"生物膜"。水在管内流动的过程中,由于腐蚀等原因,生成各类沉积物使管网水质变差。管网中的微生物对水质的影响有:饮用水通常是用氯消毒,但管网中容易繁殖耐氯的藻类,这些藻类消耗余氯,使水中有机物浓度提高,有机物本身又成为细菌、线虫等生物的营养成分,这些生物一般停留在支管的末梢或管网内水流动性差的管段,引起余氯消失,使水产生异味。

(二) 供水管网中经常产生水质问题的原因

管网中如有空气侵入,可使水嘴放出的水呈白色。出厂水中含有铁、锰较高时,易使管网水产生红水或黑水现象,如果出厂水中含锰较高,由于余氯的作用生成二氧化锰,所析出的微粒附着在管壁上,剥离下来形成黑水;当管网中铁锈沉积严重时,一旦改变水的流速或方向,容易将这些沉积物冲起,形成红水。管内出现黑水现象通常和红水现象同时发生。

管网水比出厂水浑浊度高的原因:管网受到二次污染、管道清洗不及时,一旦流速突增时,管底泥沙被冲起,水本身具有腐蚀性,使镀锌钢管的锌溶于水的量超过一定限值。

水质在管网中变化的原因:由水厂输出的水虽然符合国标要求,但不是纯净的水,它含有金属元素、某些化合物及微生物;水在管网内流动时,有些水中化合物会分解,水和管内壁的材质亦会发生化学作用,水中残留的细菌还可能再繁殖,有时管网受到外来的二次污染,管网内的水质就会发生变化。

(三) 改善管网的主要措施

在水厂与管网不能做大的改造时,提高管网水质最好的方法是提高出厂水的稳定性、加强用户内部用水设施的监督管理。正确的措施有定期清洗水塔、高位水箱,严禁把水质不同的管网串接,定期检验水质;为降低管网二次污染,可采取管网分区、中途加氯、旧网改造和优化调度等手段;降低水的浊度、提高出厂水余氯、调整出厂水的 pH 值为 8~9。

改善管网水质的措施有加强管道防腐措施、合理选取管径、合理选择管材、对金属管材的内防腐进行改进,推广水泥砂浆衬里;中、小口径管道推广使用塑料管材。推行管道不停水作业,减少管道停水机会;调整与控制管网流态,减少死水与低流速管段;定期冲洗管内沉积;加强管网管理,消除二次污染。

模块二 取水知识

项目一 取水工程及给水水源概述

一、取水工程

CAB002 取水工程的研究内容

(一)取水工程的研究内容

取水工程方面的研究内容是各种水源的选择和利用,包括从各种水源取水的方法、各种取水构筑物的构造形式、设计计算、施工方法和运行管理等。

选择水源是给水工程中研究解决的首要任务,而地表水取水工程又是水源工程的主要组成部分。地表水取水工程受自然条件和环境影响甚大,必须从调查分析着手,充分占有第一手资料,根据实际情况,因地制宜地修建取水工程,例如北方地区降雨量少,一般地表水不十分丰富,取用地表水作水源往往需要长距离输送,故基建投资和经营管理费用增加,并且在冬季结冰封冻,有时形成底冰,使取水构筑物的进水口变狭或堵塞,造成维护管理困难。地表水水源往往条件不同、情况复杂,各类水系的取水河段又具有不同的特征。

CAB001 取水工程的任务

(二)取水工程的任务

取水工程由给水水源和取水构筑物两部分组成。取水工程是给水工程的重要组成部分,其任务是从水源取水输送至水厂或直接送至用户,包括自流灌溉与提水灌溉以及城市工业、生活用水。它需要研究的问题有水源选择和利用、水源的布局和取水方法及取水构筑物型式,由于水源有多种类型,使取水的方法和取水构筑物的构筑形式有所不同,一般是从江河、湖泊、水库和海域中取水,所以取水构筑物一般紧临江河岸边,有的还要延伸至江河之中,因而取水构筑物和河岸稳定性有密切关系。给水水源方面的研究内容是各种天然水体的存在形式、运动变化规律、作为给水水源的可能性、为供水目的而进行的水源勘查、规划、调节治理与卫生防护等。

ZAB002 取水工程的设计要求

(三)取水工程的设计要求

(1)根据灌溉、发电、生活用水及其他工业用水部门对水质、水量的要求,应保证有计划地进行供水;

(2)在多泥沙河流上,应采用有效的防沙措施,防止有害泥沙进入渠道,以免引起渠道淤积以及对水轮机、水泵叶片的磨损;

(3)对取水工程附近的上下河道,应因地制宜地进行整治,使河床保持稳定,保证取水口引水顺畅;

(4)取水工程设计应造价低,便于运行管理,并尽可能采用现代化的管理设施;

(5)取水工程设计在有漂浮物的河流上时,应采取措施,防止漂浮物及冰凌进入渠道;

(6)少沙河流综合利用渠道工程,应保证各个建筑物的正常运行,互不干扰,使渠道工程发挥最大的工程效益,但不能忽视泥沙对建筑物运用的影响。

(四)取水工程设计资料

取水工程设计内容包括水源选择、取水方案及位置的确定和取水构筑物形式内容。

(1)河流水文、泥沙资料,包括流量、水位、坡降、流速资料,悬移质及推移质泥沙资料,以及漂浮物、封冻、流冰和冰屑等资料(至少10年)。

(2)有关河床演变的资料,包括河势、河床及河岸的稳定性、泥沙冲淤,有无浅滩、汊道、河湾及它们的演变情况,以及修枢纽前后,对其附近上、下游河道的影响程度。

(3)水文气象资料,包括温度、降水、蒸发、风、径流情况。

(4)地形及地质资料。地形资料主要是枢纽工程附近的地形图,上游测至回水末端以上200m,下游测至建筑物以下200~500m。地质资料包括河床及两岸的地质构造、地层分布、岩石性质及岸坡稳定等。

(5)建筑材料资料,包括枢纽附近的建筑材料分布及其数量、质量、开采条件和运输条件等资料。

(6)其他资料,包括对于农业、城市供水、工业用水的资料及对引水高程的要求,河流及干渠有无航运要求,引水对航运的影响,当河流的水利资源有综合利用要求时,应在规划阶段加以协调。

二、给水水源概述

给水水源在广义上的提法,包括地球上的一切水体及水的其他存在形式,如海洋,河川,湖泊,地下水,土壤水,冰川,大气水等。狭义的提法,指陆地上可以逐年得到恢复,更新的淡水。工程上的提法,指上述可以恢复,更新的淡水中,在一定的技术经济条件下可以为人们利用的那一部分水。

给水水源分两大类,即地下水源和地表水源。地下水源包括潜水、自流水和泉水,地表水源包括湖泊、江河、水库和海水。采用地下水源的优点是取水条件及取水构筑物简单,便于施工和运行管理;采用地下水的缺点是径流量小,有的矿化度和硬度较高,含有铁、锰、氟、氯化物、硫酸盐、各种重金属或硫化氢含量高。

我国水资源的地域上和时间上分布不均匀,东南多,西北少,由东南沿海向西北内陆递减,极不均匀,可能导致季节性缺水问题,影响经济发展,诱发环境生态恶化。同时气候和地理位置等自然原因,会造成有些地方或某一时间内水资源富余,而另一地方或时间内水资源贫乏,导致资源性缺水,不利于充分利用,所拥有水资源的价值降低。北方大部分地表水资源含沙量高,处理难度大,影响使用。水资源的时程也极不均匀,年际变化大。

(一)水源的合理利用方式

根据《中华人民共和国水法》规定:

(1)工业用水宜采用地表水水源,饮用水宜采用地下水水源;

(2)利用经处理后的污水灌溉农田;

(3)提高工业用水重复利用率;

(4)利用海水作为某些工业的给水水源;

(5) 人工回灌地下水以保持开采量与补充量平衡;

(6) 采用"蓄淡避咸"的措施充分利用潮汐河流洪水期的水资源。

(二) 地表水源

1. 地表水源特征

地表水源具有流量较大,矿化度和硬度低,含铁锰量较低等特点,且具有明显的季节性,取水构筑物构造复杂。江河、湖泊、水库和海水都属于地表水源。

> CAB006 江河水的水源特征

江河水流程长,汇水面积大,且在取水区域以外,其特征与水位、流量和流速有关,这也是江河的水文重要特征。江河水流量大,受季节和降水的影响大,水中悬浮物和胶体杂质含量高,其浊度高于地下水。

水流与河床的相互作用是通过泥沙运动来体现的,主要来源于雨雪水对地表土壤的冲蚀,其次是水流对河床和河岸的冲刷。江河挟带泥沙的多少与人类活动、流域特性和地面径流等因素有关。特别是我国西北和华北地区流经黄土高原的黄河水系及海河水系等,河水含沙量高,浊度随季节和天气的雨晴变化幅度很大。所以影响河床演变的主要因素是河段的来水量及其变化、河段的来沙量和河床地质情况。江河的含盐量和硬度较低,一般均无碍于生活饮用。江河水易受工业废水、生活污水、农药等污染,作为供水水源,应引起注意。

湖泊及水库水水体大,水量充足;水质、水量受季节和降水影响江河小;因其动性小,储存时间较长,故浊度比江河水低,但因水体不断得到补给又不断蒸发浓缩,含盐量往往比江河水高;湖水浮游生物及藻类较多,也极易受到污染。

> GAB001 地表水水源地水质现状的评价等级

2. 地表水水源地水质现状评价等级

地表水水源地水质现状评价等级分为优良、合格、不合格、恶劣。其中良好级水质标准相当于 GB 3838—2002《地表水环境质量标准》Ⅱ类和好于Ⅱ类标准。合格级水质标准相当于 GB 3838—2002 Ⅲ类标准。不合格级水质标准相当于 GB 3838—2002 Ⅳ类标准。恶劣级水质标准相当于 GB 3838—2002 Ⅴ类和劣于Ⅴ类标准。根据 GB 3838—2002,集中式生活饮用水地表水源水质评价的项目应包括基本项目、补充项目和县级以上环境保护行政主管部门选择确定的特定项目。

> ZAB007 地表水环境的基本要求

GB 3838—2002 基本项目中 pH 值的限度值为 6~9;Ⅰ类水体的溶解氧下限值为 7.5mg/L,氨氮的上限值为 0.015mg/L;在Ⅱ类水体中化学需氧量(COD)的上限值为 15mg/L;铅的上限值为 0.01mg/L;粪大肠菌群的上限值为 2000 个/L。

> CAB019 地下水的分类

(三) 地下水源

地下水源受形成、埋藏、补给等条件影响,具有较好的卫生条件,具有矿化度和硬度较高、水温稳定、分布面广、水质澄清、不易受污染等特点。通常地下水无须澄清处理,降低了给水系统的投资。

按照地下水的形成,给水水源的地下水分为上层滞水、潜水、承压水(自流水)、裂隙水、岩溶水等。

(1) 上层滞水是在地表以下包气带中留存于某些不透水透镜体上的地下水,特点是量小且直接决定于不透水透镜体的分布面积;靠近地表,直接靠大气降水补给,水量受季节性影响非常明显,水质差,易污染,只能做小型、临时水源。

(2) 潜水是地表以下一隔水层之上的地下水,特点是靠近地表,分布与补给区基本一致,主要靠大气降水补给,水量变化大且不稳定;同地表水的联系密切;水质差,较易污染,可以广泛用作各种水源。

(3)承压水(自流水)是埋藏于两个不透水层之间含水层中的地下水,特点是有明显的补给区和泄水区,一般补给区和泄水区相距很远,含水层埋深大,储量丰富,与大气降水没有直接联系,水质稳定,但水质好坏决定于地下水的交替速度,不易污染,一般硬度较高。承压水为生活用水的重要水源。

(4)裂隙水是埋藏在基岩裂隙中的地下水。基岩大部分出露在山区,因此裂隙水主要在山区出现。裂隙发育、补给和汇集条件好的地段,可有丰富的裂隙水集存。

(5)岩溶水是储存于可溶性岩层中的溶蚀洞穴和裂隙中的水。我国岩溶水分布甚广,特别是广西、云南、贵州等地,水量丰富,可作为供水水源。

(6)泉水是涌出地表的地下水露头,来源于承压水的泉为上升泉;来源于潜水或上层滞水的泉为下降泉。上升泉的水量、水质、水温变化不大,为良好的生活饮用水源。下降泉的水量、水质、水温变化较大,选为供水水源时要慎重。

地下水硬度高于地表水,含铁、含锰地下水在我国分布较广。某些地区的地下水源中,还存在有高氟水、苦咸水。

(四)水源的特点

地下水的特点:径流量小,有的矿化度和硬度较高,铁、锰、氟、氯化物、硫酸盐、各种重金属或硫化氢含量高;水源有的勘查费用高,开采量有限。

地表水的特点:河水浊度较高(汛期),水温变幅大,有机物和细菌含量较高,有的色度较高,易受污染,含铁锰较低。

三、水功能区划

水功能区划的主要工作是在对水系水体进行调查研究和系统分析的基础上,确定水体的主要功能。达到入河排污口的优化分配和综合整治的目标需要做的是科学地划定水域功能区,计算允许纳污量、制定入河排污口排污量控制规划和提出入河排污口布局、限期治理和综合整治的意见。科学的水资源保护投资计划,是水功能区水质目标实现的保证。所以水功能区划的整个过程是在不断科学地决策水资源保护综合整治和分期实施规划中完成的。

水域功能类别高的标准值严于水域功能类别低的标准值,同一水域兼有多类使用功能的,执行最高功能类别对应的标准值。

Ⅰ类水域功能适用于源头水、国家自然保护区。

Ⅱ类水域功能适用于集中式生活饮用水地表水源地一级保护区、珍稀水生生物栖息地、鱼虾类产卵场、仔稚幼鱼的索饵场等。

Ⅲ类水域功能主要适用于集中式生活饮用水地表水源地二级保护区、鱼虾类越冬场、洄游通道、水产养殖区等渔业水域及游泳区。

Ⅳ类水域功能主要适用于一般工业用水区及人体非直接接触的娱乐用水区。

Ⅴ类水域功能主要适用于农业用水区及一般景观要求水域。

ZAB004 水功能区划的目的

(一)水功能区划的目的

水功能区划是水资源保护规划及投资的重要依据,也是科学经济合理地进行水资源保护的要求。通过分析水资源的特点、开发利用现状和趋势,评价水质,结合经济社会的发展当对水量、水质的要求,明确江河湖库的主导功能及功能顺序,划定水功能区,协调用水关系,为水资源管理、保护和水污染防治提供基础依据,促进水资源优化配置,保障可持续利用。

ZAB005 水功能区划的基本原则

(二)水功能区划的基本原则

全国水功能区划由一、二两级区划组成,并在各流域机构功能区划成果上汇总而成,这是分级划分水域功能区的原则。要优先考虑达到功能水质保护标准,对于渔业用水、农业用水、工业用水实行统筹安排,分别执行专业用水标准。其中流域水功能区划主要对流域内江河干流、跨省区支流、湖泊和水库水域进行功能区划。在水功能区划时将水质和水量统一考虑,是水资源的开发利用与保护辩证统一关系的体现。前瞻性原则可保护现状水源水质较好的水库、长江干流和大型跨流域调水线路,为未来经济社会的发展提供高水质的供水水源。其中自然条件相似性、污染现状相似性和使用目标相似性是按相似性原则进行功能区的划分。

ZAB006 水功能区划的方法

(三)水功能区划的方法

水功能区划的方法有系统分析法、定性判断法、定量计算法和综合决策法。

(1)系统分析法主要是采用系统分析的理论和方法,把区划对象作为一个系统,分清水功能区划的层次,进行总体设计。

(2)定性判断法主要是在河流、湖泊和水加的水文特征、水质现状、水资源开发利用现状及规划成果进行分析和判断的基础上,进行水功能的划分,提出符合系统分析要求且具有可操作性的水功能区划方案。

(3)定量计算法主要是采用水质数学模型,以定性划分的初步方案为基础,进行水功能区水质模拟计算。

(4)综合决策法主要对水功能区划方案进行综合决策,提出水功能区划报告、水功能区划图及登记表。

ZAB009 水源地选择的一般原则

四、给水水源选择的原则

水源选择要密切结合城市远近期规划和工业总体布局要求,从整个给水系统的安全和经济考虑,一般有以下原则:

(1)所选水源地应水质良好,水量充沛,便于防护;统一规划,综合利用,全面考虑,统筹安排。

(2)确定水源、取水地点和取水量等,应取得水资源管理机构以及卫生防护等有关部门的书面同意。水源地应水量充沛可靠,在通过经济技术比较后综合考虑,并应考虑远期的变化和发展。

(3)水源地选择应符合城市规划及工业总体布局要求,取水点一般设在城镇和工矿企业的上游。

(4)作为饮用水水源,其水质应符合 GB 5749—2006《生活饮用水卫生标准》中关于水质的若干规定。

(5)地表水应考虑与农业、水利、航运的综合利用。

(6)应考虑取水、输水、净水设备的可靠、可行、经济、安全、合法。

(7)对于水量而言,除保证当前生活、生产需水量外,也要满足远期发展所必需的水量。地下水源的取水量应不大于开采储量;天然河流(无限取水)的取水量应不大于河流枯水期的可取水量(当无限取水时,河流枯水期可取水量的大小,应根据河流的水源、宽度、流速、流向和河床地形等因素确定)。

五、给水水源的保护与管理

ZAB010 保护给水水源的一般措施

(一)给水水源的保护

1. 给水水源保护措施

水源保护是环境保护的一部分,涉及范围很广,一般有以下措施:

(1)配合有关部门制定水资源开发利用规划,合理开发和利用水资源;

(2)加强水资源利用管理,维护生态平衡,防止水源枯竭;

(3)进行流域面积内的水土保持工作;

(4)进行水源污染调查,建立水源污染检测网。

开发、利用水资源,应当首先满足城乡居民生活用水,并兼顾农业、工业、生态环境用水以及航运等需要。重视对水源水量和水质的管理工作,各级水资源管理机构应制定和完善水源管理办法,对地表水源要进行水文观测和预报。国家颁布的《中华人民共和国水污染防治法》和《中华人民共和国水法》是防止水源污染,做好水源保护工作的法律依据。在规定规划时应合理评价所在地区水资源量及生活、工业、农业在规划期限内的水需求量,坚持综合利用方向,再建立城市水源保护区数据库,制定水源保护区划分技术方法,使水源保护工作规范化、科学化。

CAB005 地下水水源的卫生防护要求

2. 地下水源卫生防护

(1)取水构筑物的外围不小于10m,应保持良好的卫生状况。

(2)回灌水的水质应符合 GB 5749—2006《生活饮用水卫生标准》。

(3)水源卫生防护要求在地下水水厂生产区范围内,应按地表水水厂生产区要求执行。

(4)供水单位及其主管部门会同卫生、环保及规划设计、水文地质部门研究确定生活饮用水地下水水源保护区、构筑物的防护范围及影响半径、生活饮用水水源地所处的地理位置、水文地质条件和开采方式和污染源的分布。

(5)在单井或井群的影响半径范围内,不得使用工业废水或生活污水灌溉或将其排入渗坑或渗井,不得使用持久性或剧毒农药,不得修建渗透水厕所、渗水坑、堆放废渣滓或铺设污水渠道,并不得从事破坏深层土层的活动。如取水层在水井影响半径内不露出地面或取水层与地面水没有互相补充关系时,可根据具体情况设置较小的防护范围。

为确保生活饮用水水质安全,除必须满足水源卫生防护各项要求外,还必须遵守《中华人民共和国水污染防治法》的规定,才能有效防止水源污染。

CAB004 地表水水源的卫生防护要求

3. 地表水源卫生防护

(1)取水点周围半径 100m 的水域内严禁捕捞、停靠船只、游泳和从事可能污染水源的任何活动,并由供水单位设置明显的范围标志和严禁事项的告示牌。取水点沿岸防护范围内可以进行的活动是清理水面漂浮物等。

(2)河流取水点上游1000m,取水点下游100m的水域内不得排入工业废水和生活污水,其沿岸防护范围内不得堆放废渣,不得设立有害化学品仓库、堆栈或装卸垃圾、粪便和有毒物品的码头,不得使用工业废水或生活污水灌溉及使用持久性或剧毒的农药,不得从事放牧等有可能污染该段水域水质的活动。

(3)以河流为给水水源的集中式供水,由供水单位及其主管部门会同卫生、环保、水利等部门,根据实际需要,可把取水点上游1000m以外的一定范围河段划为水源保护区,严格控制上游污染物排放量。

(4)受潮汐影响的河流取水点的防护范围,由水厂会同卫生防疫站、环境卫生监测站研究确定。单独设立的泵站、沉淀池和清水池的外围不小于10m的区域内,其卫生要求与水厂生产区相同。

(二)防治水源污染的措施

合理规划城市居住区和工业区,减轻对水源的污染,易造成污染的工厂应布置在水源地的下游。加强水源水质监督管理,制定污水排放标准并切实贯彻实施;勘察新水源时,应该从防止污染的角度提出水源合理规划布局的意见,提出卫生防护条件与防护措施;对于滨海及其他水质较差的地区,要注意"咸水入侵"过量开采与水质不良含水层发生水力联系等;进行水体污染调查研究,建立水体污染监测网。

项目二　地下水取水构筑物

_{CAB018 地下取水构筑物的分类}

一、地下水取水构筑物分类

由于地下水类型、埋藏深度、含水层性质等各不相同,开采和取集地下水的方法和取水构筑物型式也各不相同,常用的地下水取水构筑物有管井、大口井、辐射井、复合井及渗渠等。

(一)管井

管井是一种细而长、具有管状特征的水井,适用于开采埋深较大的地下水。井管从地面打到含水层,抽取地下水。

(二)大口井

大口井因口径大而得名,广泛用于开采补给条件良好的浅层地下水,由人工开挖或沉井法施工,设置井筒,以截取浅层地下水。

(三)渗渠

渗渠是敷设在含水层中的穿孔渗水管渠,其壁上开孔。

(四)辐射井

辐射井由集水井和向四周辐射状伸出的水平或倾斜的集水管组成。辐射井比大口井更适合于开采浅层地下水。

二、管井

(一) 管井的构造

管井又名机井或钻口井,可采各层地下水,是垂直安置在地下的取水或保护地下水的管状构筑物,是工农业生产、城市、交通、国防建设的一种给排水措施。

管井因其井壁和含水层中进水部分均为管状结构而得名。常见的管井由井室、井壁管、过滤器及沉淀管组成。当抽取结构稳定的岩溶裂隙水时,管井也可以不装进壁管和过滤器。管井的井室用以安装各种设备。管井的井壁管可以加固井壁、隔离水质不良或水头较低的含水层。管井的管径大多小于 500mm,井深也在 200mm 以内。

(二) 管井的施工内容

管井施工建造一般包括钻井孔、井管安装、填砾石、管外封闭、洗井等过程,最后进行抽水试验。

1. 钻凿井孔

钻凿井孔采用回转钻进和冲击钻进。根据泥浆流动的方向和钻头形式分为一般回转(正循环)钻进、反循环回转钻进、岩心回转钻进。回转钻进主要依靠钻头旋转对地层的切削、挤压、研磨破碎作用。

2. 井管安装

井管安装一般采用吊装下管法。井管安装应在井孔凿成后及时进行,尤其是非套管施工的井孔,以防井孔坍塌。

3. 填砾

将选好的砾料投入过滤器与井壁之间的环状间隙中,这一工序称为填砾。

4. 井外封闭

井外封闭指用直径 25mm 左右的湿润黏土球填塞过滤器以外的井管外围空隙,以阻止不良含水层的水进入管井。

5. 洗井和抽水试验

抽水试验前应测出静水位,抽水时应测定与出水量相应的动水位。洗井采用的方法是活塞洗井、压缩空气洗井、联合洗井。

(三) 管井的维修管理

对于季节性供水的管井,在停运期间,应定期抽水,以防长期停用使电动机受潮和加速井管腐蚀与沉积。管井竣工后应由使用、施工或设计单位根据设计图样及验收规范共同验收,检验井深、井径、水位、水量、水质和有关施工文件,并上交管井施工说明书、管井使用说明书、钻进中的岩样等。

管井使用的合理与否,将影响其使用年限。管井在使用过程中,往往会有出水量减少的现象,产生的原因有抽水设备故障;因细菌繁殖造成堵塞;过滤器表面及周围填砾、含水层被细小泥沙堵塞。

水源方面的原因引起管井出水量减少,应采用真空井法、爆破法、酸处理法等方法处理。

(四) 管井的设计步骤

(1) 水文地质资料搜集和现场查勘。管井设计之前要进行现场查勘工作,以了解和核对现有水文地质、地形、地物等资料,初步选择井位及泵站位置;必要时,提出进一步水文地质勘查、地形测量等要求。

(2)根据含水层埋藏条件、厚度、岩性、水力状况及材料设备、施工条件、初步确定管井的形式与构造,选择取水设备形式并考虑井群布置方案。

(3)确定单井的出水量和对应的水位降落值,进行井群互阻计算,确定管井数目、井距、井群布置方案,确定取水设备型式和容量。

(4)进行管井构造设计,包括井室、井壁管、过滤器、沉淀管、填砾等。

(5)管井应有备用井,其数量以按生产井数10%~20%不使用时仍能满足设计水量为准,但至少有一口备用井。

三、渗渠

ZAB024 渗渠的形式

(一)渗渠的形式

渗渠是水平敷设在含水层中的穿孔渗水管渠。渗渠由渗水管渠、集水井、检查井组成。集水井用以汇集管渠来水,安装水泵吸水管,同时兼具有调节、蓄水、沉沙的作用。检查井设置在管渠末端、拐弯、端面改变处,以便于清理、检修。渗渠有完整式和非完整式之分。

渗渠主要是依靠较大的长度增加出水量,因而埋深不大,一般为4~7m,很少超过10m。适用于开采埋深小于2m,含水层厚度小于6m的浅层地下水。渗渠常平行埋设于河岸或河漫滩,用以集取河流下渗水或河床潜流水。由于渗渠取的是表层地下水或河流下渗水,其补给途径短,净化效果差,受地表污染大,水质具有地表水的特点。

采用渗渠集取河床潜流水作为饮用水水源能简化净化工艺,降低水处理费用。开采渗渠的项目包括在地面开挖;集取地下水的渠道;水平埋设在含水层中的集水管渠。

JAB004 集取河床地下水的渗渠的布置方式

(二)集取河床地下水的渗渠的布置方式

集取河床潜流水的渗渠位置的选择不仅要考虑水文地质条件,还要考虑河流水文条件。

集取河床地下水的渗渠的布置方式一般有以下几种情况。

1. 平行于河流布置

渗渠平行于河流布置时,渗渠结构为河滩下渗渠类型。采用此方式布置的渗渠,一般平行于河岸铺设,用以集取河流下渗水和河床潜流水,在枯水期间还可获得地下水的补给,使渗渠全年产水量均衡,并且施工和检修均较方便。

2. 垂直于河流布置

渗渠垂直于河流布置时,渗渠结构为河床下渗渠类型。当岸边地下水补给较差、河流枯水期流量较小、河流主流摆动不定、河床冲积层较薄时,可以采用这种布置方式。

3. 垂直于河流和平行于河流组合布置

垂直于河流和平行于河流组合布置的渗渠能充分截取潜流水和岸边地下水,产水量较稳定。采用平行垂直河流组合布置时,渗渠夹角宜大于120°。

ZAB025 渗渠位置的选择原则

(三)渗渠位置的选择原则

渗渠位置的选择是渗渠设计中一个复杂的问题。渗渠应选择在河流水力条件良好的河段,避免设在有壅水的河段和弯曲河段的凸岸,但也应避开冲刷强烈的河岸。渗渠应选择在河床稳定的河岸,应选择在河床冲积层较厚、颗粒较粗的河段,并应避开不透水的夹层。

项目三 地表水取水构筑物

一、地表水取水构筑物位置选择

> GAB004 地表水取水构筑物位置的选择要点

(一)地表水取水构筑物位置选择要点

地表水取水构筑物位置的选择是否恰当,直接影响取水的水质和水量、取水的安全可靠性、投资、施工、运行管理以及河流的综合利用,因此,正确选择取水构筑物是设计中一个十分重要的问题。

选择地表水取水构筑物位置时应考虑以下基本要求:

(1)设在水质较好的地点。

生活和生产污水排入河流将直接影响取水水质。为了避免污染、取得较好水质的水,取水构筑物宜位于城镇和工业企业上游的清洁河段。

(2)靠近主要用水地区。

取水构筑物位置选择应与工业布局和城市规划相适应,全面考虑整个给水系统的合理布置。

(3)尽可能不受泥沙、漂浮物、冰凌、支流和咸潮等影响。

在北方地区的河流上设置取水构筑物时,应避免冰凌的影响。取水构筑物应设在水内冰较少和不受流冰冲击的地点。

(4)注意避开河流上的人工构筑物或天然障碍物。

取水构筑物应避开桥前水流滞缓段和桥后冲刷、落淤段,一般设在桥前1.0 km或桥后0.5~1.0 km以外。地表水取水构筑物位置的选择要不妨碍航运和排洪,并符合河道、湖泊、水库整治规划的要求。

(5)具有良好的地质、地形和施工条件。

取水构筑物应设在地质构造稳定、承载力高的地基上,不宜设在淤泥、流沙、滑坡、风化严重和岩溶发育地段。

> GAB005 地表水取水构筑物设计的一般原则

(二)地表水取水构筑物设计一般原则

根据水源情况,下列情况发生时取水构筑物需要有相应保护措施:

(1)漂浮物、泥沙、冰凌、冰絮和水生生物的堵塞;

(2)洪水冲刷、淤积、冰冻层挤压和雷击的破坏。

对于从江河取水的大型取水构筑物,以下情况下在设计前需要进行水工模型试验:

(1)由于河道及水文条件复杂,需采取复杂的河道整治措施时;

(2)设置壅水构筑物的情况复杂时;

(3)拟建的取水构筑物对河道会产生影响,需采取相应的有效措施时。

江河取水构筑物的防洪标准不应低于城市防洪标准,其设计洪水重现期不得低于100年。在河道上设置取水与水工构筑物时,应征得河务及有关部门的同意。在通航河道上,应根据航运部门的要求在取水构筑物处设置标志。

对于地表水取水构筑物,当水源水位变幅大,水位涨落速度大于2.0m/h,建造固定式取水构筑物有困难时,可以考虑采用活动式取水构筑物。

(三)寒冷地区设计取水构筑物应注意问题

寒冷地区设计取水构筑物应注意以下几个问题:

(1)漂浮物及冰凌严重的河流不宜选用自流管式、水泵直吸式及虹吸管式取水。

(2)在北方严寒地区的河流取水,为防止流冰期冰块的撞击,可在取水构筑物上游设置破冰凌设施,如导凌排等。

(3)寒冷地区在泥沙含量不大而冰情十分严重的河流中取水,以选用逆流式斗槽为宜。

(4)寒冷地区采用箱式取水,冬季潜冰较多的河流的迎水面宜设小棱或破冰体。箱式取水头部有圆形、菱形、沉船形、多边形等,适用于水深较浅、含沙量不大的河流。

(5)底栏栅取水由于设有底栏栅,可以截流大颗粒推移质、草根树枝或冰凌,使之不进入引水廊道,设计底栅时根据含沙量与流域植被情况、气候情况及有无冰絮,取不同的淤塞系数,栅条间隙一般为8~10mm,并设有冲沙排污措施及沉沙池等。

(6)低坝取水,坝高要求满足取水深度。

(7)水库取水是寒冷地区最好的取水形式。

二、泥沙及冰冻情况对取水构筑物的影响

(一)取水构筑物的防泥沙措施

江河中泥沙和漂浮物对取水工程的安全和水质有很大影响。因此在设计取水构筑物时必须要了解江河的最高、最低和平均含沙量、泥沙颗粒的组成及分布规律,以便采取最有效的防沙措施。

取水构筑物的防泥沙措施:合理选择取水构筑物位置,在保证取水的同时减少取水含沙量;引水口或进水间设可调整高度的潜水叠梁,以防底沙、取表层水;取水口前避免产生回流。

为防止泥沙淤积取水头部,可采取的措施:取水构筑物位置应靠近大坝附近、取水构筑物位置远离支流的汇入口。

为防止取水口产生回流,进水闸前缘应布置成"雁翅"形,同时闸板前缘尽量靠近水流,可防止闸前泥沙淤积。

合建式取水构筑物进水间内的防淤措施:减少进水间的几何尺寸、排泥泵清除、自流冲洗。采取水泵倒转反冲时,应对泵倒转速度进行核算,若倒转速度不超过泵额定转速的1.25倍时才可采用此法。在水位和水位落差有条件的吸水井或引水渠的地方,可采用河水自流冲洗的办法清除吸水渠内沉积的泥沙。

减小进水间尺寸,增大进水间流速,缩短水流在进水间内的停留时间,可以大大减少泥沙沉积量。

(二)冰凌对取水构筑物的危害

我国东北寒冷地区大多数河流冬季冰情严重,极易产生冰凌。冰凌对取水构筑物的危害有:(1)堵塞格栅;(2)堵塞吸水管和取水泵;(3)吸水管内壁结冰;(4)堵塞沉淀(澄清)的进出水系统。

悬浮在水面的冰晶和初冰,极易附着在进水窗口的格栅上,增加水头损失,甚至会很快把格栅冻结堵塞,影响取水。当产生冰凌现象时,可采用在格栅前用高压水枪冲击的方式使其不形成冰盖,也可设置导凌木排、采用电热格栅、采用蒸气格栅。

为了防止冰凌堵塞现象,不宜选用自流管、水泵直吸式、虹吸管式取水,宜选用岸边取水。

三、江河取水构筑物

(一)河流特征与取水构筑物的关系

地表水水源多是江河。因此了解江河的特征以及这些特征与取水构筑物的关系,对取水构筑物的设计、施工和运行管理都是十分重要的。

江河径流特征主要是指水位、流量、流速等因素的变化特征,这些也是江河的水文重要特征。径流变化是取水构筑物设计的重要依据。地表水取水构筑物的设计最高水位一般按设计频率1%确定。设计取水构筑物时应收集河段取水点历年的最大流速、最小流速、平均流速。江河取水构筑物位置在选择时应考虑避免冰凌的影响、具有良好的施工条件、设置在水质较好地点这几方面。

设计枯水位和设计枯水流量的设计频率,应根据水源情况和供水重要性选定。当地表水作为城镇供水水源时,其设计枯水位和设计枯水流量的保证率,一般可采用90%~97%。当地表水作为工业企业供水水源时,其设计枯水流量的保证率应按有关部门的规定选取。

> GAB003 河流特征与取水构筑物的关系

(二)江河取水构筑物位置选择要求

> ZAB011 江河取水构筑物位置的选择要求

1. 保证系统供水均匀

在保证取水安全的前提下,取水构筑物应尽可能靠近主要用水地区,以缩短输水管线的长度,减少输水管的投资和输水电费。

2. 设在水质较好的点

应避开死水区、回水区,以免水中含有大量漂浮物和泥沙。取水点应尽可能不受泥沙、漂浮物、冰凌、冰絮、支流和咸潮等影响。

3. 具有稳定的河床河岸,靠近主流,有足够的水深

河床和河岸的冲刷或淤积会影响到取水构筑物的安全、取水水质和维护费用等。在弯曲河段上,取水构筑物位置宜设在河流的凹岸。

4. 具有良好的地形地质和施工条件

良好的地质条件能减少取水构筑物地基处理的费用、减小施工难度,增加构筑物的安全性,同时节省投资,缩短工期。

5. 避开河流上其他建筑物和障碍物的影响

河流上的桥梁、码头、拦河坝等会影响到河流的流态和水质,取水点应距其一定距离,避免不良影响。

(三)江河取水构筑物类型及选择要求

> CAB007 江河取水构筑物的类型

由于地表水源的种类、性质和取水条件各不相同,因而地表水取水构筑物有多种形式。

按构造形式,取水构筑物可分为固定式和活动式两种。固定式取水构筑物有岸边式、河床式、斗槽式三种。按水源种类,取水构筑物可分为河流、湖泊、水库及海水取水构筑物。山区河流上有低坝式和底栏栅式取水构筑物。

> CAB008 岸边式取水构筑物的基本型式

1. 固定式取水构筑物

1) 岸边式取水构筑物

直接从江河岸边吸水的取水构筑物称为岸边式取水构筑物,其种类繁多,有着不同的特点,主要适用于河道岸边较陡,主流近岸,水位变幅不大,岸边常年有足够的水深,岸边地质条件较好的场合。

按照进水间与泵房的合建与分建,岸边式取水构筑物的基本型式可分为合建式和分建式。合建式具有布置紧凑、占地面积小、水泵吸水管路短、运行管理方便等优点。但是合建式土建结构复杂,施工较困难。设备安装及施工要求高。分建式相对于合建式土建结构简单,施工较容易,但操作管理不方便,吸水管管路较长,增加了水头损失。

由于进水间与泵房基础的标高不同,岸边式取水构筑物的布置形式有阶梯式布置和非阶梯式布置两种。当地基条件较差时,为了避免产生不均匀沉降或因供水安全性要求高,水泵需要自灌启动时,则宜将进水间与泵房的基础建在相同标高上。

> ZAB012 岸边式取水构筑物的构造

(1)岸边式取水构筑物的构造。

岸边式取水构筑物由进水间、进水间的附属设备、岸边取水泵房组成。按进水间与泵房合建或分建,岸边取水构筑物分成合建式和分建式。

岸边分建式进水间由纵向隔墙分为进水室和吸水室,两室之间设有平板格网或旋转格网。进水间一般由进水室和吸水室两部分组成。岸边式取水构筑物进水间内的附属设备有格栅、格网、排泥、启闭和起吊设备等。格栅由金属框架和栅条组成,框架外形与进水孔形状相同。平板格网一般由槽钢或角钢框架及金属网构成。

> GAB014 格栅的设计要点

格栅的设计要点:

① 在污水处理系统或水泵前,必须设置格栅。

② 泵站集水池前的格栅间隙宽度应根据水泵允许通过的污染物能力来确定。

③ 污水过筛流速宜采用 0.6~1.0m/s。

④ 水平面最好有 65°~75°倾角。

⑤ 外形应与进水口形状一致。

⑥ 格栅的水头损失,一般采用 0.05~0.1m。

⑦ 格栅一般按可拆卸设计,并考虑有人工或机械清除的措施。

⑧ 格栅一般可采取电、蒸汽、热水加热措施。

⑨ 格栅设于进水口(或取水头部)的进水孔上,以拦截水中粗大的漂浮物及鱼类,栅条厚度或直径一般采用 10mm,净距通常采用 30~120mm。

⑩ 栅条可以直接固定在进水孔上,也可放在进水孔外侧的导槽中,方便清洗和检修时拆卸。

⑪ 格栅间应安装吊运设备,以进行格栅及其他设备的检修和栅渣的日常清除。

⑫ 单台格栅机工作宽度一般不大于 3.0m,超过时可用多台。

(2)岸边式取水构筑物适用条件。

岸边式取水构筑物适用于江河岸边较陡,主流近岸,岸边有足够水深,水质和地质条件较好,水位变幅不大的情况。

① 合建式岸边取水构筑物。

岸边合建式布置紧凑,占地面积小,水泵吸水管路短,运行管理方便,因而采用广泛,适用在岸边地质条件较好时,其适用条件为取水量大、安全性要求较高、河岸坡度较陡、岸边水流较深的情况。

② 分建式岸边取水构筑物。

分建式岸边取水构筑物适用于地质条件较差,不宜建造泵房时。在地基条件较差,不宜做阶梯布置且安全性要求较高、取水较大时,可以采用开挖或沉井法施工同时进行底板水平布置(采用卧式泵);在地基条件较差,不宜做阶梯布置且河道水位较低时,可采用底板呈水平布置(采用立式泵)。

(3)岸边式取水泵房的设计特点。

直接从江河岸边吸水的取水泵房称为岸边式取水构筑物,岸边式取水构筑物由进水间、泵房组成。

泵房布置时应布置成矩形,从而便于布置水泵、管路和起吊设备。泵房布置圆形受力条件较好,当泵房深度较大,其土建造价比矩形泵房经济。岸边式取水构筑物的泵房地面层的标高设计要分情况,当泵房在湖泊、水库或海边时,为设计最高水位加浪高再加0.5m,并应设有防止浪爬高的措施。

当岸边地形地质条件差,不宜建造泵房时,将进水间和泵房分开建设。取水泵房要受到河水或地下水的浮力作用,因此在设计时必须考虑抗浮。

2)河床式取水构筑物

河床式取水构筑物的基本型式如下:

(1)自流管式:河水通过深入河中的引水管自流进入岸边的进水间,自流管式取水构筑物由取水头部、进水管、集水间、泵房组成,其集水井设于河岸上,取水头部伸入河床,冬季保温、防冻条件比岸边式好。

(2)虹吸管式:河水通过虹吸管虹吸进入岸边的集水间,其建设过程减少了自流管建设所需的大量挖方,但需装设一套真空管路系统,对施工质量要求高。选择自流管取水构筑物的位置时,特别要注意在洪水期河流底沙及草情对取水的影响。

(3)水泵直接吸水式:不设集水间,泵房建在岸边,水泵吸水管伸入河中吸水,在水泵吸水管口安装取水头部,吸水管不宜过长。在吸水过程中有效利用了水泵吸高,减小了泵房埋深,具有施工简单,造价低的优点。采用水泵吸水管直接取水的河床式取水构筑物,一般只限于取水量小,源水水质较好的取水工程。

(4)桥墩式:该型式将集水间和泵房直接建在河中吸水。

① 河床式取水构筑物的构造。

河床式取水构筑物可将泵房和集水间直接建在河中吸水,也可以将集水间和泵房建在岸边,用引水管深入河中吸水。

河床式取水构筑物是由泵房、集水间、进水管和取水头部等部分组成,与泵房合建的集水间常常布置在泵房的前侧,占用泵房的部分面积。

不同类型的构筑物使用不同类型的取水头部。斜板取水头部是在取水头部设斜板,此取水头部除沙效果较好。蘑菇形取水头部构造是一个向上的喇叭管,其上再加一金属帽盖。取水头部进水孔布置在取水头部的侧面和下游面。

河床式取水头部的基本类型包括自流管式、虹吸管式、水泵直接吸水式、桥墩式。其中自流管式取水构筑物集水间与泵房分建时包含取水头部、自流管、集水间。

<u>ZAB015 河床式取水构筑物的适用条件</u>

② 河床式取水构筑物的适用条件。

当河岸平坦或有较宽的河漫滩,枯水期主流离岸边较远,岸边水深不够或水质不好而河中具有足够的水深和较好的水质时,从河中吸水的取水构筑物称为河床式取水构筑物。

桥墩式取水宜在大河含沙量较高,取水量较大,岸坡平缓,岸边无建泵房条件的情况下使用。淹没式泵房取水适用于河岸地基较稳定、含沙量较少、水位变幅大,但洪水期时间较短,长时期为平枯水期水位的河流。自流管取水适用于河床较稳定,河岸平坦,主流距河岸较远,河岸水深较浅、岸边水质较差、水中悬浮物较少的河流。河岸较平坦,枯水期主流离岸边又较远的情况下,洪水期含沙量较大,水位涨落不频繁的河流,适宜采用自流管及设进水孔集水井取水。水泵允许吸高较大、河流漂浮物较少,水位变幅不大,取水量小,适宜采用水泵吸水管直接取水。

<u>JAB006 集水井的设计要点</u>

③ 集水井的设计要点。

岸边式取水集水井一般每格有一进水孔,当进水孔高度受河流最低水位和进水室底板标高限制时,可减小进水孔高度增大宽度,或增加进水孔数,以保证所需进水面积;河流水位变化不大时,可用单层进水孔;水位变化幅度大和含沙量较高时,可在不同标高设 2~3 层进水孔;进水孔的大小尽量配合标准格栅和闸门的尺寸,并设有格栅槽和闸板槽,以便格栅或闸板沿槽上下移动。集水井取水量大时,可每台泵一格,取水量小时,可几台泵一格,据此确定进水室分格数。集水井要求在水压作用下不产生渗漏,必须注意混凝土的抗渗标号、施工质量。

<u>CAB010 斗槽式取水构筑物的分类</u>

3)斗槽式取水构筑物

在岸边式或河床式取水构筑物前设置"斗槽",以便为这些构筑物调整进水流态和进水水质,称其为斗槽式取水构筑物。按照斗槽中的河流流向与水流流向的关系将斗槽分为顺流式、逆流式、双流式 3 种;按洪水期间堤坝是否被淹没将斗槽分为淹没式和非淹没式,按斗槽伸入河岸的程度可分为斗槽全部设置在河床内、斗槽全部伸入岸边内、斗槽部分伸入河床 3 种。

斗槽中水流方向与河水流向基本一致的是顺流式斗槽;斗槽中水流方向与河水流向基本相反的是逆流式斗槽。当洪水季节含沙量大,可开上游闸门,顺流进水,当冬季冰凌严重时,可开下游闸门,逆流进水的是双流式斗槽。

<u>ZAB016 斗槽式取水构筑物的适用条件</u>

斗槽式取水构筑物适宜在河流含沙量大,冰絮较严重,取水量较大,地形条件合适时采用,但是斗槽式取水构筑物施工量大,造价较高,排泥困难,并且要有良好的地质条件,因而采用较少。

顺流式斗槽的开口正对着河流来水方向,在斗槽进口处由于环流的作用,表层流速大的水流在惯性作用下进入斗槽,下层低速水流绕开斗槽进入河道主流。顺流式斗槽适用于含泥沙甚多,而冰凌不严重的河流。

逆流式斗槽的开口背对着河流来水方向,在斗槽进口处,由于环流作用,表层流速大的水流在惯性作用下基本保持原来的流向,下层低速水流在取水构筑物的抽汲作用下改变流向,进入斗槽。逆流式斗槽适用于冰凌严重,而泥沙较少的河流。

双流式斗槽在斗槽的两端设有闸门,取水点设在斗槽的中间,适用于河流含沙量甚大而冰凌又严重的河流。

4)固定式取水构筑物的施工方法

（1）大开槽施工法。

此法适合于土质好、构筑物埋深不大,或有岩层、砾石层而不宜采用沉井施工的情况。

（2）围堰施工法。

此法是用堤坝(围堰)将施工区域与水体隔开,将围堰内的水抽干后进行施工,施工技术和设备较简单,但土石方量较大。

（3）沉井施工法。

此法是施工时在井内挖土,井筒在自重或外加荷重下克服四周土壤的摩擦阻力而下沉至设计标高,最后进行封底,适用于松散土质地层。

（4）气压沉箱法。

此法将沉井构筑物下部切土挖土部分作成密闭的气压工作室,室内通以压缩空气,气压略大于室外水压,以阻止河水进入工作室内,在工作室内挖土使沉箱下沉,如遇障碍物则可直接排除。

（5）浮运下沉法。

此法预先在河滩上将构筑物装配好,并加以密封,然后移入水中,用船只浮运至安装地点,定位后灌水下沉至预先挖好的基槽中,不需大型起吊设备,施工较简单,但河水流速大时不易定位。

2. 移动式取水构筑物

按水泵的安装位置不同,移动式取水构筑物分为浮船式、缆车式和潜水泵式。水泵安装在浮船上,浮船随水位一起涨落,称为浮船式。水泵安装在缆车上,缆车能沿岸坡上的轨道上下移动以适应水位的变化,称为缆车式。采用潜水泵直接取水的方式称为潜水泵式取水。

1)移动式取水构筑物分类

（1）浮船式取水构筑物。

浮船式取水构筑物由安装有水泵的浮船、敷设在岸坡上的输水管及连接输水管与浮船的联络管组成。

浮船式按船体材料分类,可分为木船、钢丝网水泥船和钢船;按接头形式分类,可分为阶梯式连接、摇臂式连接、带活动钢引桥的摇臂式连接及综合式;按取水船舶动力分类,可分为自航和非自航式（即停泊式）两种。

（2）缆车式取水构筑物。

缆车式取水构筑物是建造于岸坡上吸取江河或水库表层水的取水构筑物,按坡道形式分类,可分为斜坡式、斜桥式、斜坡式加斜桥式3种。

2）移动式取水构筑物特点

> ZAB017 移动式取水构筑物的特点

（1）浮船式取水构筑物。

浮船式取水构筑物具有船体结构简单、投资少、建设快、易于施工、在河流水文和河床易变化的情况下有较大的适应性和灵活性、能经常取得含沙量少的表层水等优点。但是其船体维修养护频繁、浮船受到水流、风浪、航运等的影响，安全可靠性较差。

（2）缆车式取水构筑物。

缆车式取水构筑物的优点与浮船取水构筑物基本相同，施工较固定式简单、水下工程最小、施工期短、投资小于固定式、但大于浮船式、比浮船式稳定，能适应较大风浪。

（3）潜水泵直接取水构筑物。

潜水泵直接取水构筑物具有施工简单方便，水下工程量小，投资较省的优点。

3）移动式取水构筑物适用条件

> ZAB018 移动式取水构筑物的适用条件

移动式取水构筑物建在浮船或岸坡轨道上，能够随着水位的变化上下移动，适用于水源水位变幅大，供水要求急和取水量不大时。

浮船式取水构筑物适用于无冰凌、漂浮物少、没有浮筏、船只和漂木等撞击的可能的河流。浮船采用摇臂式连接，需短时停止取水。

缆车式取水构筑物适用于河段顺直，靠近主流的河流。缆车取水构筑物位置应选择在河岸地质条件较好，距离河岸100~280m的岸坡处为宜。

潜水泵直接取水的方式的适宜条件是临时供水、漂浮物和泥沙含量较小、取水规模小。

3. 低坝式取水构筑物

> CAB016 低坝式取水构筑物的组成

当河流水深不够，或取水量占河流枯水流量的比例较大时，可在河流上修建堤坝抬高枯水期水位，拦截足够的水量，洪水期河水从坝顶或闸孔下泄。堤坝式有固定式和活动式两种。

固定式低坝式取水枢纽由拦河低坝、冲沙间、进水闸或取水泵站等部分组成。进水闸的轴线与冲沙闸轴线的夹角为30°~60°，以便在取水的同时进行排沙。固定式拦河坝一般作成溢流坝型式，坝高1~2m。冲沙闸设在溢流坝的一侧，与进水闸或取水口邻接。

低坝种类较多，设有活动闸门的水闸是其中常用的一种，既能挡水，又能引水和泄水。袋形橡胶坝是用合成纤维织成的帆布，布面塑以橡胶，黏合成一个坝袋，锚固在坝基和边墙上，然后用水或空气充胀，形成坝体挡水。活动式低坝在枯水期挡水抬高水位，洪水期开启泄水。

4. 底栏栅取水构筑物

> CAB017 底栏栅取水构筑物的组成

底栏栅取水构筑物通过坝顶带有栏栅的引水廊道取水，适用于河床较窄、水深较浅、河底纵坡较大、大颗粒推移质特别多、取水量比例大的山溪河流。

底栏栅式取水构筑物由引水廊道、闸阀、廊道下游防冲刷护坦等部分组成，为保证廊道基础稳定，在廊道下游设置防冲工程。底栏栅式取水构筑物组成中的闸阀是指廊道出口与渠道之间的闸阀，还设置有冲沙闸及排沙闸。底栏栅可起到截留河流中大颗粒推移质、草根、树枝、竹片或冰凌等，使之不进入引水廊道的作用。底栏栅式取水构筑物中位于底栏栅下部的引水廊道汇集流进底栏栅的全部水量，并引至沉沙池或岸边引水渠道，其溢流堰在平、枯水期起着抬高水位作用，而在洪水期起溢流作用。

(四)取水头部

1. 固定式取水头部

取水头部上设有进水格栅或较小的进水孔拦截水中较大的杂质,进水孔应淹没在最低水位以下一定深度,并高出河床面一定高度。固定式取水泵房主要受到河水、地下水的浮力作用,其需要安装取水头部。常见的取水头部有喇叭管式、箱式、蘑菇式、鱼形罩式等型式。

喇叭管式取水头部简单、安装容易、施工方便,不必考虑反冲洗或清洗设施,但造价较高,按照喇叭口的安装方向,可分为顺水流式、水平式、垂直向上式、垂直向下式。顺水流式喇叭口对着水流下游方向水平安装,用以防止吸入水中泥沙和漂浮物,一般用于泥沙和漂浮物较多的河流。水平式喇叭口垂直水流方向水平安装,一般用于纵坡较小的河段。垂直式(喇叭口向上)一般用于河床较陡、河水较深处、无冰凌、漂浮物较少而又有较多推移质的河流。垂直式(喇叭口向下)竖直安装,为了保护取水口安全并拦截漂浮物,可将喇叭口安装在排架内,并在排架四周安装拦污格栅或其他设施,一般用于直吸式取水泵房。

箱式取水头部是一个周边开有进水孔的混凝土箱,吸水喇叭口伸入箱内。由于进水孔面积大、流速小、能减少冰凌和泥沙进入量且取水量较大,所以适用于水深较浅,含砂量少以及冬季潜冰较多的河流,其钢筋混凝土箱体可采用预制构件,根据施工条件将其作为整体浮运或分成不同部分在水下拼接。

蘑菇式取水头部呈蘑菇形,垂直向上的喇叭口上有一个下扣的圆形罩,水流从圆形罩的下沿进入喇叭口。该型式取水头部既能避开表层漂浮物,又能避开水下泥沙,但其施工安装较困难。蘑菇式取水头部进水方向是自帽盖(帽盖可作成装配式,便于拆卸检修)底下曲折流入,一般泥沙和漂浮物带入较少,适用于中小型取水构筑物。

鱼形罩式取水头部是一个两端带有圆锥形头部的圆筒,在圆筒表面和背水圆锥面上开设圆形进水孔。由于外形呈流线型,水流阻力小,进水孔面积大,进水流速小,漂浮物难以附着在罩上,故能减轻水草堵塞,适用于水泵直接吸水式取水构筑物。

沉船形箱取水头部为双层钢丝网水泥船形结构,呈流线型,对河道水流影响较小。沉船形箱取水头部适用于大中型取水构筑物及河床地质较好、河道流速不大、泥沙较少的宽浅河段。

斜板式取水头部适用于取水量不大,但含沙量较大、粒径较粗并有足够水深的山区河流。

半淹没式桥墩取水头部适用大中型取水构筑物。

2. 活动式取水头部

活动式取水头部分为软管式取水头部、吸浮式活动取水头部、摇臂式活动取水头部、伸缩罩活动式取水头部等。取水头部宜分设两个或分成两格,以便清洗和检修。漂浮物多的河道,相邻头部在沿水流方向宜有较大间距,一般间距应不小于头部最大尺寸的三倍。浮船式取水头部的浮船需用缆索、撑杆、锚链、锚固。

1)软管活动式取水头部设计要求

(1)采用橡胶管,利用一个浮筒带两个取水头,橡胶管一端与取水头连接,一端接入钢制叉形三通,焊接在自流管进口的喇叭口支座上。

(2)为保证枯水期取水,取水头下缘距河底的距离不小于 0.5m。

(3)注意水流流向的稳定性。

2)吸浮式活动取水头部设计要求

(1)将浮筒连接在吸水头顶上,采用胶管将吸水头与岸上吸水管相连。

(2)吸水头下部开孔进水。

(3)取水头伸向河心时需固定,一般在取水口上游的岸边设置手动或电动卷扬机。

3)摇臂式活动取水头部设计要求

(1)取水头部随着水位可做任意方向转动。

(2)引水管前端有一个转动套筒。

(3)一般可用尼龙绳穿过摇臂管法兰盘上的孔眼固定在支墩上,不使摇臂管受拉力。

4)伸缩罩活动取水头部设计要求

(1)活动罩用钢丝绳与钢浮筒连接,随着水位升降改变进水口高程。

(2)伸缩罩活动取水头部适用于枯水水深大于 1m 的情况。

四、湖泊和水库取水构筑物

(一)水库的构造及水质特征

水库实际是人工湖泊,按水库盆地的结构可分为湖泊式与河床式两种。大型水库按照形态特征和水文情势可分为下游近坝部分、中游部分、上游部分及回水末端部分。作为给水水源的水库的取水位置应在下游近坝部分,下游近坝部分除泄水时外流速都较小,枯水期时水中含悬浮泥沙量少、浊度小。

根据水库所在地区的地貌、库床及水面的形态可将水库分为平原湖泊型水库、山谷河流水库、丘陵湖泊型水库和山塘型水库四类。湖泊式水库面积宽广,深度较大,水流和泥沙运动都接近于天然湖泊的状态,具有湖泊的形态及水文特征。

湖泊、水库本身就是一座大型沉淀池,与河水相比,洪水期和枯水期浊度变化较小,水质比较稳定。水库水的流动性小,水在水库中经长时间沉淀,悬浮物含量少,浊度较低,通常水质清澈。

由于水库水流动性小且透明度高,便给水中浮游生物特别是藻类的繁殖创造了良好条件,使水产生色、臭、味。水库的水生生物十分丰富,一般的分布规律是漂浮生物漂浮在水面,也有沉在水中的;水生物死亡残骸沉积库底,致使库底淤泥中积存大量腐殖质,一经风浪泛起,便使水质恶化。

(二)水库取水构筑物的类型

水库取水构筑物的类型有隧洞式取水构筑物、引水明渠取水构筑物、分层取水取水构筑物、自流管式取水构筑物等。在水深大于 10m 以上且取水量大的大型水库,常用的取水形式有隧洞式取水和引水明渠取水。在深水湖泊和水库中取水,为了取得低浊度、无色、无臭的原水,应采用分层式取水的取水构筑物。在浅水湖泊和水库取水,一般采用自流管或虹吸管把水引入岸边深挖的吸水井内,水泵的吸水管直接从吸水井内抽水。在深水水库中取水构筑物的形式有与坝体合建式的和分建式的两种固定式取水塔形式。

(三)自流管(渠)的设计要点

自流管式取水是指河水通过深入河中的引水管自流进入岸边的进水间,自流管式取水构筑物由取水头部、进水管、集水间、泵房组成。取水头部设在自流管的最前端,用以拦截河流漂浮物、调整进水方向和流态,使进水管引到尽可能好的水。自流管埋设在最低水位以下,并保证在冲刷线以下。自流管一般设有两条,并在末端设有检修阀门。

自流管(渠)材料采用钢管,虽然投资较多,但可减少接头,施工方便。设计自流管(渠)时,粗糙系数应选高些,以免日后管道阻力增大而降低进水量。自流管(渠)根数主要是根据取水量、管材、施工条件、操作运转要求等因素综合考虑确定。确定自流管(渠)内的设计流速时,应考虑当泥沙进入自流管(渠)后不致产生淤积。自流管的坡度和坡向应视具体条件而定,可以坡向河心、坡向集水间或水平敷设。自流管一般是埋设在河床下 0.5~1.0m,如需敷设在河床上时,须用块石或支墩固定。

(四)虹吸管的设计要点

虹吸管的设计根据总的水流量来确定。总虹吸高度一般采用 4~6m。虹吸管末端应伸入集水井最低动水位以下 1.0m,否则,虹吸作用易遭破坏,难以保证水泵的连续运行。虹吸进水管一般采用钢管,管内流速一般应大于 0.6m/s。虹吸进水管设计要求至少设计 2 根,而每根虹吸管都应设置单独的真空管路。虹吸进水管进水时其上缘的淹没深度不小于 1.0m 以避免吸入空气。河水高于虹吸管顶时可自流进水;河水低于虹吸管顶时需抽真空。冲洗时需要破坏进水虹吸管的真空,终止进水。

五、山区浅水河流取水构筑物

(一)山区浅水河流取水构筑物取水方式的特点

山区河流取水构筑物常采用低坝式或底栏栅式,其取水特点为:

(1)山区浅水河流多属河段的上游段,河床坡降大、河狭流急,由于山区河流枯水期的流量很小,因此取水量所占比例往往很大。

(2)由于平枯水期水层浅薄,因此取水深度往往不足,需要修筑堤坝抬高水位或者采用底部进水等方式解决。

(3)由于洪水期推移质多,粒径大,因此在山区浅水河流的开发利用中,既要考虑到使河水中的推移质能顺利排除,不致大量堆积,又要考虑到使取水构筑物不被大颗粒推移质损坏。

(4)山区浅水河流的枯水期水层浅薄,需要在天然河道中修筑低坝抬高水位、增加水深,或者采用底部进水等方式。

(二)低坝式取水构筑物的适用条件

当山区河流取水深度不足,或者取水量占河流枯水量的百分比较大,推移质不多时,可在河流上修筑低坝来提高水位和拦截足够的水量。

低坝有固定式和活动式两种。固定低坝式与活动低坝式取水构筑物适用条件的区别在于推移质多少不同。

固定式低坝取水枢纽由拦河堤坝、冲沙间、进水闸等部分组成,适用于枯水期流量特别小,水浅,不通航,不放筏,且推移质不多的小型山溪河流。

活动低坝式取水构筑物种类较多,近几年逐渐采用水力自动翻板闸、橡胶坝、浮体阀等新型活动坝。活动低坝式取水构筑物大大减少了坝前泥沙淤积,取水安全可靠。水力自动翻板闸低坝式取水构筑物适用于枯水期流量特别小、不通航和不放筏的小型山溪河流。橡胶低坝式取水构筑物适用于推移质较少、枯水期流量特别小的小型山溪河流。

(三)底栏栅取水构筑物的适用条件

通过坝顶带栏栅的引水廊道取水的构筑物称为底栏栅式取水构筑物,由拦河低坝、底栏栅、沉沙池等部分组成。底栏栅取水构筑物在拦河低坝上设有进水底栏栅及饮水廊道,河水流经坝顶时,一部分通过栏栅流入引水廊道,经过沉沙池去除粗颗粒泥沙后,再由水泵抽走,拦河低坝用以拦截水流,抬高水位。

底栏栅式取水构筑物适用于河床较窄、水浅、河底纵向坡度较大,大颗粒推移质特别多、取水量较大的山溪河流,要求可截取河床上径流水及河床下潜流水之全部或大部分的流量。

六、海水取水构筑物

(一)海水取水构筑物分类

海水取水构筑物有多种,如潮汐式取水构筑物、明渠蓄水池综合取水构筑物、蓄水池自动逆止闸板门取水构筑物、岛式泵房取水构筑物、海底自流管渠引水式取水构筑物等。

自流明渠引水多适用于海岸陡峻、引水口处海水较深、高低潮位差值较小、淤积不严重的石质海岸或港口、码头地区。

岛式泵房取水的优点为取水量大、在海滩地形不利的情况下可保证供水、系统较简单、管理方便,尤其是在泵房实现自动控制的条件下。

蓄水池自动逆止闸板门取水利用海水涨落规律,供水安全可靠。

海底自流管渠引水式取水适用于取水量很大、海滩平缓、潮差大而低潮位、离海岸远、海湾条件恶劣(如风大、浪高、流急)的地区。

明渠蓄水池综合取水实际上是自流明渠引水和蓄水池取水两种形式的综合。

潮汐式取水构筑物需在海边围堤修建蓄水池,在靠海岸的池壁上设置若干潮门。

(二)海水取水方式特点

海水有其特殊性,取水也有着其具体的特性。

海水中的生物易造成取水头部、格网和管道堵塞,不易清除,特别是海蛭极易大量黏附在管壁上,使管径缩小,降低输水能力。

海水取水构筑物宜设在避风的位置,并对潮汐和风浪造成的水位波动及时性冲击力有足够的考虑。

海滨地区,特别是淤泥质海滩,漂沙随潮汐运动而流动,可能造成取水口及引水管渠严重淤积。

海水含有较高的盐分,一般为3.5%,如不经处理,一般只宜作为工业冷却用水。

项目四　取水水泵

一、定义

水泵是一种输送液体、提升液体并使液体能量增加的水力机械。水泵是依靠叶轮获得的能量来做功从而把原动机的机械能转化为被输送液体的能量,最终使液体的能量增加的设备。

> CAB021　水泵的定义

二、分类

泵按泵的工作原理可分为容积式泵、叶片式泵、其他类型泵三大类。

> CAB022　水泵的分类

(一) 容积式泵

容积式泵是通过液体充满工作室并将其容积进行周期性变化,从而不连续地给液体施加能量来输送液体的,属于这一类的有活塞式往复泵、柱塞式往复泵等。一般使液体的容积改变有往复式运动以及旋转式运动两种方式。

(二) 叶片式泵

叶片式泵是靠装有叶片的叶轮高速旋转来完成对液体的压送的,属于这一类的有离心泵、轴流泵等。

(三) 其他类型泵

这一类泵主要是靠其内部高速液流以及气流的动能或动量输送液体的。

三、性能参数

水泵的基本性能通常用6个性能参数来表示。

> GAB018　水泵的性能参数

(一) 流量

流量指水泵在单位时间内所输送的液体的体积或质量。

(二) 扬程

扬程指单位重量液体通过水泵后其能量的增值。

(三) 轴功率

轴功率指泵轴来自原动机(电动机)所传递来的功率。

(四) 效率

效率指水泵的有效功率与轴功率的比值。水泵在运行中存在各种能量损失,有效功率始终小于轴功率。

(五) 转速

转速指水泵叶轮的转动速度,水泵转数指泵轴每分钟旋转的次数。

(六) 允许吸上真空高度及汽蚀余量

泵不发生汽蚀,其入口处允许的最低绝对压力(表示为真空度),以液柱高度表示,称为泵的允许吸上真空高度。水泵进口处,单位重量液体所具有的超过饱和蒸气压力的富裕能量称为汽蚀余量。

四、水泵选择原则

（1）所选水泵首先应满足最大工况时的要求，其在长期运行时工作点应在高效区内。

（2）选泵时应该在满足最大工况点的前提下，减少扬程的浪费。

（3）选泵时应该选择运行效率较高的泵站。

（4）应该选择流量变化较小、扬程变化较小的泵站。

（5）选择供水量及所需扬程变化较大的泵站。

（6）在满足选泵原则的前提下应尽量选大型水泵，因为机组效率高、占地面积小、土建和维护费用小。

（7）所选择的水泵除效率高外还应节能、抗汽蚀性好。

（8）选泵的主要依据根据用户所需的流量、扬程、变化规律来确定。

（9）选泵主要是确定水泵的型号、台数。

（10）在选定水泵能力上要近远期结合，留有发展的余地。

（11）尽量选用当地成批生产的水泵型号。

（12）进行消防用水时的校核。

五、水泵直接吸水设计要点

当取水量较小，河水中漂浮物较少，进水管较短时，可采用水泵直接吸水的形式，其可利用水泵吸水高度减小泵房深度，省去集水间并直接深入河中吸水，结构简单，施工方便，造价较低；水泵直接吸水应尽量采用吸水高度较大的水泵设备，不应采用吸水高度为零、为负、较小的水泵设备；尽量选用真空高度较大的离心泵，可以减小泵心深度，降低造价；吸管可埋于河底；吸水口应设有拦截漂浮物的措施；吸水管应设有形成负压的抽气系统；管材宜采用钢管，并作防腐处理。水泵直接吸水在不影响航运时，水泵吸水管可以架空敷设在桩架或支墩上。

六、水泵的节能途径

（一）提高主泵运行效率

首先用泵站多年平均净扬程复核原泵选型，并用泵站最高与最低净扬程进行校核，再根据改造要求，确定对主泵进行调节、改造或更新。对于选型不当的离心泵或蜗壳式混流泵，若其基本性能尚好，可采用变速、变径调节，更换叶轮或更新主泵。对于可调叶片的轴流泵和导叶式混流泵，可采用变角、变速调节，或根据情况改造导叶、叶片或叶轮。通过上述措施使主泵达到多年平均运行效率最高。

（二）提高电动机运行效率

在节能改造中，应尽量使与主泵配套的电动机处于满负荷运行状态，一般应使负荷率 $\beta \geqslant 0.7$，即电动机的负荷 P 应不小于主泵在多年平均净扬程情况下运行的轴功率 P_2，即 $P=KP_2$（K 备用系数，$K=1.05 \sim 1.25$）。若电动机负荷率 $\beta<0.5$ 时，由于其长期轻载运行，效率低，能耗高，运行费用大，应按主机组优化配套的要求调整使用或更换。

(三)减小管(流)道水力损失

管(流)道水力损失是影响泵站效率的又一重要因素。在节能改造中,应注意选择管(流)道经济管径,缩短管长,减少弯管,选用阻力系数小的管件,正确安装,使管(流)道、主泵及管件形成最优配合。实践证明,经优化配套的管路效率比原管道提高15%~20%,甚至更多。

(四)减小进出水池水头损失

泵站进出水池水位和流态的变化将直接增加泵站能量损失,因此,在节能改造时,应合理确定泵站前池、进出水池的结构尺寸,改善主泵吸水性能,防止池内产生旋涡、回流,减小水流通过拦污栅的水头损失。

(五)提高日常运行管理水平

加强技术管理,使泵站机电设备和配套工程经常处于完好的技术状态。在排灌作业时,应从泵站工程系统的全局出发,合理确定机组的开机台数与顺序,进行枢纽与灌排区渠系及其建筑物优化调度,以达到经济运行、提高泵站效率的目的。

七、离心泵的原理及操作

(一)离心泵的工作原理

> CAB027 离心泵的工作原理

供水行业最常用的水泵就是离心泵。离心泵的工作过程实际上是一个能量的传递和转化的过程,当一个敞口圆筒绕中心轴做等角速旋转时,圆筒内的水面便呈抛物线上升的旋转凹面,圆筒的半径越大,液体沿圆筒上升的高度越大,液体质点所受的水静压力就越大,这就是离心泵的设计原理。

由上可知,离心泵是利用叶轮旋转而使水产生的离心力来工作的。离心泵泵轴带动叶轮和水做高速旋转时,水泵叶轮中心形成了真空。离心泵的连续输水是靠泵轴带动叶轮和水高速旋转而形成的离心力的作用来完成工作的。离心泵运转时,叶轮入口处的压力小于大气作用于水面上的压力。一般来讲,泵的叶轮直径越大,转速越高,产生的离心力就越大,扬水的高度就越高。

(二)离心泵的基本结构

> CAB028 离心泵的基本结构

离心泵的基本结构可分为三部分,即转动部分、泵壳部分和密封部分。

离心泵是由很多零件组成的,主要有泵壳、泵轴、叶轮、吸水管和压水管等。蜗壳形泵壳的吸水口与水泵的吸水管相连接,出水口与水泵的压水管相连接。水泵的叶轮一般由两个圆形盖板组成,盖板之间有若干片弯曲的叶片,叶片之间的槽道为过水的叶槽。叶轮的前盖板上有一个圆孔,这就是叶轮的进水口,它与水泵的吸水管路相连通。离心泵泵轴与泵座之间的转动连接装置为轴承座,离心泵叶轮与泵壳内壁接缝处的减漏装置为减漏环。离心泵的泵轴与泵壳之间的轴封装置为填料盒,电动机的出力是通过联轴器来传递给水泵的。离心泵的轴封装置包括填料密封、机械密封等。

(三)离心泵的管理

> GAB019 离心泵的润滑

1. 离心泵的润滑

离心泵一定要做好定期润滑,离心泵润滑的主要作用是控制摩擦、降温、冷却、密封。离心泵运动部位润滑目的是将运动摩擦减至最小。

除轴承外离心泵上需润滑的部位是轴套。中小型离心泵的滑动轴承润滑一般采用油环自动润滑;离心泵滚动轴承的润滑一般采用钙基脂润滑;齿形联轴器一般采用脂润滑;齿轮部位一般采用油润滑;填料密封密封端面一般采用填料内夹带的润滑材料润滑。

GAB020 离心泵的密封

2. 离心泵的密封

目前离心泵应用较多的密封装置有填料密封及机械密封。

1)填料密封

填料在轴封装置中起着阻水或阻气的作用。填料的寿命不长,但其结构简单、运行可靠。离心泵的泵轴与泵壳之间的轴封装置填料盒即为填料密封。

2)机械密封

机械密封又称端面密封,机械密封有很多种类,如平衡型密封与非平衡型密封。

GAB021 离心泵的保养

3. 离心泵的保养

日常保养工作对保证设备完好和安全供水是非常重要的一项工作,因此,运行人员绝对不能够掉以轻心。

离心泵的保养主要包括润滑、紧固及防腐,日常保养应注意:

(1)冬季停用的离心泵应关闭进出水阀门,放出泵内积水以防止冻坏。

(2)离心泵应时刻保持泵体清洁,调整填料压盖保持滴水正常。

(3)离心泵应检查润滑油油质并及时更换。

(4)离心泵监测机泵振动超标时,应查明原因及时处理。

(5)离心泵设备名牌标志应清楚。

(6)离心泵应该根据运行情况及时调整填料压盖松紧度。

(7)离心泵加工好的叶轮要做静平衡试验,避免水泵运行时发生振动。

(8)应及时紧固填料压盖螺钉,压紧填料减少滴漏量,这属于保养中的调整项目。

(9)轴承箱内机油变白说明机油箱进水机油乳化,应及时更换。

(10)随时搞好设备及室内环境卫生。

(11)应检查、调整、更换阀门填料。做到不漏水、无油污、无锈迹。

CAB023 离心泵启动前检查的内容

(四)离心泵操作步骤

1. 离心泵启动前检查内容

(1)启泵前应盘车检查水泵,判断其转动是否灵活,吸水池水位是否达标,同时对水泵近控按钮进行复位,否则接通电源时水泵可能会自行启动。

(2)查电源电压是否正常。

(3)检查水泵的转向是否正确。

(4)检查各部螺栓是否紧固。

(5)检查填料压盖的松紧程度是否适当,填料箱处有水漏出说明填料已损坏,压盖过松,须处理后方可引水启泵。

(6)检查各部位机油是否正常,润滑油油质是否合格,是否有杂物堵塞。

(7)检查泵进水管路上的阀门是否全开,出水阀是否关闭。

(8)检查机组周围有无妨碍运转物品等,启动电动机前应示意机组附近人员注意安全。

(9)向泵内灌水直至空气完全排出。

2. 离心泵启动

当完成水泵机组运行前的准备工作后,方可启动水泵机组。启动按钮开关时要沉着、果断,眼睛应该注视着电流表的变化。同时还要进行检查,注意电动机、水泵声音是否正常,观察电流表是否正常等,遇到问题应该做到立刻停车进行检查。

启动时工作人员与机组不要靠得太近,待泵转速稳定后即应打开真空表与压力表上的阀,泵压力上涨可逐渐打开压力闸阀,真空表读数增加,压力表读数下降,待启动工作闸阀全开时即告完成。水泵在闭闸情况下,运行时间一般不应超过 2~3min。

正常启泵过程需启泵后检查水泵声响,振动正常后方可开启出水阀门。离心泵启动后水泵不出水或出水不足与水泵的转向、叶轮进水口及流道堵塞、水泵转速太低有关;水泵开启不动或启动后轴功率过大与电压太低、流量太大、超过使用范围太多、填料压得太死、泵轴弯曲、轴承磨损有关。离心泵启动过程中发现电流表读数稳定后远低于电动机额定电流,开启出水阀门仍维持低电流,则说明离心泵启动失败,未上水。

3. 离心泵运行检查内容

（1）检查各个仪表是否工作正常、稳定。

（2）检查流量计上的读数是否正常。

（3）检查填料盒处是否发热、滴水是否正常,离心泵正常运行时,填料处滴水应为 30~60 滴/min。

（4）检查泵与电动机的轴承和机壳温升。离心泵正常运行情况下,电动机温度升高的 B 级绝缘允许为 80℃。运行中水泵的轴承温升应不超过 35℃。无测温工具情况下检查离心泵轴承温度时,用手感觉能接触较长时间不烫手即为正常。

（5）注意油环。

（6）定期记录水泵的流量、扬程、电流、电压等数据。

（7）运行中的离心泵噪声突然变大,可能发生汽蚀、地脚松动、轴承损坏等问题。

（8）对于水厂运行中的离心泵,抚摸泵体应感觉泵体发凉。

（9）水泵停车时应先关出水闸阀,实行闭闸停车,然后关闭真空及压力表上阀,把泵和电动机表面的水和油擦除干净。在无采暖设备的房屋中,冬季停车后,要考虑水泵不至于冻裂。

4. 离心泵停车

离心泵停车后,应先关闭出水阀门,然后再切断电动机电源。

一般的泵系统中不设普通止回阀,而在泵出口设置缓闭止回阀,当发生停泵水锤时,该阀门可以使得整个泵系统中水锤升压不高,倒流量和水泵机组倒转数都得到控制。停泵时如果惯性小,即断电后泵很快就停下来,说明泵内有摩卡或偏心现象。离心泵不实行闭阀停车管路会发生水击现象。对于轴流泵一般压水管路上不设闸阀,水泵可以直接停机。

模块三　水质检验

项目一　饮用水卫生标准

研究水的处理和测定水质是否符合饮用水卫生标准是保障人民健康和国家建设的重要课题。

饮用水卫生标准规定了生活饮用水水质卫生要求、生活饮用水水源水质卫生要求、集中式供水单位卫生要求、二次供水卫生要求、涉及生活饮用水卫生安全产品卫生要求、水质监测和水质检测方法。

一、《生活饮用水水质标准》起源

世界上最早的水质标准是公元前一世纪罗马的工程师提出的,真正有意义的水质标准是美国于1914年颁布的《公共卫生署饮用水水质标准》。新中国成立后最早的生活饮用水技术法规《自来水水质暂行标准》发布于1955年。

二、饮用水水质标准的发展

我国最早的生活饮用水技术法规是《自来水水质暂行标准(修正稿)》,我国第一部生活饮用水国家标准是 GB 5749—1985《生活饮用水卫生标准》,GB 5749—1985 共修订1次,现行的 GB 5749—2006《生活饮用水卫生标准》于2007年开始实施。

中华人民共和国建设部制定了 CJ 3020—1993《生活饮用水水源水质标准》于1994年1月1日起实施,规定一级水源水浑浊度不应超过3NTU,二级水源水耗氧量($KMnO_4$法)的范围不得超过6mg/L,硝酸盐(以氮计)的含量不应超过20mg/L,规定氰化物的含量不得超过0.05mg/L,生活饮用水一级水源水质良好,地下水只需消毒处理,地表水经简易净化处理、消毒后即可饮用。

(一)新版《生活饮用水卫生标准》的特点

新版 GB 5749—2006《生活饮用水卫生标准》水质指标由原标准的35项增至106项,加强了对水质有机物、微生物和水质消毒等方面的要求。增加指标最多的是感官性状和一般化学指标,放射性指标检测项目不变。新版生活饮用水卫生标准统筹考虑城乡饮用水卫生问题,适当放宽了部分农村小型集中式供水和分布式供水的部分水质指标。

(二)新水质标准与原标准常规指标限值的比较

新版标准常规指标中微生物指标较旧标准增加2项,毒理指标较旧标准增加4项,常规指标中增加了金属指标——铝。新版标准常规指标中指标限值放宽的是总α放射性,限值由原0.1Bq/L放宽至0.5Bq/L。同时新标准中增加了出厂水耗氧量的检测。

(三)新水质标准与原标准消毒剂指标限值的比较

新版生活饮用水卫生标准消毒剂指标由 1 项增加至 4 项,增加的项目包括一氯胺、臭氧、二氧化氯。二氧化氯消毒剂在水厂出厂水中的要求是不大于 0.8mg/L 同时不小于 0.1mg/L;在管网末梢的余量应不小于 0.02mg/L。管网末梢游离氯余量应不小于 0.05mg/L。臭氧消毒剂在水厂出厂水中的限值是 0.3mg/L。

(四)新水质标准与原标准非常规指标限值的比较

旧版标准中非常规指标共 4 项。新版标准中非常规指标中微生物指标包括 2 项,增加了贾第鞭毛虫和隐孢子虫。新版标准非常规指标中感官性状和一般化学指标新增了氨氮、硫化物。旧版标准非常规指标中检测的金属是银,而新版标准非常规指标中检测的金属是钠。

(五)生活饮用水感观性状一般化学性指标

新版标准中感官性状和一般化学指标共 20 项,常规指标新增的检测项目是耗氧量。其中浑浊度的限值改为 1NTU,总硬度的限值修改为 450mg/L。在新版标准中感官性状和一般化学指标中限值相同的金属离子是铜和锌。

三、《生活饮用水卫生标准》解读

(一)《生活饮用水卫生标准》的作用

《生活饮用水水质标准》是国家法律强制执行的标准,是卫生监测和卫生监督的主要手段。《生活饮用水水质标准》的相关内容在 1997 年已被列入《刑法》的相关条款,对改善和提高饮用水水质发挥重要作用。

(二)《生活饮用水卫生标准》的性质

《生活饮用水卫生标准》是以保护人群健康和保证人类生活质量为出发点,对饮用水中与健康相关的各种因素,以法律形式做出量值规定。我国最新的 GB 5749—2006《生活饮用水卫生标准》中水质指标由 35 项增加至 106 项。新标准指标的制定主要参考 5 个国家和国际组织,更加符合当前我国的水质情况。

(三)修订《生活饮用水卫生标准》的原则

新的饮用水标准应适用于各类人群的各类生活饮用水。生活饮用水必须保证居民终身饮用安全,饮用水感官性状和一般理化指标为用户直接感觉。标准所提出的水质指标限值,因饮水而患病的风险要低于 10^{-6}。

(四)《饮用水水质标准》的相关术语

生活饮用水就是供人生活的饮水和生活用水。GB 5749—2006《生活饮用水卫生标准》中供水方式分为 4 种,生活饮用水水质指标总体分为 2 类(常规指标和非常规指标),能反映生活饮用水水质基本状况的水质指标是常规指标,根据地区、时间或特殊情况需要实施的生活饮用水水质指标是非常规指标。

(五)饮用水不同供水方式的水质指标

供水方式分为集中式供水、小型集中式供水、分布式供水和二次供水。

集中式供水在入户之前经再度储存、加压和消毒或深度处理;通过管道或容器输送给用户的供水方式是二次供水;农村日供水在 1000m³ 以下(或供水人口在 1 万人以下)的集中供水方式是小型集中式供水方式;居户直接从水源取水,无任何设施或仅有简易设施的供水方式为分布式供水。水质指标分为常规指标和非常规指标,常规指标包括浊度、色度、耗氧量等。非常规指标并非不重要,而是此指标不是全国普遍存在的问题,例如金属钠等。

(六)饮用水水质的要求

生活饮用水必须进行消毒处理,即使在有喝开水习惯的地区,生活饮用水也必须消毒。生活饮用水中不得含有病原微生物。当发生影响水质的突发性公共事件时,经市级以上人民政府批准,感官性状和一般化学指标可以适当放宽。

(七)水源水的日常检验项目

水源水日常检测项目主要包括浊度、色度、pH 值等。而水中存在的有机物质,直接测定比较困难,耗氧量是一种间接反映水源水中有机物含量的方法,记作 COD。水源水 COD 值的检验频次一般为一天一次,COD 指标升高时说明水源存在微污染现象。

(八)常规指标中微生物的相关指标

水中菌落总数可作为评价水质清洁程度和考核净化效果的指示,生活饮用水卫生标准中规定菌落总数限值为每毫升水样不超过 100CFU。

作为粪便污染的指示菌,大肠埃希氏菌检出的意义最大。从卫生学上来看,天然水的细菌性污染主要是由于粪便污染引起的,如果水样中没检出总大肠菌群则不必再检验大肠埃希氏菌或耐热大肠菌群,如果水中检测出总大肠菌群,则还需进一步检测大肠埃希氏菌或耐热大肠菌群来确定水体是否受粪便污染。

(九)毒理学指标的相关限值

GB 5749—2006《生活饮用水卫生标准》中规定六价铬的限值为 0.05mg/L,铅的限值为 0.01mg/L,砷的限值为 0.01mg/L,汞的限值为 0.001mg/L,硝酸盐的限值为 10mg/L,亚氯酸盐的限值为 0.7mg/L。

(十)非常规指标中的微生物指标

贾第鞭毛虫是寄生于人类和动物肠道的有鞭毛的原生动物,可通过饮用水、娱乐用水、食物以及人与人接触传播。

隐孢子虫是寄生于很多动物的胃肠道和呼吸道细胞内的球虫,分布于世界各地,抗氯性能很强。

项目二 水质检验知识

一、水质检验基本知识

(一)水质检验相关名词术语

(1)单位:水质检验中浓度的单位是 mg/L 或 μg/L;放射性指标的单位是 Bq/L。

(2)准确称取:分析天平称量物品质量时,精确到 0.0001g。

(3)量取:用量筒取水样或试液。

(4)吸取:用无分度吸管取水样或试液。

(5)纯水:一般指蒸馏水或去离子水。

(二)水样的采集保存

水样根据欲测项目多少而不同,为满足常规水质强化分析需要,需采集水样 2~3L,为满足水质全分析需要,需采集水样 10~60L。

采样前需将容器洗净,临用时用水样冲洗 3 次,再将水样采集于瓶中。

采集江河水样时,采集器需沉入水面以下 20~30cm,然后拉开瓶塞,使水样进入瓶中。

采集供卫生细菌学检验用的水样前,所用容器需进行灭菌,并保证水样在运送、保存过程中不受污染。

水样中加酸可防止金属沉淀和抑制细菌对一些检测项目的影响。

(三)误差的分类

1. 系统误差

系统误差又称可测误差,它是由分析操作过程中某些经常发生的原因造成的。

系统误差的主要来源有以下几个方面:

(1)方法误差。这是由试验方法本身造成的,例如在质量分析中,沉淀的溶解、共沉淀现象等。

(2)仪器和试剂误差,例如天平零点稍有变化属于系统误差。

(3)操作误差,如分析人员对滴定终点的指示剂颜色的辨别往往不同,有人偏深有人偏浅。

2. 偶然误差

由分析操作过程中某些不确定的因素造成的误差称为偶然误差,在分析过程中,可能由于环境温度变化、气压及电压波动而引起。

3. 过失误差

过失误差是指工作中的差错,必须注意避免。

二、标准溶液

(一)标准溶液的配制

标准溶液的配制有直接法和标定法两种方法。

1. 直接法

准确称取一定量的基准物质,溶解后配制成一定体积的溶液,根据物质质量和溶液体积,可以计算出该标准溶液的准确浓度。例如在配制 0.1mol/L $CuSO_4$ 溶液时,可量取 500mL 0.2mol/L 的 $CuSO_4$ 溶液,加水至 1L;再例如欲配制 100g/L 氢氧化钠溶液 500mL,需称取氢氧化钠 50g。

用直接法配制标准溶液的物质必须符合足够纯、质量稳定、物质的组成与化学式完全符合 3 个条件。

2. 标定法

很多物质不能直接用于配制标准溶液,但可将其先配成一种近似于所需浓度的溶液,然后用基准物质来标定它的准确浓度。

配制一定物质的量浓度的氢氧化钠溶液时,若提前用氢氧化钠溶液润洗容量瓶则会造成所配溶液浓度偏高。

(二)溶液的浓度

1. 物质的量浓度

物质的量浓度是指单位体积溶液中含溶质的物质的量,例如 500mL 硫酸溶液中含 49g H_2SO_4,则该硫酸溶液的物质的量浓度是 1mol/L。

2. 质量浓度

质量浓度是指单位体积溶液中含溶质的质量,质量浓度的单位有 g/L、mg/L、mg/mL。

3. 体积比浓度

体积比浓度是指 A 体积液体溶质与 B 体积溶剂相混的体积比。例如配置 2400mL 体积比浓度为 1∶5 HCl 溶液时,需要市售盐酸 400mL 与 2L 的蒸馏水混合。

(三)溶液的化学平衡

1. 化学平衡

在一定条件下的可逆反应里,正逆反应速率相等,各反应物和生成物的浓度不再随时间改变的状态,称为化学平衡状态,化学平衡是一种动态平衡。

例如在水中,当 $Mg(OH)_2 = Mg^{2+} + 2OH^-$ 达到平衡时,为使 $Mg(OH)_2$ 固体减少,可加入的试剂 NH_4NO_3 使其再次达到平衡。

2. 化学平衡常数

在一定温度下,处于化学平衡状态的可逆反应中,生成物浓度幂的乘积与反应物浓度幂的乘积之比为一个常数,这个常数称为该反应的化学平衡常数。平衡常数与反应物起始浓度无关,与温度有关。

3. 影响化学反应速率的因素

决定一个化学反应进行快慢的主要因素是反应物的性质。

(1)浓度对反应速率的影响:当其他条件不变时,增加反应物的浓度可以使反应速率加快,例如在 $Cl_2 + H_2O = HCl + HClO$ 的平衡体系中,使 HClO 浓度增大的方法是增大氯水浓度。

(2)压强对反应速率的影响:对有气体参加的反应,压强增大,气体体积缩小,反应速率加快。

(3)温度对反应速率的影响:浓度一定时,温度增加,反应速率加快。

(4)催化剂对化学速率的影响:使用催化剂能加快化学反应速率,但催化剂对化学平衡无影响。

三、常用水质分析法

(一)滴定分析的类型

滴定分析是常规化验中应用最广泛的一类化学分析方法的总称,可以测定很多有机物和无机物,所用的仪器设备简单方便,速度快,并具有足够的准确度。

滴定分析法,根据反应类型不同,主要分为酸碱滴定法、氧化还原法、沉淀滴定法及络合分析法。

利用滴定过程中 pH 值的变化规律的滴定属于酸碱滴定,例如水中碱度的测定。氧化还原滴定法常用的方式包括高锰酸钾法、重铬酸钾法、碘量法。沉淀滴定法要求生成沉淀物的溶解度很小。水中硬度的测定应用的是配位滴定。

滴定方式有直接滴定法、间接滴定法、置换滴定法、返滴定法,例如,高锰酸钾滴定法测定水中钙离子的形式属于间接滴定法。

(二)酸碱滴定法

酸碱滴定法是以质子传递反应为基础的滴定分析法。酸碱滴定中包括酸碱的测定,弱酸盐和弱碱盐的测定。一般的酸、碱以及能与酸、碱直接或间接发生质子转移反应的物质,几乎都可以利用酸碱滴定法进行测定。

1. 酸碱反应

酸碱反应的反应速率极快、反应进程可以从酸碱平衡关系预计,在滴定过程中 H^+ 浓度发生变化。酸碱反应的实质是酸与碱之间的质子转移作用,是两个共轭酸碱对共同作用的结果。

2. 滴定终点

在滴定分析中,一般利用指示剂颜色的突变来判断化学计量点的到达,在指示剂颜色突变时停止滴定,这一点称为滴定终点。

3. 滴定曲线

酸碱滴定的过程中,在等当点附近,很少一点标准溶液的加入就能引起 pH 值的突然变化,变化曲线几乎垂直上升,这一上升范围称为滴定突跃。

研究滴定曲线时,可以将其分成 4 段:滴定前、理论终点前、理论终点时、理论终点后。

4. 酸碱指示剂

酸碱指示剂因其分子和离子具有不同的结构,因而具有不同的颜色。当溶液的 pH 值改变时,共轭酸碱对相互发生改变,从而引起溶液的颜色变化。

指示剂的变色范围越窄越好,因为 pH 值稍有变化,指示剂就可以立即由一种颜色变成另一种颜色,指示剂变色敏锐,有利于提高测定结果的准确度。如果指示剂的变色范围只有部分位于滴定突越范围之内,也可以选用,但有时误差大。

(三)络合滴定法

1. 络合滴定法概述

络合反应是金属离子和阴离子(或分子)以配位键结合生成络离子(现多称配离子)的反应。络合滴定法能测定铝、镁、铅等物质。

2. 金属指示剂

络合滴定中使用金属指示剂判断终点的到达,金属指示剂是对金属离子敏感的物质,它在一定金属离子浓度范围内改变颜色。金属指示剂大多是一种有机染料,能与金属离子生成有色络合物。

3. EDTA 与金属离子的络合物及其稳定性

EDTA 可以与很多金属离子形成稳定的络合物。在一般情况下,EDTA 与金属离子以一定的络合比进行络合,EDTA 与金属离子一般都形成 1∶1 的络合物。EDTA 在水中的溶解度太小,因此在络合滴定中通常使用 EDTA 的二钠盐。

在直接络合滴定法中,终点时一般情况下溶液显示的颜色为被测金属离子与 EDTA 络合物和游离指示剂的颜色。

(四)沉淀滴定法

GAC006 沉淀滴定法

1. 沉淀反应应具备的条件

(1)反应速率快,生成沉淀的溶解度小。

(2)反应按一定的化学式定量进行。

(3)有准确确定理论终点的方法。

2. 沉淀滴定法

沉淀滴定法是基于沉淀反应的滴定分析法,实际上应用最多的是银量法,而银量法根据指示终点的方法的不同分为摩尔法、佛尔哈德法、法扬司法。

在银量法中,以铬酸钾为指示剂的方法称摩尔法。摩尔法测定 Cl^- 含量时,要求介质的 pH 值在 6.5~10.0,若酸性过高,则 Ag_2CrO_4 沉淀不易形成。该方法根据分步沉淀的原理确定终点。

佛尔哈德法是以 NH_4SCN 为标准溶液,Fe^{3+} 为指示剂,在硝酸酸性溶液中测定银离子的滴定方法。

法扬司法在测定 Cl^- 时,根据所用指示剂调节溶液的 pH 值。

(五)氧化还原滴定法

GAC007 氧化还原滴定法

氧化还原滴定法可以用来直接测定氧化性或还原性物质,也可以用来间接测定能与氧化剂或还原剂发生定量反应的物质。氧化剂和还原剂都可以作为标准溶液。氧化还原滴定法能够测定锰、铜、铁等物质。

氧化还原法是根据所用标准溶液的不同进行分类的。

1. 重铬酸钾法

重铬酸钾是一种常用的氧化剂,在酸性溶液中,重铬酸钾与还原剂作用时,$Cr_2O_7^{2-}$ 被还原成 Cr^{3+}。

2. 高锰酸钾法

由于高锰酸钾在酸性溶液中具有更强的氧化性,因此通常在酸性溶液中用高锰酸钾作为指示剂。高锰酸钾在滴定无色或浅色的还原剂溶液时,指示剂要用自身指示剂。

(六)碘量法

GAC008 碘量法

1. 碘量法的特点

碘量法是利用 I_2 的氧化性和 I^- 的还原性来进行滴定的方法。I_2 是一种较弱的氧化剂,能直接滴定较强的还原剂,如 S^{2-}、$S_2O_3^{2-}$、SO_3^{2-} 等,这种方法称为直接碘量法。而 I^- 为中等强度的还原剂,可被中强或强的氧化性物质定量氧化,析出的 I_2 用还原剂 $Na_2S_2O_3$ 标准溶液滴定,这种间接测定氧化性物质的方法称为间接碘量法。

I^- 的易氧化性、I_2 的易挥发性给碘滴定法测定带来误差,但是能与 KI 作用定量地析出 I_2 的氧化性物质很多,因此间接碘量法广泛地应用于实际中。

2. 终点的确定

在少量 I^- 存在下,I_2 与淀粉反应形成深蓝色吸附化合物,用淀粉指示间接碘量法的终点是从蓝色到无色。

3. 标准溶液的配制与标定

1) 标准溶液的配制

在配制 $Na_2S_2O_3$ 标准溶液时,需要用新煮沸冷却了的蒸馏水,以除去水中二氧化碳和杀死细菌,并加入少量 Na_2CO_3 使溶液呈弱碱性,以抑制细菌的生长。

配置 0.1mol/L 的 $Na_2S_2O_3$ 标准溶液方法:称取 25g $Na_2S_2O_3 \cdot H_2O$,溶于 1L 新煮沸冷却了的水中,加入约 0.2g Na_2CO_3,储存于棕色试剂瓶中,放在暗处 8~14d 后标定其浓度。

2) 标准溶液的标定

称取一定量的氧化剂,在弱酸性溶液下,加入过量的 KI,生成 I_3^- 提高 I_2 的溶解度,然后以淀粉为指示剂,用 $Na_2S_2O_3$ 滴定。

GAC009 重量分析法

(七) 质量分析法

化学分析中最经典的分析方法是质量分析法。质量分析法是将被测物质选择性地转化成一种不溶的沉淀,经沉淀分离、洗涤、干燥或灼烧后,根据称量沉淀的质量和已知的化学组成,求出被测物质的含量。

质量分析法可分为沉淀法、挥发法、萃取法。沉淀法是最常用和最重要的分析方法。

在称量过程中,称取量越小,则称量的相对误差越大、称量的精密度越低、称量的偏差越大。

对沉淀法的要求是沉淀物要纯净,要避免杂质的污染。

质量分析法中,最后进行称重的是称量式。

四、水处理常见指标检测方法

(一) 色度

CAC015 色度测定的意义

1. 色度测定的意义

纯净的水在水层浅时为无色,在水层深时为浅蓝色。水中含的杂质不同,所呈现的色度也不同,例如土壤中存在的腐殖质成分使水带有黄色。

天然水中的色度分为真色和表色,真色是指溶解于水中的物质所造成的色度,表色是指溶解性和悬浮性两种物质综合造成的色度。水分析上要求测定的色度是真色,如测定浑浊水的色度,需先去除悬浮物,但不能通过滤纸过滤,因为滤纸会吸附部分溶解的色度,需用离心法来去除悬浮物。

2. 色度测度方法

1) 测定原理

用氯铂酸钾和氯化钴配制颜色标准溶液,与被测样品进行目视比较,以测定样品的颜色强度,即色度。

2) 仪器

50mL 成套高型无色具赛比色管。

CAC016 色度的测定方法

3) 测定方法

水样取来后,放置数小时,吸取上层澄清水样,用目视比色法比较水样,即可得到水样的色度。测水样的色度时,要用白瓷板衬垫管底,自上向下比色(水中的色度是以除去悬浮物后的色度为标准)。

4）范围

水样不经稀释，本法最低检测色度为5度，测定范围为5~50度。

（二）浊度 [CAC017 浊度的测定]

浊度是表示水质最重要的物理外观指标之一，也是考核水处理设备净化效率和评价水处理技术状态的重要依据。水样中悬浮物含量越高，浊度越大，其透明度越低。

浊度的测定方法适用于低浊度的水质，用于检测低浊度的水质的浊度测试仪是散射光浊度仪。除用专用浊度仪外，浊度也可用分光光度计测量，在测定水样浊度时，要充分摇匀再进行测量。

当使用福尔马肼测试浊度时，分光光度计应在680nm波长下测定吸光度，因为在此波长下，天然水中可能存在的淡黄色和淡绿色对测定无干扰。

（三）pH值测定 [CAC018 pH值的测定]

不常用的pH值电极在使用前应用氯化钾溶液活化一昼夜。

pH值测定原理为以甘汞电极（或银-氯化银电极）为参比电极，玻璃电极为指示电极，插入溶液中组成原电池。当氢离子浓度发生变化时，玻璃电极和甘汞电极之间的电动势也随着变化，在25℃时，每单位pH值标度相当于59.1mV电动势变化值，在仪器上直接以pH值的读数表示。

测定超纯水的pH值时，pH值读数漂移的原因是溶解气体的影响。

（四）余氯 [ZAC008 余氯的概念]

余氯是指水经过加氯消毒，接触一段时间后，余留在水中的氯。其中总氯包括游离氯和氯胺，游离氯包括次氯酸、次氯酸根离子和溶解的元素氯。游离氯的测定条件为pH值在6.2~6.5。试样中的游离氯与DPD直接反应，生成红色化合物。

GB 5749—2006《生活饮用水卫生标准》中规定出厂水余氯的最大值为4mg/L，最小值为0.3mg/L。

（五）水中硬度 [ZAC011 水中硬度的测定]

我国GB 5479—2006《生活饮用水卫生标准》中水的硬度单位是mg/L（以$CaCO_3$计）。表示水的硬度时，1德国度相当于水中含10mg/L的CaO，1法国度相当于水中含有10mg/L $CaCO_3$。

当用EDTA标准溶液测定水的硬度时，EDTA先与游离的Ca^{2+}和Mg^{2+}反应，再与$CaIn^-$与$MgIn^-$反应，释放出来的In^-使溶液呈蓝色，这是游离出来的铬黑T的颜色。

EDTA和金属指示剂铬黑T分别与Ca^{2+}、Mg^{2+}形成络合物，这4种络合物的稳定顺序为$CaY^{2-}>MgY^{2-}>CaIn^->MgIn^-$。

（六）铁 [ZAC012 铁的测定]

1. 测定意义

铁是水中常见的杂质，本身并无毒性，它是人体必需的营养元素之一，对水质的影响主要为影响物理外观。在好氧环境中，三价铁的性质较为稳定。在还原环境中，三价铁可转化为二价铁。

2. 测定原理

在pH值为3~9的条件下，二氮杂菲与亚铁离子生成橙红色络合物，在510nm处有最大光吸收，可以据此用分光光度法比色定量。

用二氮杂菲分光光度计法测定水中总铁时,要向水样中加入盐酸羟胺将高价铁还原为低价铁,同时消除氰化物、亚硝酸盐、多磷酸盐的干扰。

3. 应用范围

用二氮杂菲测定水中的铁时,若取 50mL 水样,则最低检测浓度为 0.05mg/L。

(七)锰

ZAC013 锰的测定

1. 测定意义

锰对水质的影响主要是氧化后产生高色度,例如在生活用水方面,锰含量高的水使洗涤衣服或器具上沾有黄褐色斑点,并使水有铁腥味。

2. 测定原理

过硫酸铵分光光度法测定水中锰的原理:在硝酸银的存在下二价锰离子可被氧化成紫红色的高锰酸银,其颜色的深度与锰含量成正比。

硝酸银用作催化剂,而氯离子因能沉淀阴离子而抑制催化作用,可向溶液中加入硫酸汞,以排除氯离子的干扰,防止抑制催化作用。如果水中有机物过多,可加入较多过硫酸铵,并延长加热时间。

(八)溶解氧

GAC001 溶解氧的测定

1. 测定意义

溶解于水中的氧气称为溶解氧,水中溶解氧的含量与空气中氧的分压、大气压、水温、氯化物浓度有直接关系。测定溶解氧,对了解原水的污染情况和水的自净作用有重大意义。

工业锅炉的补给水需要保持无溶解氧或含量极低的条件,否则会侵蚀锅炉;养殖鱼等水产物,水中溶解氧必须在 4mg/L 以上,否则鱼类将会死亡。

2. 测定方法

水中溶解氧的测定通常采用修正法、碘量法和膜电极法。清洁水可直接使用碘量法测定,碘量法测定溶解氧采用的是间接滴定法。某些还原性物质可以把碘还原成碘化物,对溶解氧的测定产生正干扰,有机物对溶解氧的测定会产生负干扰,所以大部分受污染的地面水或工业废水都需要采用修正的碘量法或膜电极法测定。

修正的碘量法测量原理:水样中加入硫酸锰和碱性碘化钾,水中溶解氧将低价锰氧化成高价锰,生成四价锰的氢氧化物棕色沉淀。加酸后,氢氧化物沉淀溶解形成可溶性四价锰 $Mn(SO_4)_2$,$Mn(SO_4)_2$ 与碘离子反应释出与溶解氧量相当的游离碘,以淀粉作指示剂,用硫代硫酸钠滴定释出碘,可计算溶解氧的含量。

(九)水中碱度

GAC002 水中碱度的测定

1. 碱度的组成

水中的碱度主要有 3 类,一类是强碱,如氢氧化钠、氢氧化钙等,在水中全部解离成氢氧根离子;一类是弱碱,如氨水等,在水中部分解离成氢氧根离子;另一种是强碱弱酸盐,如碳酸钠、碳酸氢钠等,在水中部分水解产成氢氧根离子。

2. 碱度的测定

水中碱度的测定可以采用酸碱指示剂滴定法和电位滴定法。酸碱指示剂滴定法即以甲基橙和酚酞作为指示剂,用硫酸或盐酸标准溶液滴定水样碱度至终点,根据所消耗酸标准溶液的量,计算水样中的碱度。天然水体的碱度主要是由碳酸盐、碳酸氢盐、氢氧化物组成。

这些碱度与水 pH 值有关,一般 pH 值>10 时主要是氢氧化物碱度;pH 值=8.3~10 时,存在碳酸盐碱度;pH 值=4.5~10 时,存在碳酸氢盐碱度;pH 值约为 8.31 时,碳酸盐碱度全部转化为碳酸氢盐碱度;pH 值=10,碳酸氢盐碱度又全部转化为碳酸盐碱度。在水中碳酸氢盐和氢氧化物两种碱度不可以共同存在,碳酸盐和氢氧化物两种碱度可以共同存在。

总碱度可以这样求得:水样直接以甲基橙为指示剂,用酸标准溶液滴定至橙色,此时水中的碱度为甲基橙碱度。

在测定水中碱度时,先向水样中加入酚酞指示剂,水样呈无色,再向水样中加入甲橙指示剂,水样呈黄色,用标准酸溶液滴定至橙色为终点,滴定值相当于碳酸盐的总量。

在测定水中碱度时,以酚酞为指示剂,当用标准酸溶液滴至红色刚刚消失时为终点,表示氢氧化物、碳酸盐存在,滴定值相当于氢氧化物和一半的碳酸盐。

(十)氨氮测定

GAC010 氨氮测定的原理

氨氮的测定方法有纳氏试剂比色法、苯酚-次氯酸盐比色法、电极法。

1. 纳氏试剂比色法测定原理

水中的游离氨或胺盐与纳氏试剂作用,根据不同的氨浓度,形成淡黄、深黄到红棕色的氨基汞络合的碘衍生物。纳氏试剂是由 HgI_2、KI、NaOH 等试剂制成的,根据用于淡水、盐水或生物液等不同样品,有不同的配方。纳式试剂法测定氨氮的最大吸收波长是 420nm。

在测定水样前,可采用两种方法进行预处理:

(1)蒸馏法:在水样中加入磷酸盐缓冲溶液,使 pH 值提高到 7.4,在碱性情况下氨可全部蒸馏出。

(2)直接法:当水样浑浊或色度高时,可加入硫酸锌或氢氧化钠,使形成氢氧化锌胶体来去除色浊度,再加入的酒石酸钾钠与水中 Ca^{2+}、Mg^{2+} 形成络合物,避免加纳氏试剂时钙、镁沉淀而产生浑浊现象。

2. 干扰物质

水样混浊或有悬浮物质时,应先经过蒸馏或混凝沉淀预处理,再测定其氨氮含量。测定氨氮的水样进行蒸馏预处理时,可用硼酸溶液吸收。配制测定氨氮的各项试剂和稀释液,皆需用无氨蒸馏水,普通蒸馏水氨氮含量较高,切勿使用。

浊度、色度、铁、锰皆干扰比色,对氨氮的测定有影响,可用蒸馏法来分离这些物质。

(十一)耗氧量

GAC011 耗氧量测定的意义

1. 测定意义

耗氧量测定的意义在于判断水体微生物和还原性物质是否超标,这可直接反映出水体是否受污染,其步骤为水中加入一定量的氧化剂,在酸或碱性的条件下,加热一段时间后,测定消耗氧化剂。由于水中无机还原剂也能消耗氧化剂,因此耗氧量与溶解氧同时增加时,不能认为水已受到污染。

耗氧量是相对性数据,测定结果随所用氧化剂的种类、浓度、加热的温度和时间、水的酸碱度等因素变化而变化。通常测耗氧量有两种方法,高锰酸钾法和重铬酸钾法。用高锰酸钾法测得的耗氧量称为高锰酸盐指数。当水中含有大量氯化物(30mg/L)时,应用碱性高锰酸钾法测定其耗氧量。

高锰酸钾法的优点是氧化能力强,且可做自身氧化还原指示剂。同时高锰酸钾的强氧化性又给它带来一些缺点：

（1）选择性较差，干扰较多。

（2）高锰酸钾标准溶液不稳定，高锰酸钾易与水中有机物或空气中尘埃、氨等还原性物质作用，还能自行分解。

2. 测定原理

1）酸性高锰酸钾法

（1）方法原理。

水样加入硫酸酸化后，加入一定量的高锰酸钾溶液，并在沸水浴中保持温度在 60~80℃，加热反应一定的时间，加入过量草酸钠溶液还原，再用高锰酸钾溶液回滴，通过计算求出高锰酸盐指数值。

（2）方法适用范围。

如水样高锰酸钾指数值超过 5mg/L 时，则应用水稀释后测定。

水样采集后，若不能及时测定耗氧量，应加入硫酸调节使 pH 值<2，并在 0~5℃ 冷藏。

2）重铬酸钾法

（1）方法原理。

在强酸溶液中，一定量的重铬酸钾氧化水样中还原性物质，过量的重铬酸钾以试亚铁灵作为指示剂，用硫酸亚铁铵溶液进行回滴。根据用量计算出水样中还原性物质消耗氧的量。

（2）方法适用范围。

适用于重铬酸钾法测量耗氧量的范围是>50mg/L。

（十二）亚硝酸盐

1. 测定意义

在缺氧条件下，硝酸盐可能形成和积存亚硝酸盐。亚硝酸盐是自然存在的离子，是氮循环的中间产物，不稳定，根据水环境条件，可被氧化成硝酸盐，也可被还原成氨。配水系统中的硝化作用会增加亚硝酸盐浓度。

亚硝酸盐可使人体正常的血红蛋白、低铁血红蛋白氧化成为高铁血红蛋白，发生高铁血红蛋白症，失去血红蛋白在体内输送氧的能力，出现组织缺氧的症状；可与仲氨类反应生成具致癌性的亚硝胺类物质，pH 值较低的酸性条件有利于亚硝胺类的形成；亚硝酸盐可作为防腐剂。

亚硝酸盐的测定方法有胺光法、紫外分光光度法和示波极谱法。

2. 测定原理

1）亚硝酸盐重氮化偶合比色法的原理

亚硝酸盐重氮化偶合比色法是通过测定亚硝酸盐对光波吸收量来计算的，亚硝酸盐最大吸收波为 540nm。当 pH 值为 1.8 时，亚硝酸盐与对氨基苯磺酰胺化合为重氮化合物，再与盐酸 N-(1-萘基)-乙烯二胺作用，形成红紫色红偶氮染料，比色定量。

通过亚硝酸盐的含量，并把亚硝酸盐的含量与硝酸盐和氨的含量结合考虑，可推测水体污染程度及净化能力。

2）注意事项

（1）重氮化偶合分光光度法测定水中亚硝酸盐含量时，应先用酸或碱将水样调节至中性。

(2)氯、硫代硫酸盐、三价铁离子对亚硝酸盐重氮化偶合比色法有明显干扰,若水中含有 Cu^{2+},可使结果偏低,在测定前可加入 EDTA 或 NH_4F 掩蔽。

(十三)氯化物

1. 测定意义

氯化物是水和废水中一种常见的无机阴离子,几乎所有的水中都有氯离子存在,它的含量范围变化很大。在人类的生存活动中,氯化物有很重要的生理作用及工业用途。正因为如此,在生活污水和工业废水中含有相当数量的氯离子。

2. 方法选择

常用的测定氯离子的方法有硝酸银滴定法和硝酸汞滴定法,其中硝酸银滴定法操作较为简单方便,但终点不如硝酸汞法敏锐。

3. 反应原理

中性或弱碱性的水,加入铬酸钾指示剂,用硝酸银滴定氯化物,滴定时硝酸银先与氯离子生产氯化银沉淀,待反应完成后多加的 1 滴硝酸银与铬酸钾生成红色的铬酸银沉淀指示终点。

4. 干扰物质

(1)用硝酸银滴定氯离子时,水中存在碘化物、溴化物、氟化物都会消耗硝酸银,但一般水中含量很少,对测定结果无多大影响。

(2)硫化物、硫代硫酸钠和亚硫酸有干扰,亚硫酸盐可在中性溶液中加过氧化氢去除,硫化物和硫代硫酸钠可在碱性溶液中加过氧化氢去除。

(3)正磷酸盐含量超过 25mg/L 时有干扰。

(4)铁含量超过 10mg/L 时干扰滴定终点。

5. 注意事项

(1)用硝酸银滴定氯离子时,如果水样碱度过高,则会生成氢氧化银或碳酸银沉淀,使终点不明显或结果偏低。

(2)用硝酸银滴定氯离子,以铬酸钾做指示剂,如果水样酸度过高,则会生成酸性铬酸盐,不能获得红色铬酸银终点。

(十四)硫酸盐

硫酸盐可用重量法、铬酸钡比色法及比浊法测定,重量法比较准确,适合于地下水、地表水、含盐水、生活污水及工业废水。

1. 重量法

1)反应原理

水样经酸化后,加热至接近沸点,加入氯化钡溶液,生成硫酸钡白色沉淀,沉淀物经熟化、过滤、洗涤、干燥、烧灼、冷却后称量。

重量法测定水中硫酸根离子时,水样进行酸化是为了防止水中其他离子与钡离子作用而生成沉淀,并促使形成粗松状颗粒的硫酸钡沉淀,以易于过滤。

2)注意事项

(1)测定硫酸盐时,要求水样低温保存,因为水中如有有机物存在,某些细菌将还原硫酸盐为硫化物。

(2)重量法测定硫酸盐,加入氯化钡溶液时,应在加热状态下进行,氯化钡溶液应逐滴滴入水中,并不断加以搅拌,以减少共沉淀。

(3)加酸量不能太多,以水中酸度为 0.05mol/L 为宜。

2. 铬酸钡比色法

测定原理:在酸性溶液中,铬酸钡与硫酸盐生成硫酸钡沉淀及铬酸根离子,将溶液中和后,多余的铬酸钡及生成的硫酸钡仍是沉淀状态,可过滤除去。滤液中则含有为硫酸根离子所替代出的铬酸根离子,呈黄色,据此比色定量。

(十五)阴离子合成洗涤剂

1. 测定意义

合成洗涤剂是一种表面活化剂,分为阴离子、阳离子和非离子型 3 种。当水厂处理洗涤剂含量较高的水时,易产生泡沫,对水质的外观有不良影响。阴离子合成洗涤剂常用的是烷基苯硫酸钠,不易产生泡沫、不易被氧化和生物分解。随着合成洗涤剂的产量快速增加,对水质污染的影响更值得重视,需经常加以监测。

2. 反应原理

亚甲基蓝比色法测定阴离子合成洗涤剂时,以氯仿为参比,在 650nm 波长下,用 3cm 比色皿测定。水中的烷基苯磺酸盐与阳离子染料亚甲基蓝作用,形成水溶性的蓝色化合物,用氯仿萃取这化合物,比色定量。

除烷基苯磺酸盐外,烷基磺酸和某些有机物都与亚甲基蓝起作用,因此测定结果是以上一些物质的总量,称为亚甲基蓝活性物。

本法测定浓度范围为 0.025~100mg/L,最低检出量为 0.01mg。

3. 干扰物质

一般水中存在的正干扰物质较多,但另一些有机物特别是胺类对阴离子合成洗涤剂产生负干扰。

> JAC005 阴离子合成洗涤剂的测定

模块四　水力学知识

项目一　水力学基本概念

水力学主要研究以水为代表的液体的宏观机械运动规律及其在工程技术中的应用,也是力学的一个分支,研究的主要对象是水,水力学原理适用于各种液体和可以忽略压缩性影响的气体。

[JAD003 水动力学的基础] 水力学是介于基础科学和工程技术之间的一门技术科学,也是研究液体静止和运动规律及其应用的一门科学,更是从事净水处理的科研人员、工程技术人员以及操作人员专业技术的基础课程之一。水力学以物理学为基础,以力学为依据,以数学为工具,通过实验的方法研究液体的运动规律并确定某些水力参数。其中水力学的三大基本方程分别是连续性方程、能量方程和动量方程。水力学包括水静力学和水动力学。

水动力学的基本任务就是研究水的运动要素随时间和空间的变化规律。水在管道里流动的时候,管道内的压力是沿着水流方向逐渐减小的。

[ZAD001 作用于液体的力] 因此研究液体机械运动的规律,要从分析作用在液体上的力入手。作用在液体上的力,按作用方式的不同,分为表面力和质量力。表面力又称为面积力和接触力,是通过直接接触,施加在接触表面上的力。质量力又称为体积力,是以隔距离作用,施加在每个质点上的力,重力是最常见的质量力。

[CAD001 水力学的定义] ### 一、连续介质

水力学中研究的液体是一种易流动、不易压缩、均质的连续介质。从宏观上而言,水力学所研究的是由液体质点组成的液体的宏观运动。液体质点是由大量分子组成的在微观上充分大,而宏观上是非常小的几何点的液体微团,它呈现的运动是由组成质点的大量分子运动的平均,因而宏观运动是均匀而连续的。这样就可以提出下列假设:即液体所占据的空间是有液体质点连续地无空隙地充满的,组成液体的质点运动的物理量是连续变化的连续函数,这就连续介质的概念。这样水力学研究的液体运动就是连续介质的连续运动,可以用微积分来分析液体运动和建立运动方程,给水力学研究带来极大的方便。

二、水静力学

水静力学研究液体平衡的规律及其实际应用,液体平衡状态有两种:一种是静止状态,即液体相对于地球没有运动,处于相对静止,液体只存在压应力-压强。另一种是相对平衡状态,即所研究的整个液体对于地球虽然在运动,但液体对于容器或者液体质点之间没有相对运动,处于相对平衡。

(一)静水压强及其特性

单位面积上的压力称为压强。压强的大小,可从不同的基准算起,由于起算基准的不同,压强分为绝对压强和相对压强。静止液体作用在每单位受压面积上的压力称为静水压强。

静水压强有两个重要的特性,一是静水压强的方向与受压面垂直并指向受压面;二是任一点静水压强的大小和受压面方向无关,或者作用于同一点上,各方面的静水压强大小相等。

(二)重力作用下静水压强分布规律

绝对压强是以毫无一点气体存在的绝对真空为零点起算的压强,以符号 p_{abs} 表示,通常指计入大气压强所得的压强。相对压强是以当地大气压为基准起算的压强,以符号 p 表示,一般指不计入大气压强所得的压强值。绝对压强和相当压强之间,相差一个当地大气压(p_a),而一个大气压等于约 10m 水柱高度。

$$p = p_{abs} - p_a \qquad (1-4-1)$$

大气压随当地高程和气温变化而有所差异,国际上规定标准大气压,符号为 atm,1atm=101325Pa。此外,工程界为便于计算,采用工程大气压,符号为 at,1at=98000Pa,也可用 1at=0.1MPa。

当绝对压强小于当地大气压,相对压强便是负值,又称负压,这种状态用真空度来度量,即某点的绝对压强小于一个大气压强时即称该点产生了真空。

静水压强是受压面上的平均静水压强,等于作用在受压面上的静水总压力除以受压面积。

如图 1-4-1 所示,在平衡液体中取出一块液体,用 N-N 面将其分成 Ⅰ、Ⅱ 两部分,若取出 Ⅱ 部分液体作为脱离体,在分割面 N-N 上,以等效 Ⅰ 的作用力作用在 Ⅱ 上,则 Ⅱ 部分保持平衡状态。

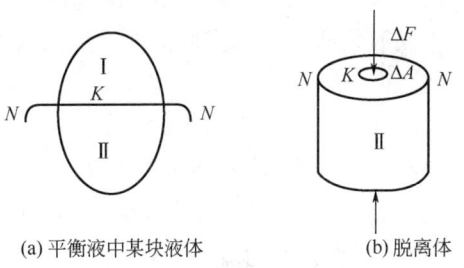

(a) 平衡液中某块液体　　(b) 脱离体

图 1-4-1　静水压强示意图

在图 1-4-1(b)中,取微小面积 ΔA,设 Δp 为移去部分液体对 ΔA 的总作用力,这时称 Δp 为作用于 ΔA 上静水压力,ΔA 为静水压力 Δp 的作用面积,二者的比值成为作用在 ΔA 上的平均静水压强,以符号 p' 表示:

$$p' = \frac{\Delta p}{\Delta A} \qquad (1-4-2)$$

当式中 ΔA 的面积无限小并趋近于零时,其比值趋近某一个极限值,称为极限值,为作用在点 K 上的静水压强,用符号 p 表示:

$$p = \lim_{\Delta A \to 0} \frac{\Delta p}{\Delta A} = \frac{dp}{dA} \tag{1-4-3}$$

在国际单位制中,静水压强的单位是 N/m² 或 kN/m²,N/m² 称为"帕[斯卡]",用符号"Pa"表示。

三、水动力学

水动力学研究液体的运动规律,即描述液体运动的方法、质点速度、加速度的变化和所遵循的规律。

(一)描述液体运动的方法

描述液体运动有两种方法,即拉格朗日法和欧拉法。拉格朗日法以研究个别液体质点的运动为基础,通过对每个液体质点运动规律的研究来获得整个液体运动的规律性,这个方法又称为质点系法。

欧拉法是以考察不同液体质点通过固定的空间点的运动情况来了解整个流动空间内的流动情况,即着眼于研究各种运动要素的分布场,所以又称为流场法。

欧拉法较拉格朗日简便,因此是水力学中研究液体运动的主要方法,在其范畴内,按不同时空标准对流动进行分类,以时间为标准,若各空间点上的运动要素(速度、压强、密度等)皆不随时间变化,这样的流动是恒定流,反之是非恒定流。

JAD001 液体的运动流态

(二)液体流动状态

液体的运动流态分为层流和紊流。

(1)层流是各流层水质点互不混掺,水质点的轨迹是直线或有规律的平滑曲线的水流;

(2)紊流是各流层水质点相互混掺,水质点的轨迹极其紊乱的水流。

(三)迹线和流线

为了将流动的数学描述转换成流动图像,特引入流线的概念。所谓流线是某一确定时刻在流场中所做的空间曲线,位于线上所以各质点在该时刻的速度矢量都与曲线相切。某一液体质点在运动过程中,不同时刻所流经的空间点所连成的线称迹线,也就是说迹线就是液体质点运动时所走的轨迹线。

流线和迹线不同,它是某瞬间时在流场中给出的一条曲线,在该曲线上所有点的速度向量都与该曲线相切,过一点只有一条流线,流线不可能相交。

按流速的大小和方向是否沿流线变化把液流分为均匀流和非均匀流,其中液体质点流速的大小和方向沿流程不变的流动称为均匀流。

(四)元流和总流

在水流中任意取一微分面积 dA,如图 1-4-2 所示。

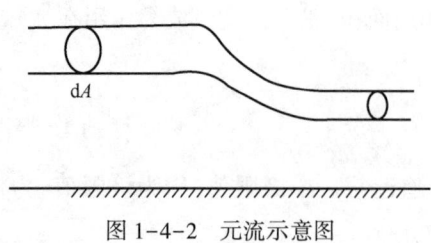

图 1-4-2 元流示意图

通过该面积的周界上的每一点,均可做一根流线,这样就构成了一个封闭的管状曲面,称为流管,通常将充满液管内的液体称为元流或微小流束。任何一个实际水流都具有一定规模的边界,这种有一定大小尺寸的实际水流称为总流,总流可看成由无数个微小流束所组成。

(五)有压力、无压流和渐变流

液体沿流程的整个周界都与固体壁面相接触,无自由表面并且对固体壁面具有一定的压力,其任一点的动水压强值一般不等于大气压,靠压力差作用而流动,这种流动称为有压流或称压力流。

如果液体沿流程的部分周界与固体壁面相接触,另一部分与大气接触,具有自由液面,靠液面本身的重力作用而流动,这种流动称为无压流或重力流。

流速沿流向变化缓慢的流动称为渐变流。

(六)过水断面、流量和平均流速

与微小流束或总流的流线正交横截面称为过水断面。如果水流的所有流线相互平行,过水断面为平面,否则就是凹面。

> GAD001 液体的流速
> GAD002 液体的流量

单位时间内通过某一过水断面的液体体积称为体积流量,体积流量通常用的单位是 m^3/s,一般以符号 Q 表示。其中管道内流动的液体,靠近管内壁面流体的流速较小,处在管中心流体的流速较大。管道压力随水流方向逐渐变小,但流量不变时,流速不变。

在总流中任取一微小流束,其过水断面积为 dA,因微小流束过水断面上各点流速可以认为相等。令 dA 面上流速为 v,由于过水断面定义为与水流方向垂直,故单位时间内通过过水断面 dA 的液体体积为:

$$vdA = dQ \tag{1-4-4}$$

式中 dQ——微小流束的流量,m^3/s。

通过总流过水断面 A 的流量,应等于无限多个微小流束的流量之和,即:

$$Q = \int_0^Q dQ = \int_0^A vdA \tag{1-4-5}$$

式中 Q——总流流量,m^3/s。

水流质点在单位时间内运动的距离称为流速。总流过水断面上的平均流速 $v_{均}$ 是一个想象流速,如果过水断面上各点的流速相等并等于 $v_{均}$,此时通过的流量与实际上的流速为不均匀分布时所通过的流量相等,即流速 $v_{均}$ 就称为断面平均流速,因此:

$$Q = \int_0^A vdA = v_{均}\int_0^A dA = v_{均} A \tag{1-4-6}$$

或

$$v_{均} = \frac{Q}{A} \tag{1-4-7}$$

式中 A——总流过水断面面积,m^2;

$v_{均}$——过水断面平均流速,m/s。

在泵站中,管道的直径主要由水泵的流量大小来确定,如求每小时流过水管的流量,其公式是流量=断管面积×流速×3600,其中必须求得圆管的面积,其计算公式是 $S = \pi R^2$。当管道流量确定后,所选的管径大时,流速和阻力减小,所选的管径小时,流速和阻力增大。

项目二 水力学研究对象

水静力学研究液体静止或相对静止状态下的力学规律及其应用,探讨液体内部压强分布、液体对固体接触面的压力、液体对浮体和潜体的浮力及浮体的稳定性,以解决蓄水容器、输水管渠、挡水构筑物、沉浮于水中的构筑物,如水池、水箱、水管、水闸、堤坝、船舶等的静力荷载计算问题。

水动力学研究液体运动状态下的力学规律及其应用,主要探讨管流、明渠流、堰流、孔口流、射流、多孔介质渗流的流动规律,以及流速、流量、水深、压力、水工建筑物结构的计算,以解决给水排水、道路桥涵、农田排灌、水力发电、防洪除涝、河道整治及港口工程中的水力学问题,如以解决河流泥沙运动所导致的河床演变问题的动床水力学,以解决风浪对防护构筑物的动力作用和对近岸底沙的冲淤作用等问题的波浪理论等。

一、液体主要物理性质

液体是介于固体和气体之间的物质形态,因此液体既具有固体和气体的某些特征,也存在与二者不同的特征。液体基本特征可以概括如下:液体是一种具有流动性(易变形的)、不易被压缩的、均匀各向同性的连续介质。一旦受剪切就会产生变形(即流动),液体的这种特性称为易流性。

在水动力学中,液体的主要物理性质是密度、重度、压缩性和膨胀性、黏滞性等。

(一)密度

单位体积液体的质量称液体的密度,用符号 ρ 表示,其表达式:

$$\rho = \frac{m}{V} \tag{1-4-8}$$

式中 ρ——液体的密度,kg/m^3;
m——液体的质量,kg;
V——液体的体积,m^3。

液体的密度随温度和压强的变化而变化,但这种变化很小,故水力学中把水的密度视为常数,采用在一个标准大气压下、温度为4℃水的密度来计算,其数值为$1000kg/m^3$。

(二)重度

单位体积液体的重量称为液体的重度,用符号 γ 表示,其表达式:

$$\gamma = \frac{G}{V} \tag{1-4-9}$$

式中 γ——液体的重度,N/m^3;
G——液体的重量,N;
V——液体的体积,m^3。

液体的重量 G 是质量 m 和重力加速度 g 的乘积,即 $G=mg$,则:

$$\gamma = \frac{G}{V} = \frac{mg}{V} = \frac{mg}{\frac{m}{\rho}} = \rho g \tag{1-4-10}$$

式中　g——重力加速度,一般可看作是常数,取 9.8m/s²。

在给排水工程中,通常把水的重度视为常数,采用一个大气压下 4℃ 的水的重量,为 9800N/m³。

(三)液体的压缩性、膨胀性和黏滞性

液体不能承受拉力,但可以承受压力,液体受压后体积缩小,压力撤出后能恢复原状,这种性质称液体的压缩性。当液体无外力作用而温度升高时,体积略微增大的性质称为液体的膨胀性,进行水力计算通常不考虑水的压缩性和膨胀性,也就是将其密度和容度视为常数。

当液体处于运动状态时,若液体质点之间存在着相对运动,则质点间要产生摩擦力抵抗其相对运动,这种性质称液体的黏滞性,此内摩擦力又称为黏滞力。

二、液体流动阻力及水头损失

GAD003 沿程水头损失

因实际液体具有黏滞性,在流动过程中会产生水流阻力,克服阻力一部分机械能就要转化为热能,造成水头损失。水头损失与液体的物理特性和边界特征均有密切联系。

实践中,液流产生水头损失必须具备两个条件:(1)液体具有黏滞性。其中不同液体的黏滞性不同,同一种液体的黏滞力具有随温度升高而降低的特性。(2)由于固体边界的影响,液流内部质点之间产生相对运动。前这是主要的、起决定作用的。根据流动的边界条件,水头损失可分为沿程水头损失和局部水头损失两种形式。

当液流受固体边界限制做均匀流动时,流动阻力只有沿程不变的切力,称为沿程阻力。沿程阻力做功而引起的机械能损失称沿程水头损失,以 h_f 表示。

圆管沿程水头损失的计算公式:

$$h_f = \lambda \frac{l}{d} \frac{v^2}{2g} \tag{1-4-11}$$

式中　l——管长,m;
　　　d——管径,m;
　　　v——断面平均流速,m/s;
　　　g——重力加速度,m/s²;
　　　λ——沿程摩阻系数(沿程阻力系数)。

或

$$\bar{h}_f = \lambda R d \frac{v^2}{2g} \tag{1-4-12}$$

式中　R——水力半径,m。

沿程阻力的特征是沿水流长度均匀分布,因而沿程损失的大小与流程的长短成正比,所以在给定管径及流量的情况下,可从水力计算表中查得流速和阻力。

局部水头损失是指水流通过管道所设阀门、弯管等装置时水流流经的过水断面或方向发生变化使水流形成漩涡区和断面流速的急剧变化,造成水流在局部地区受到比较集中的阻力损失;或者是由局部边界急剧改变导致水流结构改变、流速分布改变并产生漩涡区而引起的水头损失。由于局部阻力做功而引起的机械损失称为局部水头损失,以 h_j 表示。

局部水头损失的计算公式：

$$h_j = \xi \frac{v^2}{2g} \qquad (1\text{-}4\text{-}13)$$

式中 ξ——局部水头损失系数（局部阻力系数）；

v——ξ 对应的断面平均流速，m。

局部水头损失通常根据管网性质按相应沿程水头损失的一定百分比计算，生活用水管网一般按沿程损失的 25%~30% 计算。

某一流段沿程水头损失与局部水头损失的总和称为该流段的总水头损失，即：

$$H_W = \sum h_f + \sum h_j \qquad (1\text{-}4\text{-}14)$$

式中 H_W——总水头损失，m；

$\sum h_f$——流段中各分段的沿程水头损失的总和，m；

$\sum h_j$——该流段中各种局部水头损失的总和，m。

三、明渠流动

明渠流动是水流的部分周界与大气接触，具有自由表面的流动。由于自由表面受到大气压作用，相对压强为零，所以又称为无压流。水在渠道、无压管道及江河中的流动都是明渠流动，明渠流动理论将为输水、排水、灌溉渠道的设计和运行控制提供科学的依据。

（一）特点

同有压管流相比较，明渠流动有以下特点：

（1）明渠流动具有自由表面，沿程各断面的表面压强都是大气压，重力对流动起主导作用。

（2）明渠底坡的改变对流速和水深有直接影响，如图 1-4-3 所示。底坡 $i_1 \neq i_2$，则流速 $v_1 \neq v_2$，水深 $h_1 \neq h_2$。而有压管流，只要管道的形状、尺寸一定，管线坡度变化对流速和过流断面面积无影响。

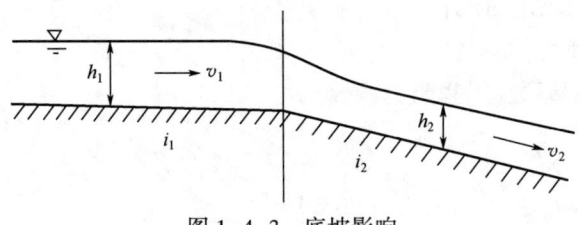

图 1-4-3 底坡影响

（3）明渠局部分界的变化，如设置控制设备、渠道形状和尺寸的变化、改变底坡等，都会造成水深在很长的流程上发生变化，因此，明渠流动存在均匀流和非均匀流。而在有压管流中，局部边界影响的范围很短，只需计入局部水头损失，仍按均匀流计算。

（二）分类

明渠流动的可分为明渠均匀流、明渠非均匀流和明渠恒定流等。明渠非均匀流是在渠道进口附近因流速小，阻力也小，此时重力沿流动方向的分力大于阻力，于是水流做加速运动，流速沿程增大，水深及过水断面沿程减小的流动。明渠恒定流是明渠水运动时，在任一过水断面上任一点的运动要素不随时间变化的水流。明渠均匀流是流线为平行直线的明渠水流,也是具有自由表面的等深、等速流。

其中明渠均匀流也是明渠流动最简单的形式。明渠均匀流形成的条件是水流沿程减少的位能,等于沿程水头损失,而水流的动能保持不变。按这个条件,明渠均匀流只能出现在正坡、棱柱体、底坡不变、断面形状尺寸、粗糙系数都不变的顺坡长渠道中。在平坡、逆坡渠道,非棱柱形渠道及天然河道中,都不能形成均匀流。

人工渠道一般都尽量使渠线顺直,并在长距离上保持断面形状。尺寸、壁面粗糙度不变,这样的渠道基本上符合均匀流形成的条件,可按明渠均匀流计算。其中明渠均匀流中摩阻力与水流重力在流动方向的分力平衡,所以也是等深流。

模块五　电气与计算机知识

项目一　电力知识

净水工在日常工作中经常需要进行反冲洗开停泵以及加药泵启停等电气设备操作,因此需要掌握一些基本的电的概念,比如电流、电压的概念等,方便工作中应用。

> CAE001　电流常识

一、电流

电流是电子在导体中移动的现象。任何物质都是由分子组成的,分子由原子组成,而原子又是由带正电的原子核和带负电的电子组成,电子围绕原子核旋转。平时因原子核和电子所带电荷量相等,因而原子不显电性。当电子脱离了原子核的束缚后,就成为自由电子,在外电场作用下,自由电子定向运动(移向电场的正极)就形成了电流。某段时间内通过导体某横截面的电荷量与时间的比值称为电流,正电荷定向流动的方向为电流方向。电流常用 I 表示,度量电流大小的单位为安培,用符号 A 表示,在计算时,比安培大的单位为千安,比安培小的单位为毫安和微安,它们之间的换算关系:1 千安(kA)= 1000 安(A),1 安(A)= 1000 毫安(mA)= 10^6 微安(μA)。

> CAE002　电压常识

二、电压

电荷之所以能够流动,是因为有电位差,电位差也就是电压,为带电导体两点间电位高低之差。在闭合回路中,只要有电压,就有电流流过。电压常用 U 表示。电压的单位是伏特,用符号 V 表示,也常用毫伏(mV)或者微伏(uV)做单位,其中 1V = 1000mV,1mV = 1000μV。电压的大小用电压表测量。我国家庭电路的电压为 220V。

> CAE003　电功率的概念

三、电功率

电流在单位时间内做的功称为电功率,它是度量电能转换快慢的物理量,与用电时间长短没有关系。电功率用 P 表示,它的单位是千瓦,符号是 kW。电功率的大小用功率表测量。一个纯电阻电路,电阻消耗的电功率是电阻两端的电压和通过电流的乘积,公式为 $P = UI$。

> ZAE001　直流电的概念

四、交流电与直流电

(一)直流电

直流电又称"恒流电",恒定电流是直流电的一种,是大小和方向都不变的直流电。恒定电流是指大小(电压高低)和方向(正负极)都不随时间(相对范围内)而变化的电流,比如干电池。脉动直流电是指方向(正负极)不变,但大小随时间变化的电流。总之,电压的大小和方向不随时间变化而变化的电流称为稳恒直流。电压的方向不变,电压的大小随时间变化而变化的电流称为脉动直流。因此直流电的频率为0,功率因数为1。一般所说的直流电是指大小和方向都不随着时间而变化的电流。

(二)交流电

交流电简称"交流",一般指大小和方向随时间作周期性变化的电压或电流,最基本的形式是正弦电流。我国交流电供电的标准频率规定为50Hz。交流电随时间变化的形式可以是多种多样的。不同变化形式的交流电的应用范围和产生的效果也不同的。正弦交流电应用最为广泛,且其他非正弦交流电一般都可以经过数学处理后,化成为正弦交流电的叠加。若交流电随时间按周期性规律变化,则称为周期性交流电。交流电随时间的变化,有的是有规律的,有的是无规律的。若交流电是随时间按正弦规律变化,则称为正弦交流电。正弦交流电是一种最基本的、应用最广泛的交流电。发电厂发出的交流电是正弦波,电视、雷达、通信等技术中所用的载波也是正弦波。

正弦交流电有三要素(振幅、频率、初相角)。振幅值:正弦交流电的瞬时最大值称作振幅值。有效值:交流电的有效值是与振幅值相关的一个重要参量。假设有一周期交流电 i 通过一电阻 R,它在周期内产生的热量,与一恒定直流电流 I 通过该电阻 R,在相同的时间内所产生的热量相等,则该直流电流 I 与周期交流电流 i 在发热方面是等效的。因而就把该直流电 I 的数值定义为该周期交流电 i 的有效值。通常,用交流电压表或万用表的交流电压挡测量正弦波电压,测出的就是有效值,例如,市电电压 220V 就是指其有效值为 220V。同样,交流电流表测出的也是交流电流的有效值,正弦交流电路的计算一般也用有效值。

在 1s 内,交流电正、负交替出现的次数,称为频率。交流电的频率 f 是表征交流电变化快慢的物理量。频率是表征正弦波的三要素之一。频率越高表示交流电变化越快。频率的符号用"f"表示,单位为赫兹(Hz),或周/秒。电子技术中,频率较高,常采用千赫兹(kHz)、兆赫兹(MHz)、千兆赫兹(GHz)为单位,我国标准频率为 50Hz。

周期 T 也是一个反映正弦交流电变化快慢的物理量。正弦交流电变化一周(正、负交替出现一次)所需要的时间,称为交流电的周期。周期 T 的单位为秒、毫秒、微秒、纳秒等,它们之间的关系为 1 秒(s)= 10^3 毫秒(ms)= 10^6 微秒(μs)= 10^9 纳秒(ns)。

周期 T 与频率 f 的关系:$f=1/T$。显然,周期越长(即频率越低),交流电的变化越慢。

五、绝缘安全用具

绝缘安全用具分为基本安全用具和辅助安全用具两类。电工通常使用的验电笔、绝缘棒属于基本安全用具。低压验电笔用于检查 500V 以下导体,或各种用电设备的外壳是否带电。低压验电笔严禁在高压电气设备或线路上使用。验电笔的绝缘电阻小于 1MΩ 时,不能使用。钢丝钳有铁柄和绝缘两种,电工常用钢丝钳为绝缘柄,常用的有 150mm、175mm、200mm 和 250mm 等多种规格,可根据内线或外线工种需要进行选用。尖嘴钳有铁柄和绝缘柄两种。绝缘柄尖嘴钳钳柄上套有额定电压 500V 的绝缘套管。

项目二　计算机知识

当今网络时代,基本计算机知识是每一个工种应该掌握的。

一、计算机历史及发展

计算机从1946年2月诞生至今已经60个年头了,经历了4个时代的发展历程。

第一代:1946~1958年,电子管计算机时代,电子元件为电子管,特点是速度慢,常死机,用于研究、工程计算。

第二代:1959~1964年,晶体管计算机时代,电子元件为晶体管,特点是开始使用磁盘、磁带作存储设备,用于商业、大学教学、政府机关。

第三代:1965~1970年,中小规模集成电路计算机时代,电子元件为集成电路,特点是体积大大减小,计算速度更快,可靠性更强,用于商业、教学、政府机关。

第四代:1971年进入大规模超大规模集成电路计算机时代,电子元件为大规模超大规模,特点是出现了PC机(即Personal computer个人计算机的意思),深入到人类生活的各个方面。

二、计算机组成

<u>CAE004 计算机的概念</u>

计算机是一种能够按照事先存储的程序,自动、高速地对数据进行输入、输出、处理和存储,具有计算能力和逻辑判断能力、具有自动控制和记忆功能能力。当前,计算机应用已进入以网络为特征的时代。计算机网络的应用越来越普遍,它的最大好处在于可实现资源共享。

<u>CAE005 计算机的组成</u>

完整的计算机系统是由硬件系统和软件系统两大部分组成的。计算机硬件系统是指构成计算机的所有物理部件的集合,从外观上看,由主机、输入和输出设备组成。软件系统是指程序、数据和有关文档资料的总称,可分为系统软件和应用软件。

计算机的硬件通常有"五大件":输入设备、输出设备、存储器、运算器和控制器。输入设备有键盘、鼠标和触摸屏,输出设备有绘图仪和打印机。其中键盘、鼠标、主机、显示器属于基本配置,打印机属于输出设备,但不属于计算机基本配置。存储器分为内存储器和外存储器两种,外存又称辅助存储器,如硬盘、软盘、光盘、各类闪存等。

<u>ZAE004 主板的概念</u>

计算机的主要组成硬件在主机中,俗称机箱。其中,主板又称系统板,是一块矩形的电路板,上面布满了各种电子元件、插槽和接口等。它将各种周边设备如CPU、内存、扩展卡、硬盘等紧密地联系在一起,主板对整个计算机的(稳定性)起十分重要的作用。

<u>ZAE003 CPU的概念</u>

CPU又称中央处理器,是计算机核心部件,负责整个系统指令的执行、数据的算术与逻辑运算、数据传送以及输入输出的控制,即运算器和控制器集成在一块芯片上。CPU是整个计算机工作的最核心部件,就像是计算机的大脑,是负责进行数据处理及运算的大脑,它不但负责对计算机各个部件的控制,而且每秒钟还要处理成千上万条指令。CPU的运行速度直接决定着整台计算机的运行速度,因此,高等级的计算机中央处理器的主频都很高。但只是CPU频率高,主板的性能如果不能与其很好的匹配,计算机的整体速度和稳定性也难

以提高,因此,计算机的整体运行速度和稳定性在很大程度上是由主板性能的优劣决定的。

三、计算机常用软件

　　计算机软件系统分为系统软件和应用软件,如系统软件 Windows 98、Windows 2000~2010、Windows XP、Windows 7 等都是操作系统,操作系统是计算机硬件与计算机用户之间的桥梁,管理所有计算机软硬件资源,并协调工作的软件。除此之外系统软件还包括各种查毒、杀毒软件,一些计算机诊断软件,软硬件工具等。应用软件是针对一项或多项工作而特定开发的软件,如常用的办公软件 Word、Excel、PowerPoint 等。

模块六　安全知识

项目一　安全生产与劳动保护知识

一、安全生产

安全生产是指在劳动过程中,要努力改善劳动条件,克服不安全因素,防止伤亡事故的发生,使劳动生产在保护劳动者的安全健康和国家财产及人民生命财产安全的前提下进行。安全生产的目的就是保护劳动者在生产中的安全和健康,促进经济建设的发展。

(一)目的

> CAF001　安全生产的目的

安全生产是为了使生产过程在符合物质条件和工作秩序下进行,防止发生人身伤亡和财产损失等生产事故,消除或控制危险、有害因素,保障人身安全和健康,设备和设施免受损坏,环境免遭破坏的总称。安全生产工作是指为了达到安全生产的目的,所采取的各种措施和开展的一系列活动的统称。安全生产管理应坚持"安全第一、预防为主,综合治理"的方针。

生产经营单位发生生产安全事故时,单位的主要负责人应当立即组织抢救,且不得在事故调查处理期间擅离职守。生产经营单位必须遵守本法和其他有关安全生产的法律、法规,加强安全生产管理,建立、健全安全生产责任制和安全生产规章制度,改善安全生产条件,推进安全生产标准化建设,提高安全生产水平,确保安全生产。生产经营单位的主要负责人对本单位的安全生产工作全面负责。生产经营单位的从业人员有依法获得安全生产保障的权利,并应当依法履行安全生产方面的义务。

(二)相关概念

> CAF002　安全生产管理的概念

安全生产是针对人们在生产过程中的安全问题,运用有效的资源,发挥人们的智慧,通过人们的努力,进行的有关决策、计划、组织和控制等活动,实现生产过程中人与机器设备、物料环境的和谐,达到安全生产的目的的活动。

生产安全事故的定义是生产经营活动中发生的造成人身伤亡或者直接经济损失的事件。

在生产过程中,事故是指造成人员死亡、伤害、职业病、财产损失或其他损失的意外事件。危险源是指可能造成人员伤害、疾病、财产损失、作业环境破坏或其他损失的根源或状态。

长期的或临时的生产、搬运、使用或者储存危险物品,且数量等于或者超过临界量的单元称为重大危险源。

安全生产事故隐患是指生产经营单位违反安全生产法律、法规、规章、标准、规程和安全生产管理制度的规定,或者因其他因素在生产经营活动中存在可导致事故发生的物的危险状态、人的不安全行为和管理上的缺陷。事故的预防和控制应从安全技术、安全教育、安全管理三方面入手,采取相应的措施。

CAF005 安全生产知识教育内容

(三) 安全教育

安全教育是安全管理工作的重要环节。安全教育的目的是提高全员的安全意识、安全管理水平,防止事故发生,实现安全生产。安全教育的内容一般包括安全生产思想教育、安全生产知识教育、安全管理理论及方法教育。安全教育是提高全员安全素质、实现安全生产的基础。安全教育可提高企业各级生产管理人员和广大职工搞好安全工作的责任感和自觉性,增强安全意识,掌握安全生产的科学知识,不断提高安全管理水平和安全操作水平,增强自我防护能力。

安全生产思想教育主要包括安全生产方针政策教育、法制教育、典型经验及事故案例教育。安全生产知识教育主要包括一般生产技术知识教育、一般安全技术知识教育和专业安全技术知识教育。安全生产知识教育就是通过教育,提高生产技能,防止误操作。安全管理理论和方法的教育是通过教育提高各级管理人员的安全管理水平。通过安全生产法制教育使企业各级领导能够依法组织企业的经营管理,贯彻执行"安全第一,预防为主"的方针。

1. 安全教育培训的要求

GAE004 安全教育培训的要求

生产经营单位的安全教育工作是贯彻经营单位方针、目标,实现安全生产、文明生产、提高员工安全意识和安全素质、防止产生不安全行为、减少人为失误的重要途径。安全生产教育制度作为加强安全生产管理,进行事故预防的重要而且有效的手段,其重要性首先在于提高经营单位管理者及员工做好安全生产管理的责任感和自觉性,帮助其正确认识和学习职业安全健康法律法规、基本知识。其次是能够普及和提高员工的安全技术知识,增强安全操作技能,从而保证自己和他人的安全与健康。

《中华人民共和国安全生产法》对安全生产教育培训做出明确规定。

第二十四条:生产经营单位的主要负责人和安全生产管理人员必须具备与本单位所从事的生产经营活动相应的安全生产知识和管理能力。

危险物品的生产、经营、储存单位以及矿山、金属冶炼、建筑施工、道路运输单位的主要负责人和安全生产管理人员,应当由主管的负有安全生产监督管理职责的部门对其安全生产知识和管理能力考核合格。考核不得收费。

危险物品的生产、储存单位以及矿山、金属冶炼单位应当有注册安全工程师从事安全生产管理工作。鼓励其他生产经营单位聘用注册安全工程师从事安全生产管理工作。注册安全工程师按专业分类管理,具体办法由国务院人力资源和社会保障部门、国务院安全生产监督管理部门会同国务院有关部门制定。

第二十五条:生产经营单位应当对从业人员进行安全生产教育和培训,保证从业人员具备必要的安全生产知识,熟悉有关的安全生产规章制度和安全操作规程,掌握本岗位的安全操作技能,了解事故应急处理措施,知悉自身在安全生产方面的权利和义务。未经安全生产教育和培训合格的从业人员,不得上岗作业。

生产经营单位使用被派遣劳动者的,应当将被派遣劳动者纳入本单位从业人员统一管理,对被派遣劳动者进行岗位安全操作规程和安全操作技能的教育和培训。劳务派遣单位应当对被派遣劳动者进行必要的安全生产教育和培训。

生产经营单位接收中等职业学校、高等学校学生实习的,应当对实习学生进行相应的安全生产教育和培训,提供必要的劳动防护用品。学校应当协助生产经营单位对实习学生进行安全生产教育和培训。

生产经营单位应当建立安全生产教育和培训档案,如实记录安全生产教育和培训的时间、内容、参加人员以及考核结果等情况。

第二十六条:生产经营单位采用新工艺、新技术、新材料或者使用新设备,必须了解、掌握其安全技术特性,采取有效的安全防护措施,并对从业人员进行专门的安全生产教育和培训。

第二十七条:生产经营单位的特种作业人员必须按照国家有关规定经专门的安全作业培训,取得相应资格,方可上岗作业。

第四十四条:生产经营单位应当安排用于配备劳动防护用品、进行安全生产培训的经费。

> GAE005 安全生产方针的含义

2. 安全生产方针的含义

"安全第一、预防为主、综合治理"的安全生产方针是我国安全领域提出的一个目标和要求。"安全第一"是安全生产方针的基础,当安全和生产发生矛盾的时候,必须先要解决安全问题,保证劳动者在安全生产的条件下进行生产劳动。只有在保证安全的前提下,生产才能正常的进行,才能充分发挥职工的生产积极性,提高劳动生产率,促进经济建设的发展和保持社会的稳定。"预防为主"是实现"安全第一"的基础,是安全生产方针的核心和具体体现,是实施安全生产的根本途径。安全工作必须始终将"预防"作为主要工作予以统筹考虑,除了自然灾害造成的事故以外,任何建筑施工、工业生产事故都是可以预防的,必须将工作的重点纳入"预防为主"的轨道,防患于未然,把可能导致的事故发生所有的机理或因素消除在事故发生之前。

"安全第一"要求在工作中始终把安全放在第一位。当安全与生产、安全与效益、安全与进度相冲突时,必须首先保证安全,生产必须安全,不安全不能生产。

"预防为主"要求在工作中时刻注意预防安全事故发生。在生产各环节要严格遵守安全生产管理制度和安全技术操作规程,认真履行岗位安全职责,防微杜渐,防患于未然,发现事故隐患要立即处理,自己不能处理的要及时上报,积极主动地预防事故的发生。

"综合治理"就是综合运用经济、法律、行政等手段,人管、法治、技防多管齐下,并充分发挥社会、职工、舆论的监督作用,实现安全生产的齐抓共管。

安全和生产的辩证统一关系是生产必须安全,安全促进生产。安全工作必须围绕生产活动进行,不仅要保证职工的生命安全和身体健康,而且要促进生产发展,离开生产,安全工作就没有意义。所以要综合治理,统筹一切有利的因素,安全工作从安全生产责任制、安全措施、安全管理、安全教育培训以及安全事故的处理等通过"预防"的形式体现出来,通过责任制落实出来,确保整个建筑生产过程中的安全,促进生产的有效发展。

> CAF003 劳动保护的概念

二、劳动保护

(一)概念和内容

1. 概念

劳动保护是国家和单位为了保护劳动者在劳动生产过程中的安全与健康所采取的立

法、组织和技术措施的总称。劳动保护的指导方针是"安全第一、预防为主"。

劳动保护的目的是为劳动者创造安全、卫生、舒适的劳动工作条件，消除和预防劳动生产过程中可能发生的伤亡、职业病和急性职业中毒，保障劳动者以健康的劳动力参加社会生产，促进劳动生产率的提高，保证社会主义现代化建设顺利进行。不执行劳动保护的企业由劳动行政主管部门责令改正，可以罚款；情节严重的，提请县级以上人民政府决定责令停产整顿；对主管人员和直接责任人员由其所在单位或者上级主管机关给予行政处分。

2. 基本内容

（1）劳动保护的立法和监察，主要包括两大方面的内容，一是属于生产行政管理的制度，如安全生产责任制度、加班加点审批制度、卫生保健制度、劳保用品发放制度及特殊保护制度；二是属于生产技术管理的制度，如设备维修制度、安全操作规程等。

（2）劳动保护的管理与宣传。企业劳动保护管理与宣传工作由安全技术部门负责组织、实施。

（3）安全技术，为了消除生产中引起伤亡事故的潜在因素，保证工人在生产中的安全，在技术上采取的各种措施，主要解决防止和消除突然事故对于职工安全的威胁问题。

（4）工业卫生，为了改善劳动条件，避免有毒有害物质危害职工健康，防止职业中毒和职业病，在生产中所采取的技术组织措施的总和。它主要解决威胁职工健康的问题，实现文明生产。

（5）工作时间与休假制度。

（6）女职工与未成年工的特殊保护，不包括劳动权利和劳动报酬等方面内容。

CAF004 劳动保护用具的种类

（二）劳保用品

安全帽、呼吸护具、眼防护具、听力护具、防护鞋、防护手套、防护服、防坠落具、护肤用品、面罩面屏这些都是劳动保护用品。

呼吸护具是预防尘肺和职业病的重要护品，可防御缺氧空气和尘毒等有害物质吸入呼吸道，按用途分为防尘、防毒、供氧3类；按作用原理分为过滤式、隔绝式两类。常用的呼吸护具有净气式呼吸护具、自吸过滤式防尘口罩、简易防尘口罩、复式防尘口罩、过滤式防毒面具、导管式防毒面具、直接式防毒面具、电动送风呼吸护具、过滤式自救器、隔绝式呼吸护具、供气式呼吸护具、携气式呼吸护、氧气呼吸器、空气呼吸器、生氧面具、隔绝式自救器、密合型半面罩、密合型全面罩、滤尘器件、生氧罐、滤毒罐、滤毒盒等。

长期在90dB(A)以上或短时在115dB(A)以上环境中工作时应使用听力护具。护肤用品用于外露皮肤的保护，包括护肤膏和防晒霜等。

眼防护具用以保护作业人员的眼睛、面部，防止外来伤害。

防护服用于保护职工免受劳动环境中的物理、化学因素的伤害，分为特殊防护服和一般作业服两类。

（三）安全带

ZAF001 安全带的使用要求

1. 使用要求

高处作业工人预防坠落和伤亡的防护用品，由带子、绳子和金属配件组成，总称安全带。

安全带使用2年后，应按批量购入情况进行抽检，围杆带做静负荷试验，安全绳做冲击试验，无破裂方可继续使用，不合格品不予继续使用。对于抽样过的安全绳，必须重新更换安全绳后才能使用,更换新绳时注意加绳套。

安全带的正确使用方法:在没有防护设施的高处悬崖、陡坡施工时,必须系好安全带。安全带应该高挂低用,防止摆动碰撞。若安全带低挂高用,一旦发生坠落,将增加冲击力,带来危险。安全绳的长度限制在1.5~2.0m,使用3m以上长绳应加缓冲器。不准将绳打结使用,也不准将钩直接挂在安全绳上使用,应挂在连接环上用。安全带上的各种部件不得任意拆掉,使用2年以上应抽检一次。安全带使用期限为3~5年,发现异常应提前报废。安全带的护腰带宽度不小于80mm,安全带的护腰带长度为600~700mm。

2. 配件参数要求

ZAF002 安全带的配件参数要求

安全带腰带必须是一整根,其宽度为40~50mm,其长度为1300~1600mm。安全带中安全绳的直径不应小于13mm。安全带中吊绳、围杆绳的直径不小于16mm。

ZAF003 安全带的使用注意事项

3. 安全带的使用注意事项

每条安全带应装在一个塑料袋内,袋上应印有制造厂名称标志。使用频繁的安全绳应经常做外观检查,发生异常时应及时更换新绳,并注意加绳套的问题。安全带合格证应注明的项目是制造厂的名称、产品名称、生产年月、检验员姓名等。安全带和绳必须用锦纶、维纶、蚕丝料制成;电工围杆可用黄牛带革;金属配件用普通碳素钢或铝合金钢,包裹绳子的套采用皮革、织带、维纶或橡胶制品。

GAE001 梯子的使用要求

(四)梯子

(1)移动式梯子适用于高度4m以下短时间内可完成的工作,梯子使用前先进行检查。

(2)梯子横挡间距一般为30cm,与地面夹角为60°,顶端与构筑物靠牢,下端应有防滑措施。

(3)人字梯应有坚固铰链与限制开度的拉链。

(4)严禁两人站在同一梯子上工作,梯子不得接长或垫高使用,最高两档不得站人。

(5)梯子不能稳固搁置时,须设专人扶持或用绳子将梯子与固定物绑牢。

(6)梯子上有人时严禁移动。

(7)必须放在门前使用时,要采取防止门被突然开启的措施。

(8)上下梯子时,手上不要拿任何物件,防止妨碍双手抓住梯子。

(9)梯子斜靠在脚手架上使用时,必须系牢,使用人应系安全带。

(10)不可将梯子用作垫木、支撑、工作台或其他用途,只能用于攀爬。

(11)电焊,接近任何电线或电气维修时不得使用金属梯。

(12)如果必须将梯子置于门后或通道上,应将门或通道设一围护栏或设监护人。

(13)在梯子上工作时要面对梯子,如果背向梯子或在某些情况下,则应使用安全带。

(14)电源线、焊线、皮带等严禁跨越梯子。

(15)如梯子长度不够而需将两个梯子连接使用时,须用金属卡子接紧,或用铁丝绑接牢固。

(16)在工作前须把梯子安置稳固,不可使其动摇或倾斜过度。在水泥或光滑坚硬的地面上使用梯子时,须用绳索将梯子下端与固定物缚住(有条件时可在其下端安置橡胶套或橡胶布)。

(17)在木板或泥地上使用梯子时,其下端须装有带尖头的金属物,或用绳索将梯子下

(18) 靠在管子上使用的梯子的上端须有挂钩或用绳索缚住。

(19) 禁止把梯子架设在木箱等不稳固的支持物上或容易滑动的物体上使用。

(20) 在梯子上工作时应使用工具袋；物件应用绳子传递，不准从梯上或梯下互相抛递。

(21) 在机械转动部分附近使用梯子时，为了避免机械转动部分突然卷住工作人员的衣服，应在梯子与机械转动部分之间临时设置薄板或金属网防护。

(22) 禁止在悬吊式的脚手架上搭放梯子进行工作。

三、安全标志

ZAF007 安全标志的表示方法

（一）安全标志表示方法

安全标志由安全色、几何图形和图形符号所构成，用以表达特定的安全信息。安全标志的作用是引起人们对不安全因素的注意，防止事故发生，但不能代替安全操作规程和防护措施。这些标志分别为禁止标志、警告标志、指令标志、提示标志 4 类。安全色是表达安全信息的颜色，安全色规定为红、蓝、黄、绿 4 种颜色。其中红色表示禁止、停止、消防和危险的意思；蓝色表示指令、必须遵守的规定；黄色表示注意、警告的意思；绿色表示提示、安全状态通行。

（二）安全标志类型

1. 禁止标志

禁止标志是禁止人们不安全行为的图形标志。其基本形式是带斜杠的圆形边框，颜色为白底、红圈、红杠、黑图案。禁止标志图形共 23 种，示例如图 1-6-1 所示。

(a) 禁止转动　　　　(b) 禁止合闸　　　　(c) 禁止烟火　　　　(d) 禁止攀登

图 1-6-1　禁止标志

2. 警告标志

警告标志是提醒人们注意周围环境，以避免可能发生危险的图形标志，其基本形式是正三角形边框，颜色为黄底、黑边、黑图案。警示标志图形共 28 种，示例如图 1-6-2 所示。

(a) 注意安全　　　　(b) 当心坠落　　　　(c) 当心触电　　　　(d) 当心机械伤人

图 1-6-2　警示标志

3. 指令标志

指令标志是强制人们必须做出某种动作或采用防范措施的图形标志，其基本形式是圆形边框,颜色为蓝底、白图案。指令标志图形共 12 种,示例如图 1-6-3 所示。

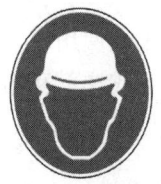   

(a) 必须戴安全帽　　(b) 必须系安全带　　(c) 必须穿防护鞋　　(d) 必须戴防护眼镜

图 1-6-3　指令标志

4. 提示标志

提示标志是向人们提供某种信息的图形符号,其基本形式是正方形边框,颜色为绿色、白图案。提示标志图形共 3 种,示例如图 1-6-4 所示。

(a) 紧急出口　　　　(b) 可动火区　　　　(c) 避险区

图 1-6-4　提示标志

(三)安全标志安装位置

(1)防止危害性事故的发生。首先要考虑所有标志的安装位置都不可存在对人的危害。

(2)可视性。标志安装位置的选择很重要,标志上显示的信息不仅要正确,而且对所有的观察者要清晰易读。

(3)安装高度。通常标志应安装于观察者水平视线稍高一点的位置,但有些情况置于其他水平位置则是适当的。

(4)危险和警告标志。危险和警告标志应设置在危险源前方足够远处,以保证观察者在首次看到标志及注意到此危险时有充足的时间,这一距离随不同情况而变化,例如,警告不要接触危险源、放射源、开关或其他电气设备的标志,应设置在它们近旁,而大厂区或运输道路上的标志,应设置于危险区域前方足够远的位置,以保证在到达危险区之前就可观察到此种警告,从而有所准备。

(5)安全标志不应设置于移动物体上,例如门,因为物体位置的任何变化都会造成对标志观察变得模糊不清。

(6)已安装好的标志不应被任意移动,除非位置的变化有益于标志的警示作用。

(四)安全标识使用要求

1. 危险标志

危险标志只安装于存在直接危险的地方,用来表明存在危险。

2. 禁止标志

禁止标志是用符号或文字的描述来表示一种强制性的命令,以禁止某种行为。

3. 警告标志

警告标志通过符号或文字来指示危险,表示必须小心行事,或用来描述危险属性。

4. 安全指示标志

安全指示标志用来指示安全设施和安全服务所在的位置,并且在此处给出与安全措施相关的主要安全说明和建议。

5. 消防标志

消防标志用于指明消防设施和火灾报警的位置,及指明如何使用这些设施。

6. 方向标志

方向标志用于指明正常和紧急出口、火灾逃逸和安全设施、安全服务及卫生间的方向。

7. 交通标志

交通标志用于向工作人员表明与交通安全相关的指示和警告。

8. 信息标志

信息标志用于指示出特殊属性的信息,如停车场、仓库或电话间等。

9. 强制性行动标志

强制性行动标志用于表示须履行某种行为的命令以及需要采取的预防措施,例如穿戴防护鞋、安全帽、眼罩等。

四、机械伤害

机械伤害是指机械设备运动(静止)、部件、工具、加工件直接与人体接触引起的挤压、碰撞、冲击、剪切、卷入、绞绕、甩出、切割、切断、刺扎等伤害,分为人身的伤害和机械设备的损坏。

预防机械伤害的原则是操作管理机械设备的岗位工人必须懂设备的性能、用途、会操作,会检查,会排除故障,且必须持有上岗操作证;加强设备的使用、维护、保养和检查,建立完善安全巡检制度,及时消除设备安全隐患,严禁设备带病运行;操作人员按规定穿戴使用劳动保护用品。

机械所造成的伤害事故的危险源常存在于下列部位:

(1)旋转的机件具有将人体或物体从外部卷入的危险;机床的卡盘、钻头、铣刀、传动部件和旋转轴的突出部分有钩挂衣袖、裤腿、长发等而将人卷入的危险;风翅、叶轮有绞碾的危险;相对接触而旋转的滚筒有使人被卷入的危险。

(2)做直线往复运动的部位存在着撞伤和挤伤的危险。冲压、剪切、锻压等机械的模具、锤头、刀口等部位存在着撞压、剪切的危险。

(3)机械的摇摆部位存在着撞击的危险。

(4)机械的控制点、操纵点、检查点、取样点、送料过程等也都存在着不同的潜在危险因素。

五、有毒有害作业场所的劳动保护措施

(1)加强对施工作业人员的职业病危害教育,提高对职业病危害的认识,了解其危害,

掌握职业病防治的方法。

(2)在确定的职业危害作业场所的醒目位置,设置职业病危害告知警示标志。

(3)各类油漆和其他易燃、有毒材料,应存放在专用库房内,不得与其他材料混放;挥发性油料应装入密闭容器内。存放油漆、调配油料的库房通风应良好,不准住人,并应配置消防器材和挂设"严禁烟火"明显标志,且与其他建筑物保持一定的安全距离。

(4)对从事高危职业危害作业的人员,工作时间应严格加以控制,并有针对性的急救措施。

(5)在隧道内施工接触粉尘作业的作业人员,在施工中应尽量降低粉尘的浓度,在施工中采取不断喷水的措施降低扬尘,并正确佩戴防尘口罩。

(6)从事防水作业、喷漆作业的施工人员应严格按照操作规程进行施工,施工前要检查作业场所的通风是否畅通,通风设施是否运转正常,作业人员在施工作业中要正确佩戴防毒口罩。变更工艺只是一道阻止有害物进入人体的屏障,只能作为一种辅助性措施。

(7)为防止腐蚀性液体、蒸气对面部产生的伤害,操作员工应佩戴面罩防护用品。

(8)电气焊作业操作人员在施工中应注意施工作业环境的通风或设置局部排烟设备,使作业场所空气中的有害物质浓度控制在国家卫生标准之下,在难以改善通风条件的作业环境中操作时,必须佩带有效的防毒面具和防毒口罩。

(9)进行噪声较大的施工作业时,施工人员要正确佩戴防护耳罩,并减少在噪声环境中作业的时间。

(10)长期从事高温作业的施工人员要穿白帆布类隔热服,减少工作时间,注意休息,保证充足的饮用水,并佩带好防护用品。

(11)隧道等封闭的作业场所进行施工作业时,要采取强制性通风措施,配备行之有效的通风设备进行通风,并派专人进行巡视。

(12)刷涂作业过程中,如感头痛、恶心、心闷或心悸时,应立即停止作业,到户外呼吸新鲜空气。

(13)当在泄漏现场有人受到化学品伤害时,应立即将伤员小心转移到安全地带进行紧急抢救。

项目二　消防安全知识

一、灭火器材分类

(一)按充装灭火剂的类型划分

(1)清水灭火器:这类灭火中充装的灭火剂主要是水,另外还有少量的添加剂。

(2)泡沫灭火器:这类灭火器中充装的灭火剂是空气泡沫液。

(3)干粉灭火器:这类灭火器内充装的灭火剂是干粉。

(4)卤代烷灭火器:这类灭火器内充装是卤代烷灭火剂。

(5)二氧化碳灭火器:这类灭火器内充装的是加压液化的二氧化碳。

(二)按灭火器的质量和移动方式划分

(1)手提式灭火器:总重在28kg以下,容量在10kg左右,能用手提着的灭火器具。

(2)背负式灭火器:总重在40kg以下,容量在25kg以下,用肩背着灭火的器具。

(3)推车式灭火器:总重在40kg以上,容量在100kg以内,装有车轮等行驶机构,由人力推(拉)着灭火的器具。

(三)按加压方式划分

(1)储气瓶式灭火器:灭火剂由一个专门储存压缩气体的储气瓶释放气体加压驱动的灭火器。

(2)储压式灭火器:灭火剂由与其同储于一个容器内的压缩气体或灭火剂蒸气的压力所驱动的灭火器。

二、灭火器材

(一)常用灭火器材

1. 泡沫灭火器

能够与水混溶并可通过化学反应或机械方法产生灭火泡沫的药剂,称为泡沫灭火剂。按照泡沫生成机理,泡沫灭火剂可分为化学泡沫灭火剂和空气机械泡沫灭火剂两大类,其中常用的为化学泡沫灭火器,其筒内盛装着碳酸氢钠与发泡剂的混合液,另外还装有一瓶硫酸铝溶液,两种溶液互不接触。泡沫灭火器的原理是泡沫液与水和空气混合后,产生大量泡沫,使燃烧物质表面冷却,阻止燃烧物质表面热,起到灭火作用。因此在使用时要将筒身颠倒,使两种溶液混合,产生一种含有二氧化碳气体的泡沫,并以一定的压力喷射出来,进行灭火。

1)应用范围

泡沫灭火器主要用于工矿企业的物资仓库和公共场所,适用于扑救汽油、煤油、柴油、苯、香蕉油、松香水等易燃液体引起的火灾;在扑灭电气火灾时,必须先切断电源。

2)使用方法

到火场后,一手提环(手柄),一手托起底部,将灭火器颠倒过来,使喷射的泡沫对准燃烧物。在扑灭容器内液体火灾时,要将泡沫喷射到容器上,避免直接喷射到液体上扩大着火范围。

3)注意事项

(1)因为泡沫导电,若是扑救电着火,一定要先切断电源后才能实施救火。

(2)泡沫和水不能在一起,否则就会降低灭火效果。

(3)泡沫灭火器一定要定期保养和更换药品,以确保其灭火性能。

2. 二氧化碳灭火器

二氧化碳灭火器是一种瓶内充有压缩二氧化碳气体的灭火器材。二氧化碳是无色无味、不燃烧、不助燃、不导电、无腐蚀性的惰性气体,灭火用的二氧化碳一般是以液态灌装在钢瓶内,依靠二氧化碳的蒸发作用喷射出雪花状固体颗粒的干冰进行灭火。二氧化碳灭火器有手提式和推车式两类,其中最常用的手提式灭火器又可分为鸭嘴式和手轮式两种。

ZAF004 灭火器的性能参数

1)应用范围

由于二氧化碳灭火剂灭火不留痕迹,并具有一定的电绝缘等性能,因此可用于扑救6kV以下电器、贵重设备、精密仪器、文件档案等场所的初期火灾,主要适用于室内电器着火。

2)使用方法

二氧化碳灭火器有开关式和闸刀式两种,使用时先拔去保险销子,然后一手紧握喷射喇叭上的木柄,一手掀动鸭舌开关或旋转开关,然后提握机身,将喷嘴对准火焰根部喷射。闸刀式的一经启开后,内部封口铜片即穿破无法关闭。

3)注意事项

(1)灭火时手一定要握住胶木柄以防止冻伤,在空气不畅通的环境条件下灭火要及时通风。

(2)每月称一次重量,3年做一次承压力实验。

3. 干粉灭火器

干粉灭火器内充装的是干粉灭火剂,干粉灭火剂是用于灭火的干燥且易于流动的微细粉末,由具有灭火效能的无机盐和少量的添加剂经干燥、粉碎、混合而成的微细固体粉末组成。

1)应用范围

干粉灭火器综合了泡沫、二氧化碳和四氯化碳灭火器的优点,主要适用于扑救石油及其制品、可燃液体、气体、固体、电气设备及能与水发生燃烧的物质等引起的初期火灾,常用于加油站、汽车库、实验室,变配电室、煤气站、液化气站、油库、船舶、车辆,工矿企业及公共建筑等场所。因干粉有50kV以上的电绝缘性能,因此广泛适用电气设备初期火灾。

2)使用方法

以目前较通用的MFZ8型储压式干粉灭火器为例介绍干粉灭火器的使用方法:拉出插销,对准火源按下压把即喷出灭火,松开压把即停喷。

3)注意事项

(1)灭火剂为GB 4066—2017《干粉灭火剂》碳酸氢钠干粉灭火剂。

(2)存放地点要通风良好、防潮、防晒、防高温。

(3)灭火器严禁随意拆卸更换零件,以免发生危险。

(4)灭火器一经开启,即使灭火剂喷出不多,也必须按规定要求再充装。

(5)检查、维修必须由专业消防机构(行业)进行。

4. 清水灭火器

清水灭火器中充装是清洁的水,为了提高灭火性能,还会在清水中加入适量添加剂,如抗冻剂、润湿剂、增黏剂等。

1)应用范围

清水灭火器主要用于扑救固体物质,如木材、棉麻、纺织品等初起火灾。另外,清水对一些易溶于水的可燃、易燃液体还可以起到稀释作用。清水灭火器的强射流所产生的水雾能使可燃、易燃液体产生乳化作用,使液体表面迅速冷却,使可燃蒸气的产生速度下降从而达到灭火的目的。

2)使用方法

将清水灭火器提至火场,在距离燃烧物 10m 处,将灭火器直立放稳,摘下保险帽,用手掌拍击开启杆顶端的凸头。这时储气瓶的密膜片被刺破,二氧化碳气体进入筒体内,迫使清水从喷嘴喷出。此时应立即一只手提起灭火器,另一只手托住灭火器的底圈,将喷射的水流对准燃烧最猛烈处喷射。随着灭火器喷射距离的缩短,操作者应逐渐向燃烧物靠近,使水流始终喷射在燃烧处,直到将火扑灭。在喷射过程中,灭火器应始终与地面保持大致的垂直状态,切勿颠倒或横卧,否则,会使加压气体泄出而灭火剂不能喷射。

(二)灭火器材使用要求

二氧化碳灭火器使用时先拔去安全销,然后一手紧握喷射喇叭上的木柄,一手掀动开关或旋转开关,然后提握瓶体。使用二氧化碳灭火器灭火时,一定要握住胶木柄,冬季使用二氧化碳灭火器时应该注意的是防止冻伤。泡沫灭火器在使用时应将灭火器颠倒过来。干粉灭火器使用时的操作关键是开启提环。

ZAF005 灭火器材的使用要求

三、防火防爆措施

石油工业生产的产品主要是原油、天然气以及石油液化气和少量的天然汽油。这些产品具有易燃、易爆、易蒸发、易于聚集静电等特点。液体产品蒸发或气体产品蒸发与空气混合到一定的范围内即形成可爆炸气体,若遇明火,立即爆炸,从而造成极大的破坏。因此,在石油生产中,防火、防爆的工作极其重要应采取以下防护措施:

(1)在易燃易爆生产作业场所,严格控制火源;认真履行动火手续和有效的安全措施。

(2)在要害危险场所应设置防火装置、自动报警器及强制通风等设施;严格执行国家、企业有关防火、防爆安全管理规定。

(3)工艺流程尽量采用密闭流程,减少油气外泄,避免设备的"跑、冒、滲、漏",一旦发现应及时关闭电源和泄漏点,并排除附近明火源。

(4)配备性能合适数量充足的消防器材;关键操作部位(点)必须采用防爆工具。

(一)火灾

火灾是火失去控制蔓延而形成的一种灾害性燃烧现象,它通常造成人或物的损失。

1. 火灾对人的危害

(1)火灾产生的高温及火焰,会烧伤人的皮肤或更深层的细胞组织,重者会导致人的死亡。

(2)在氧气不足的情况下,导致不完全的燃烧,由其产生的浓烟和一氧化碳能导致人的窒息和中毒死亡。

2. 火源

火源是燃烧的 3 个条件之一,通常火源可分为直接火源和间接火源两种。

(1)直接火源——明火、电火花、雷击等;

(2)间接火源——加热自然起火、本身自然起火等。

3. 着火(火灾)发展过程

着火(火灾)通常要经历 3 个阶段:

(1)初燃阶段——燃烧面积小、强度弱,放出的热辐射不多,烟和气体流动较慢;

（2）燃起阶段——燃烧强度大，温度上升，放出的热辐射多而强，烟和气体流动迅速，面积扩大；

（3）熄灭阶段——可燃物质减少，温度下降，火趋向于熄灭，直到可燃物烧完为止。

ZAF015 灭火方法的分类

4. 火灾扑救方法

火灾是一种常见多发的破坏性极强的灾难，产生的形式多种多样，包括闪燃、自燃、燃烧和爆炸，并具有突发性、复杂性和严重性。发生火灾时除了及时报"119"火警外，要采取积极措施灭火。在火灾发展变化中，初起阶段是火灾扑救最有利的阶段，将火灾控制和消灭在初起阶段，就能赢得灭火战斗的主动权，从而能显著减少事故损失，反之就会被动，造成难以收拾的局面。

1）扑救初起火灾的指挥要点

实践证明，扑灭火灾的最有利时机是在火灾的初起阶段，要做到及时控制和消灭初起火灾，主要是依靠群众义务消防队，因为他们对本单位的情况最了解，发生火灾后能在公安消防队和企业专职消防队到达之前，最先到达火场。所以初起火灾发生后，一般首先由起火单位的义务消防队组织指挥和扑救；当企业专职消防队到达火场时，企业专职消防队的领导负责组织指挥和扑救；当公安消防队到达火场时，由公安消防队的领导统一组织指挥。扑救初起火灾的组织指挥工作主要做好以下几点：

（1）及时报警，组织扑救。义务消防队员无论在任何时间和场所，一旦发现起火，都要立即报警，并参与和组织群众扑救火灾。当火灾刚发生且不大时，要迅速利用现场的灭火器、沙桶、水泥粉等简易灭火器材灭火，并设法立即报警。报警时，应根据火势情况，首先向周围人员发出火警信号，并通知单位领导和有关部门，要有专人向公安消防部门报警。

（2）积极抢救被困人员。当火场上有人被围困时，要组织力量，积极抢救被困人员。

（3）疏散物资，建立空间地带。

2）初起火灾扑救的基本方法

初起火灾容易扑救，但必须正确运用灭火方法，合理使用灭火器材和灭火剂，才能有效地扑灭初起火灾，减少火灾危害。灭火的4项基本措施主要有控制可燃物、隔绝空气、消除火源、阻止火势蔓延，对应的灭火的4种方法分别是冷却法、隔离法、窒息法、抑制法。

（1）冷却灭火法。

冷却灭火法就是将灭火剂直接喷洒在可燃物上，使可燃物的温度降低到自燃点以下，从而使燃烧停止，或者将灭火剂喷洒到火源附近的物体上，使其不受火焰辐射热的威胁，避免形成新的着火点，还可用水冷却建筑构件、生产装置或容器等，以防止其受热变形或爆炸。常见的冷却灭火法就是用清水灭火，还有二氧化碳冷却降温灭火。

（2）隔离灭火法。

隔离灭火法是指限制和停止可燃物质进入燃烧区，也包括将可燃物质撤离燃烧区，使火源没有燃烧物质而熄灭。这种方法适用于扑救各种固体、液体、气体火灾。采取隔离灭火的具体措施很多，例如将火源附近的易燃、易爆物质转移到安全地点；关闭设备或管道上的阀门，阻止可燃气体、液体流入燃烧区；排除生产装置、容器内的可燃气体、液体，阻拦、疏散可燃液体或扩散的可燃气体;拆除与火源相毗连的易燃建筑结构,形成阻止火势蔓延的空间地带等。

(3)窒息灭火法。

窒息灭火法即采取适当的措施,阻止空气进入燃烧区,或用惰性气体稀释空气中的氧含量,使燃烧物质缺乏或断绝氧而熄灭,就是使可燃物与助燃物隔绝,燃烧物得不到空气中的氧,不能继续燃烧。这种方法适用于扑救封闭式的空间、生产设备装置及容器内的火灾。火场上运用窒息法扑救火灾时,可采用石棉被、湿麻袋、湿棉被、沙土、泡沫等不燃或难燃材料覆盖燃烧或封闭孔洞;用水蒸气、惰性气体(如二氧化碳、氮气等)充入燃烧区域;利用建筑物上原有的门以及生产储运设备上的部件来封闭燃烧区,阻止空气进入。此外,在无法采取其他扑救方法而条件又允许的情况下,可采用水淹没(灌注)的方法进行扑救。在采取窒息法灭火时,必须注意以下几点:

① 燃烧部位较小,容易堵塞封闭,在燃烧区域内没有氧化剂时,适于采取这种方法。

② 在采取用水淹没或灌注方法灭火时,必须考虑到火场物质被水浸没后能否产生的不良后果。

③ 采取窒息方法灭火以后,必须确认火已熄灭方可打开孔洞进行检查,严防过早地打开封闭的空间或生产装置而使空气进入,造成复燃或爆炸。

④ 采用惰性气体灭火时,一定要将大量的惰性气体充入燃烧区,迅速降低空气中氧的含量,以达窒息灭火的目的。

⑤ 抑制灭火法(中断化学反应法)。

抑制灭火法是将化学灭火剂喷入燃烧区参与燃烧反应,使燃烧过程中产生的游离烃消失,形成稳定分子或低活性的游离烃,从而使燃烧的化学反应中断,停止燃烧。采用这种方法可使用的灭火剂有干粉和卤代烷灭火剂。灭火时,需将足够数量的灭火剂准确地喷射到燃烧区内,使灭火剂阻断燃烧反应。

3)初起火灾的扑救原则

企事业单位灭火、救灾指挥人员在指挥灭火救灾中要遵循"救人第一""先控制后消灭""先重点后一般"等原则。

(1)"救人第一"的原则。

"救人第一"是指火场上如果有人受到火势威胁,企事业单位消防队员的首要任务就是把被火围困的人员抢救出来。运用这一原则,要根据火势情况和人员受火势威胁的程度而定。在灭火力量较强时,人未救出之前,灭火是为了打开救人通道或减弱火势对人员威胁程度,从而更好地为救人脱险、及时扑灭火灾创造条件。在具体实施救人时应遵循"就近优先,危险优先,弱者优先"的基本要求。

(2)"先控制、后消灭"的原则。

"先控制、后消灭"是指针对不可能立即扑灭的火灾,要首先控制火势的继续蔓延扩大,在具备了扑灭火灾的条件时,再展开全面进攻,一举消灭。义务消防队灭火时,应根据火灾情况和本身力量灵活运用这一原则。对于能扑灭的火灾,要抓住战机,就地取材,速战速决;如火势较大,灭火力量相对薄弱,或因其他原因不能立即扑灭时,就要把主要力量放在控制火势发展或防止爆炸、泄漏等危险情况上,以防止火势扩大,为彻底扑灭火灾创造有利条件。

先控制,后消灭,在灭火过程中是紧密相连、不能截然分开的,只有首先控制住火势,才能迅速将火灾扑灭。

(3)"先重点,后一般"的原则。

"先重点、后一般"是就整个火场情况而言的。运用这一原则,要全面了解并认真分析火场的情况,主要是:

① 人和物相比,救人是重点。

② 贵重物资和一般物资相比,保护和抢救贵重物资是重点。

③ 火势蔓延猛烈的方面和其他方面相比,控制火势蔓延猛烈的方面是重点。

④ 有爆炸、毒害、倒塌危险的方面和没有这些危险的方面相比,处置这些危险的方面是重点。

⑤ 火场上的下风向与上风、侧风向相比,下风向是重点。

⑥ 可燃物资集中区域和这类物品较少的区域相比,这类物品集中区域是保护重点。

⑦ 要害部位和其他部位相比,要害部位是火场上的重点。

(二)爆炸

爆炸产生的冲击波、震荡波、冲击碎片等,常会以二次事故的特性,给受灾地造成较大范围的人、财、物的损失及危害。

通常可采取以下3个方面的防火防爆措施:(1)排除发生燃烧爆炸事故的物质条件;(2)当燃烧爆炸物质不可避免地出现时,要尽可能地消除或隔离一切点火源;(3)当点火源也不可避免时,要采取工程设防措施,尽量降低燃烧爆炸事故造成的损失。

防火防爆措施的一般原则可归纳为:分类管理措施;控制着火源形成措施;抑制燃爆物质的形成措施;储存过程中的监控、检测措施;安全生产措施(防火防爆装置);运输过程安全措施;销毁措施;灭火与消防;危险物流向控制措施。

(三)天然气

1. 概念

天然气是指自然界中天然存在的一切气体,包括大气圈、水圈和岩石圈中各种自然过程形成的气体包括油田气、气田气、泥火山气、煤层气和生物生成气。

2. 处置措施

(1)确定危险区域,划定警戒范围,疏散该区域内及下风方向的所有无关人员,一般下风方向撤离至少800m,火场内如有储罐、槽车或罐车,隔离1600m。

(2)泄漏区应切断所有电源,严禁携带手机,对讲机要防爆。

(3)天然气泄漏未燃时,处置人员应着封闭式防化服(或浇湿衣服)、佩戴空气呼吸器,占领上风或侧上风阵地。

(4)在泄漏点周围设置水幕,稀释和吸收泄漏蒸气,进行抑爆,也可用雾状水将蒸气赶至安全地带。

(5)天然气泄漏或着火,应首先切断气源,关闭阀门时应防止产生负压引起回火。

(6)无法止漏或不能及时切断气源时,不能盲目将火扑灭。

(7)排除进入管道井、下水道等地下设施天然气时,应打开入口盖板,使其自然散开。

(四)企业单位每月消防检查的内容

(1)火灾隐患的整改情况以及防范措施的落实情况;

(2)安全疏散通道、疏散指示标志、应急照明和安全出口情况;

(3)消防车通道、消防水源情况;

(4)灭火器材配置及有效情况;

(5)用火、用电有无违章情况;

(6)重点工种人员以及其他员工消防知识的掌握情况;

(7)消防安全重点部位的管理情况;

(8)易燃易爆危险物品和场所防火防爆措施的落实情况以及其他重要物资的防火安全情况;

(9)消防(控制室)值班情况和设施运行、记录情况;

(10)防火巡查情况;

(11)消防安全标志的设置情况和完好、有效情况;

(12)其他需要检查的内容;

防火检查应当填写检查记录,检查人员和被检查部门负责人应当在检查记录上签名。

项目三 安全用电知识

一、电气安全距离

为防止人体触及或过分接近带电体,或防止车辆和其他物体碰撞带电体,以及避免发生各种短路、火灾和爆炸事故,在人体与带电体之间、带电体与地面之间、带电体与带电体之间、带电体与其他物体和设施之间,都必须保持一定的距离,这种距离称为电气安全距离,简称间距。间距的大小取决于电压的高低、设备的类型及安装的方式等因素。

间距大致可分为4种:各种线路的间距;变配电设备的间距;各种用电设备的间距;检维修时的间距。各种线路、变配电设备及各种用电设备的间距,在电力设计规范及相关资料中均有明确而详细的规定。

在低压操作中,人体或其所携带工具等与带电体的距离不应小于0.1m;高压设备发生接地时,室内不得接近故障点4m以内,室外不得接近故障点8m以内。进入上述范围人员必须穿绝缘靴,接触设备的外壳和架构时,应戴绝缘手套。

在高压无遮挡操作中,人体或其所携带工具与带电体之间的最小距离不应小于下列数值:10kV及以下——0.7m;35kV——1.0m;110kV——1.5m;220kV——3.0m;500kV——5.0m。当不足上述距离时,应装设临时遮挡,并应符合相关要求。用绝缘杆操作时,上述距离可减为10kV及以下——0.4m;35kV——0.6m。

在线路上工作时,人体或其携带工具等与邻近带电线路的最小距离不应小于下列数值:10kV及以下——1.0m;35kV——2.5m。不足上述距离时,临近的线路应当停电。

二、触电

(一)触电的概念

触电一般指人体触及带电体,由于电流通过人体而造成的伤害,包括电击和电伤两种情况。

电击是指电流通过人体内部,破坏心脏、肺和神经系统的正常工作,可危及生命。按照人体触电的方式和电流通过人体的途径,电击触电有3种情况:

(1)单相触电:人体触及单相带电体的触电事故。

(2)双相触电:人体同时触及两相带电体的触电事故,危险性更大。

(3)跨步电压触电:当带电体接地有电流流入地下时,电流在接地点周围产生电压降,人在接地处两脚之间出现了跨步电压,由此引起的触电事故。

(4)间接触电:由于事故使正常情况下不带电的电气设备金属外壳带电,致使人们触电的现象。另外,导线漏电碰到金属物(如管道、金属容器等)而使金属带电而使人触电的现象也称间接触电。

电伤是指由电流热效应、化学效应或机械效应等对人体造成的局部伤害。

触电的危险性与通过人体的电流大小、时间长短及电流的频率有关。100mA 的电流流经人体就会致命,40~60Hz 的交流电比其他频率的电流更危险。

(二)触电救护措施

人触电以后,会出现神经麻痹、呼吸困难、血压升高、昏迷、痉挛,甚至呼吸中断、心脏停搏等险象,呈现昏迷不醒的状态。如果未见明显的致命外伤,就不能轻率地认定触电者已经死亡,而应该看作是"假死",应施行急救。有效的急救在于快而得法,即用最快的速度,施以正确的方法进行现场救护,多数触电者是可以复活的。若发现有人触电,首先进行的操作是立即切断电源。如果触电者触及断落在地上的带电高压导线,且尚未确证线路无电,救护人员在未做好安全措施前,不能接近断线点 8~10m 范围内,防止跨步电压伤人。触电的时间越长,电压越高,人体所受的电损伤就越大。若触电者脱离电源,应立即进行人工呼吸,救护者对触电者进行人工呼吸时,每5s吹一次。抢救时一定要尽力去抢救,抢救触电人往往需要很长时间,有的要进行 6~7h 才能救活。

在使触电者脱离电源时应注意的事项:(1)救护人不得采用金属和其他潮湿的物品作为救护工具。(2)未采取绝缘措施前,救护人不得直接触及触电者的皮肤和潮湿的衣服。(3)在拉拽触电者脱离电源的过程中,救护人宜单手操作,这样对救护人比较安全。(4)当触电者位于高位时,应采取措施预防触电者在脱离电源后坠地摔伤或摔死。(5)夜间发生触电事故时,应考虑切断电源后的临时照明问题,以利救护。

三、安全用电常识

(一)安全电压

安全电压是为了防止触电事故而采用的特殊电源供电的电压,我国规定的安全电压为42V、36V、24V、12V、6V 5 种。这类设备的电压的上限,即两导体间或任一导体与地之间的电压,在任何情况下,都不超过交流有效值50V。因为尽管是在安全电压下工作,一旦触电虽然不会导致死亡，但是如果不及时摆脱，时间长了也会产生严重后果。另外，由于触电的刺激可能引起人员坠落、摔伤等二次性伤亡事故。根据生产和作业场所的特点，采用相应等级的安全电压，是防止发生触电伤亡事故的根本性措施。

安全电压系列用的插头应不能插入较高电压的插座，如 36V 插头则应不能插入 220V 插座。绝对安全的是 24V，但对于日常用电的 220V 来说，极短时间接触也不会危及生命（鞋必须绝缘），所以常听与电打交道的人说被电了一下。在没有专业知识与防护的情况下接触 220V 的民用电是很危险的，必须远离。

（二）电工安全作业措施

在电气设备上工作，保证安全的组织措施为：工作票制度、工作许可制度、工作监护制度，工作间断、转移和终结制度。电气工作开始前，必须完成工作许可手续，工作许可人的主要任务是负责审查工作票所列安全措施是否完善，是否符合现场条件，并负责落实施工现场的安全措施。监护人应具有一定的安全技术经验，能掌握工作现场的安全技术、工艺质量、进度等，要求有处理问题的应急能力，一般监护人的安全技术等级高于操作人。电气工作间断时，工作人员应从工作现场撤出，所有安全措施保持不动，工作票仍由工作负责人执存。部分停电工作时，监护人应始终不间断地监护工作人员的最大活动范围，使其保证在规定的安全距离内工作。

> GAE002 保证电工作业的安全措施

（三）施工临时用电安全要求

为了施工临时用电安全，项目经理部应制定安全用电管理制度。电工作业应持有效证件，电工等级应与工程的难易程度和技术复杂性相适应。在建工程不得在高、低压线路下方施工，高、低压线路下方不得搭设作业棚、建造生活设施或堆放构件、架具、材料及其他杂物等。施工项目应制定安全用电技术措施和电气防护措施。开关箱与其控制的固定式用电设备的水平距离应不超过 3m。严禁使用容易引发触电事故的木质配电箱。工程项目每周应对临时用电工程至少进行一次安全检查，对检查中发现的问题要及时整改。

> GAE003 施工临时用电安全要求

（四）低压设备操作安全规程

在实际工作中，低电压电器是指 380V 及以下电压等级中使用的电器设备。

低压配电柜的操作人员需通过国家相关部门培训、考核并获得进网证和操作证。低压设备检修时，其刀闸操作把手上挂"禁止合闸，有人工作！"标示牌。配电房维修必须挂相关警示牌，二人进行，一人操作，一人监护，巡检时可以一人进行，但必须通知其他当班人员，与被检设备保持 0.7m 以处距离。低压回路停电更换熔断器后，恢复操作时，可不必戴手套和护目镜。配电房严禁闲人进入，每天最少进行一次全面检查，电工抄表时必须对配电房的全面工作情况进行检查，发现问题必须记录，并即时解决。

> ZAF011 低压设备操作的安全规程

低压带电工作应设专人监护，使用有绝缘柄的工具，工作时站在干燥的绝缘物上，戴绝缘手套和安全帽，穿长袖衣，严禁使用锉刀、金属尺和带有金属物的毛刷、毛掸等工具；在高、低压同杆架设的低压带电线路上工作时，应先检查与高压线的距离，采取防止误碰高压带电设备的措施；在低压带电导线未采取绝缘措施前，工作人员不得穿越；要保证人体和大地之间、人体与周围接地金属之间、人体与其他导体之间有良好的绝缘或相应的安全距离；应采取防止相间短路和单相接地的隔离措施；上杆前先分清相、中性线，选好工作位置；断开导线时，应先断开相线，后断开中性零线；搭接导线时，顺序应相反；因低压相间距离很小，检修中要注意防止人体同时接触两根线头。

(五)用电注意事项

(1)照明线路熔丝的额定电流,应不小于各电灯的额定电流之和。

(2)在任何情况下均不得用手来鉴定接地线端或裸导体是否带电。

(3)对人体安全的交流电流应为10mA以下,直流电流应为50mA以下。

(4)在金属容器内工作,使用Ⅱ类工具时,应装设额定动作电流不大于15mA,动作时间不大于0.1s的漏电保护器。

(5)手电钻、电风扇等各种电气设备的金属外壳必须有专用的接零导线。

(6)插拔电源插头时不要用力拉拽电线,以防止电线的绝缘层受损造成触电。

项目四　现场安全管理知识

一、安全生产的基本原则

JAE002　施工安全管理原则

(一)"以人为本"的原则

要求在生产过程中,必须坚持"以人为本"的原则。在生产与安全的关系中,一切以安全为重,安全必须排在第一位,必须预先分析危险源,预测和评价危险、有害因素,掌握危险出现的规律和变化,采取相应的预防措施,将危险和安全隐患消灭的萌芽状态。

(二)"谁主管、谁负责"的原则

安全生产的重要性要求主管者也必须是责任人,要全面履行安全生产责任。

(三)"管生产必须管安全"的原则

"管生产必须管安全"指工程项目各级领导和全体员工在生产过程中必须坚持在抓生产的同时抓好安全工作,它实现了安全与生产的统一,生产和安全是一个有机的整体,两者不能分割更不能对立起来,应将安全寓于生产之中。

(四)"安全具有否决权"的原则

"安全具有否决权"指安全生产工作是衡量工程项目管理的一项基本内容,它要求对各项指标考核,评优创先时首先必须考虑安全指标的完成情况。安全指标没有实现,即使其他指标顺利完成,仍无法实现项目的最优化,安全具有一票否决的作用。

(五)"三同时"原则

基本建设项目中的职业安全、卫生技术和环境保护等措施和设施,必须与主体工程同时设计、同时施工、同时投产。

(六)"四不放过"原则

"四不放过"是指事故原因未查清不放过,当事人和群众没有受到教育不放过,事故责任人未受到处理不放过,没有制订切实可行的预防措施不放过。"四不放过"原则的支持依据是《国务院关于特大安全事故行政责任追究的规定》、"三个同步"原则(安全生产与经济建设、深化改革、技术改造同步规划、同步发展、同步实施)。

(七)"五同时"原则

企业的生产组织及领导者在计划、布置、检查、总结、评比生产工作的同时,同时计划、布置、检查、总结、评比安全工作。

二、进入受限空间

(一)进入受限空间前准备

1. 隔离

进入受限空间前应事先编制隔离核查清单,隔离相关能源和物料的外部来源,与其相连的附属管道应断开或用盲板隔离,相关设备应在机械上和电气上被隔离并挂牌。同时按清单内容逐项核查隔离措施,并作为许可证的附件。如涉及管线打开时,应符合 Q/SY 0362—2013《管线打开安全管理标准》的要求。在有放射源的受限空间内作业,作业前应对放射源进行屏蔽处理。

> JAE003 进入受限空间前的准备

2. 清理、清洗

进入受限空间前,应进行清理、清洗,清理、清洗受限空间的方式包括但不限于:

(1)清空;

(2)清扫(如冲洗、蒸煮、洗涤和漂洗);

(3)中和危害物;

(4)置换。

3. 气体检测

1)检测要求

(1)凡是有可能存在缺氧、富氧、有毒有害气体、易燃易爆气体、粉尘等时,事前应进行气体检测,注明检测时间和结果;受限空间内气体检测 30min 后,仍未开始作业,应重新进行检测;如作业中断,再进入之前应重新进行气体检测。

(2)取样和检测应由培训合格的人员进行;检测仪器应在校验有效期内,每次使用前后应检查。

(3)取样应有代表性,应特别注重人员可能工作的区域,取样点应包括空间顶端、中部和底部,取样时应停止任何气体吹扫,测试次序应是氧含量、易燃易爆气体、有毒有害气体。

(4)当取样人员在受限空间外无法完成足够取样,需进入空间内进行初始取样时,应制定特别的控制措施,获得进入受限空间作业许可。

(5)进入受限空间期间,气体环境可能发生变化时,应进行气体监测;气体监测宜优先选择连续监测方式,若采用间断性监测,间隔不应超过 2h;连续检测仪器应安装在工作位置附近,且便于监护人、作业人员看见或听见。

2)检测标准

(1)受限空间内外的氧浓度应一致。若不一致,在授权进入受限空间之前,应确定偏差的原因,氧浓度应保持在 19.5%~23.5%。

(2)不论是否有焊接、敲击等,受限空间内易燃易爆气体或液体挥发物的浓度都应满足以下条件:

① 当爆炸下限≥4%时,浓度<0.5%(体积分数);

② 当爆炸下限<4%时,浓度<0.2%(体积分数)。

同时还应考虑作业的设备是否带有易燃易爆气体(如氢气)或挥发性气体。

(3)受限空间内有毒、有害物质浓度超过国家规定的"车间空气中有毒物质的最高允许浓度"的指标时,不得进入或应立即停止作业。

JAE004 进入受限空间作业的安全措施

(二)受限空间作业安全措施

1. 监护

进入受限空间作业应指定专人监护,不得在无监护人的情况下作业,作业监护人员不得离开现场或做与监护无关的事情。监护人员和作业人员应明确联络方式并始终保持有效的沟通。进入特别狭小空间作业,作业人员应系安全可靠的保护绳,监护人可通过系在作业人员身上的保护绳进行沟通联络。

2. 温度

受限空间内的温度应控制在不对人员产生危害的安全范围内。

3. 通风

(1)为保证受限空间内空气流通和人员呼吸需要,可自然通风,并尽可能抽取远离工作区域的新鲜空气,必要时应采取强制通风,严禁向受限空间通纯氧。进入期间的通风不能代替进入之前的吹扫工作。

(2)在特殊情况下,作业人员应佩戴正压式空气呼吸器或长管呼吸器。佩戴长管呼吸器时,应仔细检查气密性,并防止通气长管被挤压;吸气口应置于新鲜空气的上风口,并有专人监护。

4. 受限空间内设备

对受限空间内阻碍人员移动、对作业人员造成危害,影响救援的设备(如搅拌器),应采取固定措施,必要时应移出受限空间。

5. 受限空间内照明

(1)进入受限空间作业,应有足够的照明,照明灯具应符合防爆要求,手持电动工具应有漏电保护装置。

(2)进入受限空间作业时,照明应使用安全电压不大于24V 的安全行灯;金属设备内和特别潮湿的作业场所作业的安全行灯电压应为12V 且绝缘性能良好。

(3)受限空间原来盛装爆炸性液体、气体等介质的,应使用防爆电筒或电压不大于12V 的防爆安全行灯,行灯变压器不应放在容器内或容器上;作业人员应穿戴防静电服装,使用防爆工具、机具。

6. 防坠落、防滑跌

受限空间内可能会出现坠落或滑跌,应特别注意受限空间中的工作面(包括残留物、工作物料或设备)和到达工作面的路径,并制定预防坠落或滑跌的安全措施。

7. 个人防护装备

根据作业中存在的风险种类和风险程度,依据相关防护标准,配备个人防护装备并确保正确穿戴。

8. 静电防护

为防止静电危害,应对受限空间内或其周围的设备接地,并进行检测。

9. 工具、材料清点

携入受限空间作业的工具、材料要登记,作业结束后应清点,以防遗留在作业现场。

10. 注意事项

在进入受限空间进行救援之前,应明确监护人与救援人员的联络方法。

(三)受限空间作业人员安全职责

1. 作业申请人

(1)是现场作业负责人,提出作业申请;

(2)办理作业许可证;

(3)组织危害因素辨识,协调落实作业安全措施;

(4)组织现场安全交底和安全培训;

(5)组织实施作业;

(6)对作业安全措施的有效性和可靠性负责。

2. 作业批准人

(1)清楚可能存在的危害和风险;

(2)评估作业过程中可能发生的条件变化;

(3)清楚安全控制措施;

(4)确认安全措施落实情况,包括检查气体取样和检测结果;

(5)批准和取消作业。

3. 作业人员

(1)熟悉作业内容,清楚安全条件和可能存在的危害和风险;

(2)熟知进入受限空间作业许可证中的安全措施;

(3)参加对作业过程中可能发生的条件变化的评估;

(4)掌握正确使用进入装备和个人防护装备的方法;

(5)清楚作业过程中与监护人员的沟通方式及紧急情况时的撤离方式;

(6)严格按安全工作方案和作业许可证内容的要求作业;

(7)在违反安全规程的强令作业、削减风险措施不落实、作业监护人不在场等情况下有权拒绝作业。

4. 作业监护人

(1)清楚可能存在的危害和对作业人员的影响;

(2)负责监视作业条件变化情况及受限空间内外活动过程;

(3)掌握作业人员情况并与其保持沟通,负责作业人员进入和出来时的清点并登记名字;

(4)清楚应急联络电话、出口、报警器和外部应急装备的位置;

(5)在入口处监护,防止未经授权人员进入;

(6)紧急情况下发出救援信息、启动撤离行动,并在受限空间外实施救援。

> JAE005 进入受限空间作业的安全职责

第二部分

初级工操作技能及相关知识

模块一 管理净水主体工艺

项目一 相关知识

一、混凝工艺

(一) 混凝

1. 混凝定义

> CBA014 混凝的定义

混凝是指水中胶体粒子以及微小悬浮物的聚集过程,它是凝聚和絮凝的总称。所谓"凝聚"是指水中胶体失去稳定性的过程,它是瞬时的,而"絮凝"是指脱稳胶体相互聚结成大颗粒絮体的过程,它则需要一定的时间才能完成。在实际生产中,这两个过程很难截然分开。因此,能起凝聚与絮凝作用的药剂统称为混凝剂。

混凝法广泛用于自来水水质净化中,也常用于各种工业废水(如造纸、钢铁、纺织、煤炭、选矿、化工、食品等工业废水)的预处理、中间处理或最终处理及城市污水的三级处理和污泥处理,除了用于去除水中悬浮物和胶体外,还用于除油脱色。水的混凝是混合和絮凝过程,是净水处理过程中十分重要的环节,所去除的对象主要是水中的悬浮物和胶体杂质。

胶体杂质在水中呈悬浮状态不下沉主要有 3 个原因:微粒的布朗运动、胶体颗粒表面带有负电荷相互排斥、胶体颗粒表面的水化作用。

胶体颗粒的"布朗运动"使颗粒不断运动而不下沉,同时也创造了相互碰撞的机会。但是,由于胶体颗粒表面带有同性电荷,颗粒间存在静电斥力,使胶体颗粒无法接触。天然水中大量黏土类胶体颗粒带有负电性,阻止了相互接触,使它们处在高度分散的稳定状态。

胶体颗粒水化作用是由于水中胶体颗粒能与极性水分子发生作用,把许多水分子吸引到它周围而形成水化膜,这种水化膜阻止了颗粒间相互接触。不过水化膜是伴随颗粒带电而产生的,一旦带电性能消失,水化膜也随之减弱。

2. 混凝原理

> CBA015 混凝的原理

对于混凝机理,水处理行业对目前的研究结果尚存在一定的争议,但认识比较一致的是,混凝剂对水中胶体粒子的混凝作用有 4 种,即压缩双电层作用机理、吸附—电性中和作用机理、吸附架桥作用机理和沉淀物网捕或卷扫作用机理。

(1) 双电层压缩机理。胶团的双电层构造决定了在胶粒表面处反离子的浓度最大,胶粒表面向外的距离越大则反离子浓度越低,最终与溶液中离子浓度相等。向溶液中投加药剂,使溶液中离子浓度增加,则扩散层厚度减小,电位降低,胶体碰撞距离变小,胶粒由斥力为主变为引力为主,胶体得以迅速凝聚。

(2) 吸附电中和机理。吸附电中和作用是指胶粒表面对异号离子、异号胶粒或链状离子带异号电荷的部位都具有强吸附作用,由于这种吸附作用中和了它的部分电荷,减少了静电斥力,因而容易与其他颗粒接近而相互吸引,得以凝聚。

(3)吸附架桥作用机理。吸附架桥作用主要是指高分子物质与胶体的吸附与桥连。通常认为:当高分子链的一端吸附了某一胶粒后,另一端又吸附另一胶粒,形成"胶粒-高分子-胶粒"的絮凝体。高分子物质在这里起了胶粒之间相互结合的桥梁作用,故称吸附架桥作用。胶粒间的吸附作用来源于各种物理化学作用,如范德华引力、静电引力、氢键、配位键等。这个机理可以很好地解释高分子絮凝剂具有较好的絮凝效果的现象。

(4)沉淀物网捕机理。金属盐(硫酸铝、氧化铁等)或金属氧化物和氢氧化物(如氢氧化钙)当凝聚剂时,当投加量大到足以析出金属氢氧化物沉淀或碳酸盐沉淀时,水中胶体可被这些沉淀物在形成时所网捕。

CBA016 混凝动力学的概念

3. 混凝动力学

水体中的水分子在不停地进行热运动,分散在水中的各种固体颗粒都受到水分子热运动的撞击。大颗粒悬浮物如泥沙受到水分子同时撞击的次数很多,各个方面的撞击力可以平衡抵消,且颗粒质量大,故能在重力作用下自然下沉。胶体颗粒尺寸很小,受水分子同时撞击数少,各个方向的撞击力不能相互抵消,胶体颗粒本身的质量也相对较小,重力影响也小,因此胶体颗粒就在不断地撞击中做无规则的高速运动而不能下沉,这种运动称为"布朗运动"。天然胶体颗粒在布朗运动中的动力,一般都是小于斥力的,所以颗粒间无法因碰撞而相互接触凝聚,使胶体颗粒总是处于悬浮的稳定状态。

要使杂质颗位之间或杂质与混凝剂之间发生絮凝,一个必要条件是使颗粒相互碰撞。推动水中颗粒相互碰撞的动力来自两个方面:一是颗粒在水中的布朗运动;二是在水力或机械搅拌作用下所造成的流体运动。由布朗运动造成的颗粒碰撞聚集体称"异向絮凝",由流体运动造成的颗粒碰撞聚集称"同向絮凝"。

颗粒在水分子热运动的撞击下所做的布朗运动是无规则的,当颗粒完全脱稳后,一经碰撞就发生絮凝,从而使小颗粒聚集成大颗粒。由布朗运动造成的颗粒碰撞速率与水温及颗粒的数量浓度平方成正比,与颗粒的数量浓度平方成反比,而与颗粒尺寸无关。只有小颗粒才具有布朗运动,随着颗粒粒径增大,布朗运动将逐渐减弱,当颗粒粒径大于 $1\mu m$ 时,布朗运动基本消失。因此,要使较大的颗位进一步碰撞聚集,还要靠流体运动的推动来促使颗粒相互碰撞,即进行同向絮凝。

同向絮凝要求有良好的水力条件,其速率与颗粒直径的三次方成正比,与颗粒数量浓度平方成正比,与速度梯度一次方成正比。适当的紊流程度可为细小颗粒创造相互碰撞接触机会和吸附条件,并防止较大的颗粒下沉。紊流程度太强烈,虽然相碰接触机会更多,但相碰太猛,也不能互相吸附,并容易使逐渐长大的絮凝体破碎,因此,在絮凝体逐渐成长的过程中,应逐渐降低水的紊流程度。

控制混凝效果的水力条件,往往以速度梯度 G 值和 GT 值作为重要的控制参数。所谓 G 值就是水流的速度梯度,就是指两相邻水层的水流速度差和它们之间的距离之比。只有在相邻水层之间存在速度差,才能引起颗粒之间碰撞和接触,可以认为速度梯度 G 值实质上反映了颗粒碰撞的机会或次数。GT 值是速度梯度 G 与水流在混凝设备中的停留时间 T 之乘积,可间接地表示在整个停留时间内颗粒碰撞的总次数。

在混合阶段，异向絮凝占主导地位。药剂水解、聚合及颗粒脱稳进程很快，故要求混合快速剧烈，通常搅拌时间在10~30s，一般G值为500~1000s^{-1}。在絮凝阶段，同向絮凝占主导地位。絮凝效果不仅与G值有关，还与絮凝时间T有关。在此阶段，既要创造足够的碰撞机会和良好的吸附条件，让絮体有足够的成长机会，又要防止生成的小絮体被打碎，因此搅拌强度要逐渐减小，反应时间相对加长，一般在15~30min，平均G值为20~30s^{-1}，平均GT值为1×10^4~1×10^5。

（二）混凝剂

1. 混凝剂分类

> CBA001 混凝剂的分类

混凝剂的种类很多，按化学成分可分为无机和有机两大类。无机混凝剂品种较少，目前主要是铁盐和铝盐及其水解聚合物，但它在水处理中应用最多。有机混凝剂品种很多，主要是高分子物质，但在实际水处理的用量上，比无机的要少得多。

无机盐类混凝剂主要为铝盐、铁盐，它们可以水解阳离子，具有使胶体脱稳和起吸附桥架的作用，是普遍实用的混凝剂。

无机高分子混凝剂主要为聚合氯化铝、聚合硫酸铝和聚合氯化铁、聚合硫酸铁等，其作用机理与铝盐、铁盐类似，也是普遍使用的混凝剂。

有机高分子混凝剂有人工合成高分子混凝剂（聚丙烯酰胺）和各种天然高分子混凝剂（如水溶性淀粉），其作用以以吸附桥架作用为主，目前主要用于高浊度水的混凝预沉或其他混凝剂共同使用处理高浊度水或低温低浊水。

> CBA004 选用混凝剂的原则

2. 选用混凝剂的原则

应用于饮用水处理的混凝剂应符合基本要求为混凝效果良好、对人体健康无害、货源充足、使用方便、价格低廉。选择混凝剂的原则如下：

（1）应根据实验室的实验结果选定混凝剂与助凝剂的品种或参考类似原水条件下的现有水厂的运行经验确定；

（2）药品选择要立足当地产品，以易得和廉价为首选；

（3）最佳药剂和投加量必须通过实验确定；

（4）处理生活饮用水时药剂不得有对人体健康的有害成分，用于生产用水时，不得含有对生产有害的成分；

（5）如选有自行配制药剂以及利用工业废料生产的药剂，应取得省级以上部门的安全评价许可，还必须充分重视原料的卫生质量。

3. 混凝剂应用

> CBA005 无机类混凝剂的应用

1) 无机盐类混凝剂

常见的无机盐类混凝剂有铝盐、铁盐等。铁系混凝剂主要包括三氯化铁、硫酸亚铁等。三氯化铁和硫酸铁等无机低分子铁盐处理水时具有生成的絮体大、混凝性能受温度影响小、处理低温水或低浊水的效果比铝盐好等优点；但也存在着腐蚀性强、稳定性差，必须和碱性物质同时使用，残留于水中的铁会使处理后的水着色等缺点，因而在水处理中的应用受到了一定限制。铝盐混凝剂使用方便，但水温低时，水解困难，形成絮凝体比较松散，效果不如铁盐。

常用的无机盐类混凝剂见表 2-1-1。

表 2-1-1　常用的无机盐类混凝剂

体系	名称	化学式
铝系	硫酸铝 聚合氯化铝(PAC) 聚合硫酸铝(PAS)	$Al_2(SO_4)_3 \cdot 18H_2O$ $[Al_2(OH)_n Cl_{6-n}]_m (n=1\sim 5, m\leqslant 10)$ $[Al_2(OH)_n(SO_4)_{3-n/2}]_n$
铁系	三氯化铁 聚合硫酸铁(PFS) 聚合氯化铁(PFC)	$FeCl_3 \cdot 6H_2O$ $[Fe_2(OH)_n(SO_4)_{3-n/2}]_m (n<2, m>10)$ $[Fe_2(OH)_n Cl_{6-n}]_m$

(1) 硫酸铝。

硫酸铝有固、液两种形态，我国常用的是固态硫酸铝。固态硫酸铝有精制和粗制两种，精制硫酸铝为白色结晶体，相对密度约为 1.62，含量不小于 15%，不溶物杂质含量不大于 0.5%，价格较贵。粗制硫酸铝的含量不小于 14%，不溶杂质含量不大于 24%，价格较低，但质量不稳定，且因不溶杂质含量多，增加了溶液配制和废渣排除方面的操作麻烦。

采用固态硫酸铝的优点是运输方便，但增加了浓缩和结晶工序。如果水厂附近就有药剂制造厂，最好采用液态，可以节省浓缩、结晶的生产费用，降低药剂价格及制水成本。

硫酸铝使用方便，但水温低时，硫酸铝水解较困难，形成的絮凝体比较松散，效果不及铁盐混凝剂。

(2) 三氯化铁。

三氯化铁是铁盐混凝剂中最常用的一种，三氯化铁溶于水后和铝盐相似，水和铁离子也进行水解、聚合反应。在一定条件下，铁离子通过水解聚合可形成多种成分的配合物和聚合物。三氯化铁的混凝机理与硫酸铝相似，但混凝特性与硫酸铝略有区别，一般，三价铁适用的 pH 值范围较宽，形成的絮凝体比铝盐絮凝体密实，处理低温或低浊水的效果优于硫酸铝。

三氯化铁有多种制备方法，固体产品常用废铁屑氯化法、低共熔混合物反应法和四氯化铁副产法，液体产品多用铁屑盐酸法和一步氯化法。氧化方法有氯化、曝气等方法。生产上常用的是氯化法，反应如下：

$$6FeSO_4 \cdot 7H_2O + 3Cl_2 = 2Fe_2(SO_4)_3 + 2FeCl_3 + 7H_2O$$

根据反应式，理论投氯量与硫酸亚铁 ($FeSO_3 \cdot 7H_2O$) 量之比约为 1:8。为使氧化迅速而充分，实际投氯量应等于理论剂量再加适当余量 (一般为 1.5~2.0mg/L)。

固体三氯化铁是具有金属光泽的褐色结晶体，一般杂质含量少，市售无水三氯化铁产品中 $FeCl_3$ 的含量可达 92% 以上，不溶杂质小于 4%。液体三氯化铁中 $FeCl_3$ 的质量分数一般在 30% 左右，价格较低，使用方便，但成分较复杂，需经化验无毒后方可使用。

铁盐在水溶液中的性质基本上和铝盐相同。与铝系絮凝剂相比，铁系絮凝剂适应的 pH 值范围大，受水温影响小，形成铁的氢氧化物絮体快，且密度和强度更大，因而所形成的絮体沉降速度快，净水效果显著。

三氯化铁等铁盐由于酸性较强，对设备存在严重的腐蚀性，并且铁盐絮凝剂中亚铁离子与水中杂质可能会形成溶解性络合物，造成混凝处理出水带黄色，但由于铁系混凝剂价格便宜、对多种水质条件下悬浮颗粒的混凝沉淀效果显著，特别是在废污水处理中可以沉淀去除重金属、硫化物,生成的絮体矾花又可吸附去除水中难降解的油类和聚合物,并能有效降低水中磷含量,因此应用相当广泛。

铝盐和铁盐在水解过程中不断产生 H^+ 必将使水的 pH 值下降,要使 pH 值保持在最佳的范围内,应有碱性物质与其中和。当原水中碱度充分时还不致影响混凝效果,但当原水中碱度不足或混凝剂投量较大时,水的 pH 值将大幅度下降,影响混凝效果。此时,应投加石灰或碳酸氢钠等。

2) 无机高分子混凝剂

无机高分子混凝剂主要为聚合氯化铝、聚合硫酸铝和聚合氯化铁、聚合硫酸铁等,其作用机理与铝盐、铁盐类似,也是普遍使用的混凝剂。聚合铝混凝剂净化效率高,耗药量少,出水浑浊度低,色度小,过滤性能好,原水浑度高时效果尤为显著,温度适应性高,适用的 pH 值范围宽,pH 值在 5~9 的范围内都可使用。聚合铁混凝剂净化效率高,耗药量少,絮体生成快对水质的适应范围广以及水解时消耗水中碱度少,使用操作方便,对设备和管道腐蚀性小,劳动条件好,设备简单,操作方便,投加量小,制水成本较低。

聚合铁包括聚合硫酸铁(PFS)和聚合氯化铁(PFC)。聚合硫酸铁是碱式硫酸铁的聚合物,是一种红褐色的黏性液体。制备聚合硫酸铁有多种方法,但目前基本上都是以硫酸亚铁为原料,采用不同的氧化方法,将硫酸亚铁氧化成硫酸铁,同时控制总硫酸根与总铁的物质的量之比,使氧化过程中部分羟基(OH)取代部分硫酸根而形成碱式硫酸铁,碱式硫酸铁易于聚合而产生聚合硫酸铁。从经济上看,聚合硫酸铁常利用工业废酸和副产品硫酸亚铁生产。用聚合硫酸铁处理饮用水时,应经检验无毒无害时方可使用。

聚合铝包括聚合氯化铝(PAC)和聚合硫酸铝(PAS)等,目前使用最多的是聚合氯化铝。聚合氯化铝又名碱式氯化铝或羟基氯化铝,它是以铝灰或含铝矿物作为原料,采用酸溶或碱溶法加工制成的。由于原料和生产工艺不同,产品规格也不一致。聚合铝溶于水后即形成聚合阳离子,对水中胶粒起电性中和及架桥作用,作用机理与硫酸铝相似,但它的效能优于硫酸铝,在相同的水质条件下,投加量比硫酸铝少,对水的 pH 值变化适应性较强。

实际上,聚合氯化铝可看成氯化铝($AlCl_3$)在一定条件下经水解,聚合逐步转化成 $Al(OH)_3$ 沉淀物过程中的各种中间产物,一般铝盐,如 $Al_2(SO_4)_3$ 或 $AlCl_3$,在投入水中后才进行水解聚合反应,反应产物的物种受水的 pH 值及铝盐浓度影响。而聚合氯化铝在投入水中之前的制备阶段已发生水解聚合,投入水中后也可能发生新的变化,但聚合物成分基本确定,其成分主要决定于盐基度,聚合氯化铝的盐基度是指聚合物中氢氧根与铝离子物质的量的百分比的 1/3,以 B 表示:

$$B = \frac{n(OH)}{3n(Al)} \times 100\% \tag{2-1-1}$$

例如,$Al_2(OH)_5Cl$ 的盐基度 $B = \frac{5}{3 \times 2} \times 100\%$。

在制备过程中,控制适当的盐基度,可获得所需要的优质氯化铝。目前生产的聚合氯化铝的盐基度一般控制在 50%~80%。

3) 有机高分子混凝剂

有机高分子混凝剂有人工合成高分子混凝剂(聚丙烯酰胺)和各种天然高分子混凝剂

（如水溶性淀粉），其作用以吸附桥架作用为主。聚丙烯酰胺在处理高浑浊度水时效果明显，既可保证水质，又可减少混凝剂用量，是目前被认为处理高浑浊度水最有效的高分子絮凝剂之一，使用要先进行水解，需要进行有关试验以掌握水解比和水解时间，与混凝剂配合使用时，要进行试验以确定投加次序与投加量以发挥种药剂的最大效果，聚丙烯酰胺固体不易溶解，要在机械搅拌的情况下缓慢配制溶液，单体有毒性，用于生活饮用水时应注意投加量。

CBA009 聚丙烯酰胺的应用　在给水处理中人工合成高分子混凝剂的应用日益增多并居主要地位，这类混凝剂均为巨大的线性分子，每一个大分子由许多链节组成且常含带电基团，故又称为聚合电解质，按基团带电情况，可分为阳离子型（基团带正电荷）、阴离子型（基团带负电荷）和非离子型（基团不带电荷）。

非离子型聚合物的主要品种是聚丙烯酰胺，这是目前使用较多的人工合成有机高分子混凝剂。聚丙烯酰胺的聚合度可达数万，相应的相对分子质量也高达 10 多万，它的混凝效果在于对固体表面有强烈的吸附作用，在胶体颗粒之间形成桥梁。有机高分子混凝剂虽然效果好，但制造过程复杂，价格昂贵，另外，有机高分子的毒性也是人们关注的问题。所以，有机高分子混凝剂在饮用水的处理中使用尚不普遍，主要用于处理高浑浊度原水，效果显著。

根据不同的水质情况和处理要求，在使用聚丙烯酰胺前必须进行药剂筛选试验，以确定合适的聚丙烯酰胺品种和最佳用药量。聚丙烯酰胺在使用前需要配制成 0.05%~0.3% 的溶液，在配制时需要注意以下几点：

（1）避免接触铁器，配制时应在陶器、混凝、镀锌、铝制或塑料容器内进行，不可用浑浊或高硬度的水来溶解。

（2）不可高速或长时间搅拌，搅拌转速应低于 200r/s；开启搅拌后，在将固体聚丙烯酰胺分散加入水中。

（3）溶解温度不可高于 60℃。

（4）一次完成，若在悬浮液为高浓度和高黏度的场合，则须稀释称为约 0.01% 的溶液，这样更容易混合而发挥更好的效果。

（5）溶解设备一般为圆形，没有死角。

（6）聚丙烯酰胺溶液最好现用现配，溶液配置后应立即投加，以免降解失效。阳离子应在 1 天内使用，阴离子最好在 2 天内使用。

（7）溶解好的絮凝剂用螺杆泵、隔膜泵等低剪切泵输送，不宜使用离心泵。

（8）与无机混凝剂配合使用处理废水时，应先加入无机混凝剂，约 1min 后再加入聚丙烯酰胺系列产品，加入顺序不能颠倒，以免降低使用效果。

聚丙烯酰胺与聚丙烯酰胺水解体粉剂产品是处理高浑浊度水最有效的高分子絮凝剂之一，可单独作用，也可与普通絮凝剂配合使用，在处理含砂量高的高浑浊度水时，效果显著，聚丙烯酰胺投加量随原水含砂量增加而增加，稳定性与其浓度密切相关，配置时应以稳定为原则。投加浓度，从絮凝效果而言是越稀越好，但浓度太稀会增加投加设备，若配置液浓度过低，则稳定性差，易于降解而影响混凝效果。一般以 0.2% 的投加浓度为宜。工业溶液 2%，投加时借助水注射器再稀释 10 倍。

4. 聚合氯化铝性能

1) 聚合氯化铝各项指标检测

聚合氯化铝各项指标的检测按 GB 15892—2009《生活饮用水用聚合氯化铝》标准执行。该标准规定了水处理剂聚合氯化铝的技术要求、试验方法、检验规则、包装、标志、运输和储存,聚合氯化铝主要用于饮用水、工业用水和各种污水的处理。

其中用于饮用水用聚合氯化铝的原料盐酸应采用工业合成盐酸。聚合氯化铝的分子式为 $Al_n(OH)_mCl_{(2n-m)}$,$0<m<3n$。水处理剂聚合氯化铝指标应符合表 2-1-2 要求。

表 2-1-2 聚合氯化铝各项检测指标

项目	指标	
	液体	固体
氧化铝的质量分数	≥10.0%	≥29.0%
盐基度	40.0%~90.0%	
密度(20℃),g/cm³	≥1.12	—
不溶物的质量分数	≤0.2%	≤0.6%
pH 值(10g/L 水溶液)	3.5~5.0	
砷的质量分数	≤0.0002%	
铅的质量分数	≤0.001%	
镉的质量分数	≤0.0002%	
汞的质量分数	≤0.00001%	
六价铬的质量分数	≤0.0005%	

注:表中液体产品所列砷、铅、铬、汞、六价铬、不溶物指标均按氧化铝 10.0% 计算。氧化铝含量不小于 10% 时,应按实际含量折算成氧化铝 10.0% 产品比例计算各项杂质指标。

2) 聚合氯化铝特点

聚合氯化铝性能净化后的水质优于硫酸铝絮凝剂,净水成本与之相比低 15%~30%,其优点还有:

(1) 絮凝体形成快、沉降速度快,比硫酸铝等传统产品处理能力大。

(2) 消耗水中碱度低于各种无机絮凝剂,因而可不投或少投碱剂。

(3) pH 值在 5.0~9.0 均可凝聚。

(4) 腐蚀性小,操作条件好。

(5) 溶解性优于硫酸铝。

(6) 处理水中盐分增加少,有利于离子交换处理和高纯制水。

(7) 对原水温度的适应性优于硫酸铝等无机絮凝剂。

5. 混凝剂投加要求

混凝剂投加分为干法投加和湿法投加两种方式。干法投加是把药剂直接投放到被处理的水中。干法投加劳动强度大,投配量较难掌握和控制,对搅拌设备要求高,目前国内已很少使用。湿法投加是目前普遍采用的投加方式,是指将混凝剂配成一定浓度的溶液,直接定量投加到原水中。用以投加混凝剂溶液的投药系统包括溶解池、溶液池、计量设备、提升设备和投加设备等。干投法优点:对设备的腐蚀小,当投药量要求突变时易于调节,占地面积小,可以实现自动控制。湿投法优点:容易与水充分混合,不易堵塞,管理方便,容易调节投加量。

干投法的投加过程为:药剂储存—搬运—粉碎—提升—计量—投加。

湿投法的投加过程为:药剂储存—搬运—溶解—浓度配制—储液—计量—投加。

混凝剂投加的基本要求是投量准确,易于调节,设备简单,工作可靠,操作方便,对人体健康无害。

投药点的选择(指确定最合适的投加混凝剂的地点)必须满足以下要求:

(1)混凝剂与处理的原水必须在短时间内得到充分混合(一般在10~30s);

(2)混合后进入反应池前不宜形成可见大颗粒矾花;

(3)投药点与投药间距离应尽量靠近,便于投加。

CBA018 混凝剂投加系统的组成

6. 混凝剂投加系统的组成

混凝剂投加设备往往决定于水厂规模、混凝剂品种和投药方法。大、中型水厂通常建造混凝剂溶解池并配以搅拌装置。搅拌是为了加速药剂溶解。搅拌装置有机械搅拌、压缩空气搅拌及水力搅拌等,其中机械搅拌是以电动机驱动桨板或涡轮搅动溶液用得较多。压缩空气搅拌常用于大型水厂,它是向溶解池内通入压缩空气进行搅拌,优点是没有与溶液直接接触的机械设备,使用维修方便,但与机械搅拌相比,动力消耗较大,溶解速度稍慢。压缩空气最好来自自来水厂附近其他工厂的气源,否则需专设压缩空气机或鼓风机。用水泵自溶解池抽水再送回溶解池,是一种水力搅拌,水力搅拌也可用水厂本站二级泵站高压水冲动药剂,此方式一般仅用于中、小型水厂和易溶混凝剂。

药液投入原水中必须有计量或定量设备,并能随时调节。计量设备多种多样,计量设备有转子流量计、电磁流量计、苗嘴、计量泵等,应根据具体情况选用。苗嘴计量仅适用人工控制,其他计量设备既可人工控制,也可自动控制。苗嘴是最简单的计量设备,其原理是在液位一定下,一定口径的苗嘴,出流量为定值。

常用的投加方式:

(1)泵前投加:药液投加在水泵吸水管或吸水喇叭口处。这种投加方式安全可靠,一般适用于取水泵房距水厂较近的情况。

(2)高位溶液地重力投加:当取水泵房距水厂较远时,应建造高架溶液池利用重力将药液投入水泵压水管上,或者投加在混合池入口处。这种投加方式安全可靠,但溶液池位置较高。

(3)水射器投加:利用高压水(压力大于0.25MPa)通过水射器喷嘴和喉管之间真空抽吸作用将药液吸入,同时随水的余压注入原水管中。这种投加方式设备简单,使用方便,溶液池高度不受太大限制,但水射器效率较低,且易磨损。

(4)泵投加:泵投加有两种,一是采用计量泵(柱塞泵或隔膜泵),一是采用离心泵配上流量计。采用计量泵不必另备计量设备,泵上有计量标志,可通过调节计量泵行程或变频调速来改变加药量的多少,最适合用于混凝剂自动控制系统。

CBA019 混凝剂的投加规定

7. 混凝剂投加规定

固体混凝剂必须通过溶解配制后才能使药液达到一定浓度,液体混凝剂也必须经稀释到一定的浓度后才能投加使用。溶解和稀释都必须要有配药池、搅拌装置及计量手段。在实际生产应用中,一般用液位标尺作为计量工具,根据液位来计算配制浓度。一般使混凝剂的质量分数保持在 5%~10%,具体配成多大的浓度,要根据水厂的生产实际情况而定。一般情况下,每班次配制次数不宜多于 2 次,也不应少于 1 次。配制次数太多,工人劳动强度大,操作麻烦;配制次数少,药液储存时间长,容易发生水解,影响混凝效果。另外,对于生产中配制的浓度表示方法,一般是指单位体积药液中所含混凝剂的质量,用百分数表示。

混凝药剂配好后,应继续搅拌 15min,再静置 30min 以上方可使用。

混凝剂"最佳剂量",即混凝剂的最佳投加量,是指达到既定水质目标的最小混凝剂投加量。使用混凝法处理任何原水,都存在最佳絮凝剂和最佳投加量,由于影响因素较多,一般通过混凝烧杯搅拌实验来取得数据,试验包括快速搅拌、慢速搅拌和静止沉降 3 个步骤:投入的絮凝剂,经过快速搅拌迅速分散并与水样中的胶粒相接触,胶粒开始絮凝并产生微絮体;通过慢速搅拌,微絮体进一步互相接触长成较大的颗粒;停止搅拌后,形成的胶粒聚集体依靠重力自然沉降至烧杯底部。通过对混凝效果的综合评价,如絮凝体沉降性、上清液浊度、COD_{Cr}、色度、pH 值等,确定合适的絮凝剂品种及其最佳用量。试验时要做到原水和实际水质完全相同,絮凝剂种类、投加量、投加顺序和水力条件(主要是 GT 值)必须相同或接近。

8. 混凝剂的存储

1)药库布置的一般要求

(1)固体药库和液体药剂储存池的储备量应符合设计规范的规定,固定储备量视当地供应、运输等条件确定,一般可按最大投药量的 15~30 天用量计算,其周转储备量应根据当地具体条件确定(周转储备量是指药剂消耗与供应时间之间的差值所需的储备量)。

(2)药库宜与加药间合并布置,室外储液池应尽量靠近加药间。

(3)药库外设置汽车运输道路,并有足够的倒车道;药库一般设汽车运输进出的大门,门净宽不小于 3m。

(4)混凝剂堆放高度一般为 1.5~2.0m,采用石灰时可为 1.5m,有吊运设备时可适当增加。

(5)药库面积根据储存量和堆高计算确定,并留有 1.5m 左右宽的信道以及卸货的位置。

(6)为搬运方便和减轻劳动强度,药库一般设置电动葫芦或电动单梁悬挂起重机。

(7)药库层高一般不小于 4m,当设起吊设备时应通过计算确定;设计时应注意窗台的高度高于药剂堆放高度。

(8)应有良好的通风条件,并应防止药剂受潮。

(9)地坪与墙壁应根据药剂的腐蚀程度采取相应的防腐措施,对于储存量较大的散装药剂,可用隔墙分格。

2)混凝剂管理

(1)生活饮用水混凝剂的外包装上应有涂刷牢固清晰的标志,内容包括生产厂名、产品名称、商标、净质量、批号和生产日期、标准编号。

(2)生活饮用水用聚合氯化铝(固体)采用双层包装,内包装采用聚乙烯薄膜袋,厚度不小于 0.05mm,包装容积应大于外包装,每袋净重 25kg、50kg。

(3) 生活饮用水用聚合氯化铝 (液体) 采用聚乙烯塑料桶包装, 用户需要时, 生活饮用水用聚氯化铝 (液体) 也可用储罐装运。

(4) 生活饮用水用聚合氯化铝在运输途中应有遮盖物, 避免雨淋、受潮并保持包装完整标识清晰。

(5) 生活饮用水用聚合氯化铝应储存在通风干燥的库房内。液体产品保质期 6 个月, 固体产品保质期 12 个月。

3) 混凝剂储存

混凝剂根据水厂的条件储存 60 天的药剂用量, 药剂周转时要贯彻药剂以先进先出为原则, 防止积压过期, 合理投加使用药剂。加强对库存药剂的检查, 防止药剂变质失效, 对硫酸亚铁尤其应注意。当采用氯化铁作混凝剂时, 应注意检查设备的腐蚀情况, 及时进行防腐处理。堆放高度根据工人操作条件设置, 一般在 2.0m, 药剂之间要有适当的通道, 储存要做好以下 3 项工作:

(1) 药剂的进厂检验, 经送检合格后方可投入使用。值班人员应对入库药剂外观、内外标志、包装及衬垫等进行感官检验。值班人员进行药剂批次称重检验, 从总数中抽出本批次的 1% (不小于 10 袋), 验收不符合规定的不得入库, 通知送货方另行处理。合格的签收入库, 填写进库记录。

(2) 库房应保持阴凉、干燥、通风、避光。库存药剂应避免阳光直射、暴晒, 远离热源、电源、火源, 与库存药剂性质相抵的禁止同库储藏。

(3) 定期对库房净水药剂进行检查, 检查易燃物是否清理, 有无异常现象, 检查所用药剂包装有无损坏, 药剂有无受潮失效。

(三) 助凝剂

CBA011 助凝剂的定义

1. 定义

当单独投加混凝剂不能取得预期效果时, 需投加某种辅助药剂以提高混凝效果, 这种辅助药剂称为助凝剂。

从广义上讲, 凡是能提高和改善混凝作用效果的药剂均可称为助凝剂。由此可把助凝剂分为两类, 一类是上述高分子聚合物, 利用高分子聚合物的吸附架桥作用, 使矾花变得粗大而密实, 如聚丙烯酰胺、活化硅酸等; 一类是调节和改善混凝条件的药剂, 如氯气、石灰等。在水厂生产中, 有时往往在过滤前进行加氯或与混凝剂同时投加, 或在沉淀池、絮凝池进口投加, 这种加氯方式统称为"滤前加氯"或"预氯化"。在加混凝剂同时加氯, 可以氧化水中的有机物, 对于处理含有机物腐殖质的高色度的水, 可促进混凝效果。投加石灰主要是调节水的 pH 值, 提高水的碱度, 使混凝剂能更好地发挥混凝效果。

CBA012 助凝剂的作用

2. 作用

助凝剂通常是高分子物质, 它的作用是为了改善絮凝体结构, 促使细小而松散的絮粒变得粗大而密实, 作用机理是高分子物质的吸附桥架。例如, 对于低温、低浊水, 采用铝盐或铁盐混凝剂时, 形成的絮粒往往细小松散, 不易沉淀, 当投入少量活化硅酸时, 絮凝体的尺寸和密度就会增大, 沉速加快。

CBA013 助凝剂的分类

3. 分类

水厂内常用的助凝剂有骨胶、聚丙烯酰胺及其水解产物、活化硅酸、海藻酸钠等。助凝剂按所起作用又可分为3类:用于调整水的pH值和碱度的酸碱类(如生石灰,氢氧化钠);为了破坏水中有机物、改善混凝效果的氧化剂(如氯气);为改善某些特殊水质的絮凝性能而投加的助凝剂。

骨胶是一种粒状或片状动物胶,属高分子物质,相对分子质量在3000~8000。骨胶易溶于水、无毒、无腐蚀性,与铝盐或铁盐配合使用,效果显著,但价格比铝盐和铁盐高、使用时应通过试验和经济比较确定合理的骨胶、铁或骨胶、铝的投加量之比。此外,骨胶使用较麻烦,不能预制久存,需现场配制,即日使用,否则会变成冻胶。

CBA010 活化硅酸的应用

活化硅酸为粒状高分子物质,在通常的pH值下带负电荷。活化硅酸是硅酸钠(俗称水玻璃)在加酸条件下水解、聚合反应进行到一定程度的中间产物,故它的形态和特征与反应时间、pH值及硅浓度有关。活化硅酸溶液加酸后,即产生聚合反应,并能持续地进行,过长的活化时间将使生成的聚硅酸超越有效助凝范围,助凝效果反而不理想。一般采用的活化时间为1~1.5h,不超过2h,不少于45min。制备好的助凝剂溶液,必须在规定的有效时间内用去,一般有效助凝时间为4~12h。活化硅酸适用于硫酸亚铁与铝盐混凝剂,在使用时宜先投入活化硅酸,可缩短混凝沉淀时间,节省混凝剂用量,在原水浑浊度低、悬浮物含量少及水温较低(14℃以下)时使用,效果更为显著。在使用时要注意加注点,要有适宜的酸化度和活化时间。

海藻酸钠是多糖类高分子物质,由海生植物用碱处理制得,相对分子质量达数万以上,用以处理较高浊度的水效果较好,但价格昂贵,生产上使用不多。

聚丙烯酰胺及其水解产物是高浊度在处理中使用最多的助凝剂。投加这类助凝剂可大大减少铝盐或铁盐混凝剂用量,我国在这方面已有成熟经验。

(四)混合

混凝剂和原水的混合均匀与否是混凝效果好坏的基础。

CBA020 混合设备

在混凝过程中,所施功率或G值越大,颗粒碰撞速率越大絮凝效果越好。但G值增大时,水流剪力也随之增大,已形成的絮体又有破碎可能。应用这些理论,目前在研究开发新型混凝工艺和设备方面已有所发展。

1. 混合设备

对混合设备的基本要求:药剂与水的混合必须快速均匀。混合设备种类较多,我国常用的归纳起来有水泵混合、管式混合、机械混合3类。

水泵混合是我国常用的混合方式。药剂投加在取水泵吸水管或喇叭口处,利用水泵叶轮高速旋转以达到快速混合目的。水泵混合效果好,不需另建混合设施,节省动力,大、中、小型水厂均可采用。此方式不适三氯化铁作为混凝剂的投加作业(因三氯化铁对叶轮有轻微腐蚀),适用于水泵房距水处理构筑物较近的水厂。

管式静态混合器目前国内有3种型式,即螺旋桨片混合器、SMM型混合器及komax管式静态混合器,其中komax型管式混合器又可分为成对分流式、交流混合式、涡流反应旋流式等。另一种管式混合设备是扩散混合器,1983年由中国市政工程中南设计院研制。在混合器管内投药口处安装一个絮凝剂投配锥帽(喇叭扩散器),与前端孔板组成一个特殊的阻流结构,从而增强了管内水流紊动流态,使药剂溶液瞬时均匀扩散。该混合器多应用于进水管管径为$\phi 400$~800mm,最大管径可达$\phi 1200$mm,其长度大于500mm。锥帽喇叭扩散面积为进水管断面积的 1/4，而孔板的孔口面积为进水管断面积的 3/4。在混合器内混合时间仅 2s，设计流速以 1m/s 左右为宜。这种装置投药量可节省 10%~30%；絮凝沉淀性能好、能耗小、用材省、造价低。

机械混合池是在池内安装搅拌装置，以电动机驱动搅拌器使水与药剂混合的设备。这种混合池的混合时间一般控制在 10~30s，最大不超过 2min。机械混合池的优点是混合效果好，且不受水量变化的影响，缺点是增加了机械设备和相应的维修工作。

[CBA021 混合的基本要求] 2. 混合基本要求

混合是原水与混凝剂充分均匀混合的工艺过程。不同性质的混凝剂，对混合过程中的水力条件要求略有不同。

无机混凝剂加入原水后，要求迅速均匀地扩散到水中。这是因为无机混凝剂在水中的水解速度极快，能迅速形成絮体微粒。如不迅速和水均匀混合，势必使部分水中混凝剂较多，部分水中却很少，不能均匀全面地吸附水中杂质。同时当混凝剂和水混合时，胶体杂质的脱稳也随之完成，并借助颗粒的布朗运动和水流紊动进行絮集，水流若继续剧烈紊动，就将阻碍吸附作用的进行。因此混合时不但要求水流紊动剧烈，而且混合过程要快速完成，一般要求混合在 10~30s，最多在 2min 内完成。

对于高分子混凝剂，由于它们在水中存在的形式不受反应时间的影响，且作用机理主要是絮凝，故混合时主要是使药剂在水中均匀扩散，而对"快速"剧烈的要求并不重要。对混合设施的基本要求是：药剂与水的混合必须快速均匀。

[CBA022 混合的基本方式] 3. 混合基本方式

混合方式基本分为两大类：水力混合和机械混合。混合设施的种类很多，归纳起来可分为四类：水泵混合、管式混合、机械混合、水力混合池混合。

[CBA023 水力混合的特点] 1）水泵混合

水泵混合是我国常用的混合方式。药剂投加在取水泵吸水管或吸水喇叭口处，利用水泵叶轮高速旋转以达到快速混合的目的。水泵混合效果好，不需另建混合设施，节省动力，大、中、小型水厂均可采用。但当采用三氯化铁作为混凝剂时，若投量较大，药剂对水泵尤其是对叶轮有腐蚀作用。另外取水泵房距离水厂构筑物较远时，也不宜采用水泵混合，因为给水泵混合后的原水在长距离管道输送过程中，可能过早地在管道中形成絮凝体，已经形成的絮凝体在管道中一旦破碎，往往难以重新聚集，不利于后续絮凝。并且，当管中流速低时，絮凝体还可能在管道中沉淀，因此，水泵混合通常用于取水泵房靠近水厂处理构筑物的场合，两者间距不宜大于 150m。

[CBA024 机械混合的特点] 2）管式混合

最简单的管式混合是将药剂直接投加于水泵出水管路中，借助管中的流速进行混合。选用这种混合方式时，管中的液体流速不应小于 1m/s，投药后的管内水头损失不小于 0.3~0.4m。投药点至末端出口距离以不小于 50 倍的管道直径为宜。为提高混凝效果，可在管道内增设孔板或文丘里管。这种管道混合简单易行，无须另建混合设备，但混合效果不稳定，管中流速低时，混合不充分，效果不好。

目前广泛使用的管式混合器是静态混合器。混合器内按要求安装若干固定混合单元。每一个混合单元由若干固定叶片按一定角度交叉组成。水流和药剂通过混合器时形成涡旋,达到混合目的。这种混合器构造简单,无活动部件,安装方便,混合快速而均匀。管式混合器的口径与输水管道相配合,这种混合器水头损失稍大,但因混合好,从总体经济效益而言还是具有优势。唯一的缺点是当流量过小时效果下降。

3) 混合槽混合

混合槽(池)中进行混合有机械和水力两种方法。机械混合池是在池内安装搅拌装置,以电动机驱动搅拌器使水和药剂混合的。搅拌器可以是桨板式、螺旋桨式或透平式。机械混合池在设计中应避免水流同步旋转而降低混合效果。机械混合池的优点是混凝效果好,且不受水量影响,适用于各种规模的水厂;缺点是增加机械设备并相应地增加维修量。水力混合是利用水的流动作用使絮凝剂与水混合,节省动力,但有一定的水头损失。水力混合池多为钢筋混凝土结构,常用的有分流隔板式混合池、多孔隔板式混合池、来回隔板混合池和涡流式混合池等。

二、浮沉工艺

(一) 沉淀工艺

实际运行的沉淀池与理想沉淀池是有区别的,主要是池进口及出口构造的局限使水流在整个横断面上分布不均匀,横向速度分布不均比竖向速度分布不均更降低沉淀效率,且还存在着紊流、短流、偏流、回流等各种有害流态,悬浮物的沉降也是属于不同程度的非理想沉淀。一些沉淀池还存在死水区;由于水温变化及悬浮物浓度的变化,进入的水可能在池内形成股流,如当进水温度比池内低、进水密度比池内大,则形成潜流,相反则出现浮流。潜流和浮流都使池内容积无法得到充分利用。此外,池内水流往往达不到层流状态,紊流扩散与脉动使颗粒的沉淀受到干扰。

水流的紊动性用雷诺数 Re 判别,该值表示推动水流的惯性力和黏滞力两者之间的对比关系:

$$Re = \frac{vR}{r} \qquad (2-1-2)$$

式中 v ———水平流速,m/s;

R ———水力半径,m;

r ———水的运动黏度,m²/s。

一般认为,在明渠流中,$Re>500$,水流呈紊流状态。沉淀池中,通常要求降低雷诺数以利于颗粒下沉。

[CBB002 沉淀的原理]

水中悬浮物依靠重力作用,从水中分离出来的过程称为沉淀。沉淀过程就是让原水或经过加药、混凝后的水通过沉淀设备,依靠重力分离作用,使水中的泥沙或矾花颗粒沉降下来,使水由浑变清,利用沉淀工艺以达到净水目的。

1. 沉淀类型

按水中固体颗粒的性质分类,沉淀可分为以下 3 类:

[CBB003 沉淀池的类型]

(1) 自然沉淀:原水中不加混凝剂,完全借助颗粒自身重力作用在水中下沉的过程。在处理高浑浊度原水时,由于原水含泥量很高,采用预沉池使大量泥沙沉降下来,这种工艺就属自然沉淀。

(2) 混凝沉淀：原水中常有细小悬浮物或胶体杂质，它们不能靠自身下沉，这时要向水中投加混凝剂，经过混凝可形成大而重的矾花，借助重力在水中下沉的过程。

(3) 化学沉淀：在某些特殊水的处理中，投加药剂使水中溶解杂质结晶后沉淀的过程。

2. 沉淀池

沉淀池是水处理常用的去除悬浮物的构筑物，其构造以及运行参数均根据沉淀的原理演算设计的。

1) 理想沉淀池

CBB001 理想沉淀池的机理

(1) 理想沉淀池机理。

在理想沉淀池中将悬浮颗粒的沉降速度看作是一个常量，同时每一尺寸悬浮颗粒在垂直向上各点的浓度相同。理想沉淀池应符合以下3个假定：

① 颗粒处于自由沉淀状态。即在沉淀过程中，颗粒之间互不干扰，颗粒的大小、形状和密度不变，因此，颗粒的沉速始终不变。

② 水流沿水平方向流动。在过水断面上，各点流速相等并在流动过程中流速始终不变。

③ 颗粒沉到池底即认为已被去除，不再返回水流中。

(2) 理想沉淀池沉淀过程分析。

图 2-1-1 为理想沉淀池的示意图。理想沉淀池包括流入区、流出区、沉淀区和污泥区。

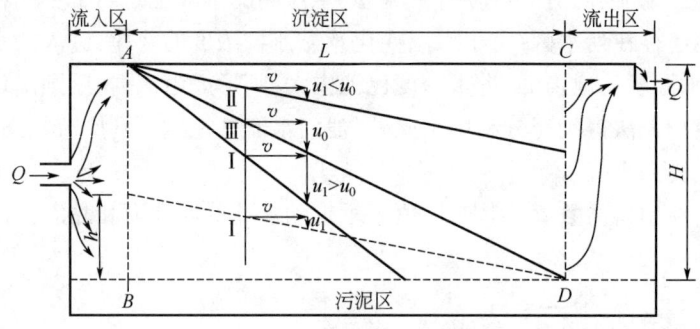

图 2-1-1　理想沉淀池示意图

从池中的点 A 进入的颗粒运动轨迹是水平流速 v 和颗粒沉速 u 的矢量和。这些颗粒中，必存在着某一种颗粒，沉速为 u_0，它从池顶 A 点开始下沉而刚好能沉到池底最远处 D 点，如图 2-1-1 轨迹Ⅲ所代表的颗粒所示。故可得关系式(2-1-3)：

$$\frac{u_0}{v} = \frac{H}{L} \tag{2-1-3}$$

式中　u_0——颗粒沉速 m/s；

　　　v——水流速度，即颗粒的水平分速 m/s；

　　　H——沉淀区水深，m；

　　　L——沉淀区长度，m。

显然，沉速 $u_1 \geq u_0$ 的颗粒，都可在 D 点前沉淀，如图 2-1-1 轨迹Ⅰ所代表的颗粒所示。沉速 $u_1 < u_0$ 的颗粒，视其在流入区所处的位置而定。若靠近水面则不能被去除，如图 2-1-1 轨迹Ⅱ实线所代表的颗粒所示；若靠近池底就能被去除，如图 2-1-1 轨迹虚Ⅱ线所代表的

颗粒所示。

轨迹Ⅲ所代表的颗粒沉速 u_0 具有特殊意义,一般称为截留沉速,实际上,它反映了沉淀池所能全部去除的颗粒中最小颗粒的沉速。

水平流速 v 和沉速 u_0 都与沉淀停留时间 t 有关:

$$t = \frac{V}{Q} = \frac{L}{v} = \frac{H}{u_0} \quad (2\text{-}1\text{-}4)$$

则

$$v = \frac{Q}{HB} \quad (2\text{-}1\text{-}5)$$

式中　Q——沉淀池设计流量,m^3/s;
　　　H——沉淀池宽度,m;
　　　B——沉淀池容积,m^3。

由此可以导出:

$$\frac{Q}{A} = u_0 = q \quad (2\text{-}1\text{-}6)$$

式中　A——沉淀表面积,m^2;
　　　q——表面负荷或溢流率,$m^3/(m^2 \cdot s)$。

表面负荷表示在单位时间内通过沉淀池单位表面积的流量,单位为 $m^3/(m^2 \cdot s)$ 或 $m^3/(m^2 \cdot h)$,其数值等于截留沉速,但含义却不同。

去除率可由式(2-1-7)计算:

$$E = \frac{v_i}{Q/A} \quad (2\text{-}1\text{-}7)$$

由式(2-1-7)可知悬浮颗粒在理想沉淀池中的去除率只与沉淀池的表面负荷有关,而与其他因素,如水深、池长、水平流速和沉淀时间等均无关。

2)平流沉淀池

(1)平流沉淀池构造。

CBB005 平流沉淀池的构造

平流沉淀池是应用较久的净水构筑物,它结构简单、造价较低、操作管理方便、处理效果稳定,但占地面积较大,故适用于大中型水厂。平流沉淀池可分为进水区、沉淀区、存泥区和出水区四部分。

① 进水区。进水区的作用是将反应后的水引入沉淀池,为使水流均匀分布于整个截面上,一般采用穿孔墙,平流沉淀池与絮凝池之间有穿孔导管墙。为防止絮凝体破碎,孔口流速不宜大于 0.2m/s。为保证穿孔墙的强度,洞口总面积也不宜过大。洞口的断面形状宜沿水流方向渐次扩大,以减少进口的射流。

② 沉淀区。沉淀区是沉淀池的主体,沉淀作用在这里进行,其主要尺寸取决于水厂净水构筑物的高程布置,沉淀区的高度一般约 3~4m,沉淀区的长度 l 决定于水平流速 v 和停留时间 t,即 $l=vt$,沉淀区的宽度决定于流量 Q,池深 h 和水平流速 v,即 $b=Q/(hv)$。为了取得较好的沉淀效果,根据经验,长宽比小于 4,长深比宜大于 10,但还应核算表面负荷。

③ 出水区。沉淀后的水应尽量在出水区均匀流出,出口装置尽量能收集上层清水,一

一般采用穿孔集水装置和堰流式装置，同时可增加出水堰长度来保证出口均匀。

④ 存泥区和排泥措施。存泥区的作用是积存下沉污泥，排泥方式有斗形底排泥，穿孔管排泥及机械排泥等。若采用斗形底或穿孔管排泥，则需存泥区，但目前平流沉淀池基本上采用机械排泥装置，故设计中往往不考虑存泥区，池底水平但略有坡度以便放空。机械排泥装置可充分发挥沉淀池容积利用率，且排泥可靠，一般应用于大中型水厂。

(2) 平流式沉淀池的设计指标。

设计平流沉淀池的主要控制指标是表面负荷或停留时间。从理论上说，采用前者较为合理，但是以停留时间作为指标所积累的经验较多。设计时应两者兼顾，或者以停留时间控制，以表面负荷校核，或者相反也可。沉淀池的停留时间或表面负荷的选用，应根据原水水质、沉淀水水质要求、水温等设计资料，并参考相似条件下已有沉淀地的运行经验确定，停留时间一般采用1~3h。

CBB008 斜板（管）沉淀池的类型

3) 斜板（管）沉淀池

斜板（管）沉淀池由进水穿孔花墙、斜板（管）装置、出水渠、沉淀区和污泥区组成。斜板（管）沉淀池是根据"浅层沉淀理论"发展起来的，过去曾经把普通平流式沉淀池改建成多层多格的池子，使沉降面积增加。由于沉淀区设有斜板或斜管组件，斜板（管）沉淀池的排泥只能依靠静水压力排出。斜板沉淀池是由与水平成一定角度（一般60°左右）的众多斜板置于沉淀池构成的，水从下向上流动（也有从上向下，或水平方向流动），颗粒则沉于斜板底部。当颗粒累积到一定程度时，便自动滑下。将斜板（管）沉淀池布置在平流沉淀池中极大地提高了平流式沉淀池的沉淀效率，是改造平流式沉淀最有效的技术途径。

(1) 斜板（管）沉淀池类型。

按照斜板（管）中泥水流动方向，斜板（管）沉淀池可分成异向流、同向流和侧向流3种形式，其中以异向流应用最广。异向流斜板（管）沉淀池因水流向上流动，污泥下滑，方向各异而得名。

按沉淀的水流方向可把沉淀池分为平流式、竖流式、横流式、径流式等多种形式。

(2) 斜板（管）沉淀池工艺参数。

① 斜板（管）内停留时间一般控制在2~5min。

② 斜板（管）的宽度一般为0.9~1m。

③ 向流式斜板（管）沉淀池流速垂直上升流速一般控制在2.5~3.0mm/s。

④ 上向流式斜板（管）沉淀池的上升流速小于5mm/s时，斜管沉淀池与斜板沉淀池沉淀效果相当；当上升流速大于5mm/s时，斜管优于斜板。

⑤ 上流式斜板（管）沉淀池的运行操作与平流式沉淀池大体相同，但混凝剂的投加不可中断，同时要及时排泥。

CBB009 斜板（管）沉淀池的特点

(3) 斜板（管）沉淀池特点。

斜板（管）沉淀池的特点：沉淀效率高，池体小，占地少，可用于各种规模水厂，宜用于沉淀池的改建、扩建。

(4) 斜管沉淀池的设计要求：

① 斜管沉淀池的底部配水区高度不宜小于1.5m，以便均匀配水。为了使水流均匀地进入斜管下的配水区，絮凝池出口一般应考虑整流措施，可采用缝隙栅条配水或穿孔墙配

水,出口流速在 0.15m/s 以下。

② 斜管倾角越小,则沉淀面积越大,沉淀效率越高,但对排泥不利,生产上一般都采用 60°。

③ 斜管沉淀池的表面负荷 q 是一个重要的技术经济参数,可表示为:

$$q = \frac{Q}{F} \qquad (2-1-8)$$

式中　Q——流量,m^3/h;
　　　F——沉淀池清水区表面积,m^2。

④ 排泥设施。

斜管沉淀池的排泥设施有 3 种:①中小型规模的池子,采用穿孔管放在 V 形槽内,排泥槽高度最适宜在 1.2~1.5m;②用小斗虹吸排泥;③较大的池子,可采用机械排泥。

⑤ 清水区和集水系统。为了集水均匀,清水区深度一般可在 0.8~1.0m,集水系统可分穿孔集水管和集水槽。

4) 沉淀池集水槽的作用

无论何种沉淀池,它的作用都是固液分离。在沉淀池的设计上,因固体具有下沉的趋势,故液相的流向或与之相反,或与之相垂直,在液相流向方向一定距离形成固液分离区域。沉淀后的水应尽量在出水区均匀流出,出口装置尽量能收集上层清水,一般采用穿孔集水装置和堰流式装置,同时可增加出水堰长度来保证出口均匀。固液分离后的液相需排出沉淀池,集水槽就是通过集水堰板以缓慢的流速、均匀地将液相收集在槽内并按照规定的方向排出沉淀池。集水槽的设计主要是控制与布水区域的距离以及集水堰的线负荷。与布水区域的距离应保证沉淀物与水的分离。集水堰的线负荷即每米长度的堰的过水流量,该值越小,说明出水对沉淀物的扰动就越小。有时,为了防止漂浮物随水流出,在堰板前设挡渣板。

3. 沉淀池排泥方式

1) 沉淀池排泥的分类

其中存泥区的作用是积存下沉污泥,排泥方式有斗形底排泥、穿孔管排泥及机械排泥等。若采用斗形底或穿孔管排泥,则需存泥区,但目前平流沉淀池基本上采用机械排泥装置,故设计中往往不考虑存泥区,池底水平但略有坡度以便放空。机械排泥装置可充分发挥沉淀池容积利用率,且排泥可靠,一般应用于大中型水厂。

排泥操作有两种方式:间歇刮(排)泥和连续刮(排)泥。平流式初沉池采用桁车刮泥机时,一般间歇刮泥;采用链条式刮泥机时,则既可间歇也可连续刮泥。刮泥周期长短取决于污泥的量和质,当污泥量大或已腐败时,应缩短周期,但刮板行走速度不能超过其极限,即 1.2m/min,否则会搅起已沉淀污泥。连续刮泥易于控制,但链条和刮板磨损较严重。辐流式初沉池沉降在池底的泥沙采用机械方法排除。辐流式初沉池周边沉淀的污泥要较长时间才能被刮板推移到中心泥斗,一般需采用连续刮泥。采用周边刮泥机时,周边线速度不可超过 3m/min,否则周边沉淀污泥会被搅起。

2) 排泥系统

对排泥操作的要求是既要把污泥排净,又要使污泥浓度较高。平流式初沉池采用刮泥机时,其间歇刮泥、排泥周期时间一致,协同操作,初沉池排泥含固量可达到 3% 左右,当有部分剩余活性污泥进入沉淀池产生良好的絮凝作用时,排泥含固量可达5%,排泥时间长短取决于污泥量、排泥泵流量和浓缩池要求的进泥浓度。机械排泥装置可充分发挥沉淀池容积利用率,且排泥可靠,一般应用于大中型水厂。排泥时间确定方法:在排泥开始时,从排泥管定时连续取样测定含固量变化,直至含固量降至基本为零,所需时间即排泥时间。大型污水处理厂一般采用自动控制排泥,多用时间过程控制,即定时开停排泥泵或阀,这种方式不能适应泥量的变化。较先进的排泥控制方式是定时排泥,并在排泥管路上安装污泥浓度计或密度计,当排泥浓度降至设定值时,泥泵自动停止。PLC自控系统能根据积累的污泥量和设定的排泥浓度自动调整排泥时间,既不降低污泥浓度,又能将污泥较彻底地排除。

滤池冲洗废水由排水槽、排水渠排出,在过滤时,作为布水之用,在冲洗时作为排水系统。排泥水处理系统由排水槽和废水渠组成,由洗砂排水槽、废水渠和排污管排出。

3)排泥周期不合理对SS去除率的影响

排泥周期不合理,池内积沙或浮渣太多,或者由于设备本身故障,可能堵塞排泥管,影响刮泥机、排泥泵正常工作,导致去除率降低,直接影响出水浊度。对策:调整缩短排泥周期。

4)平流沉淀池导流墙的作用

平流沉淀池采用导流墙将平流式沉淀池进行纵向分格可减小水力半径。降低池中水流的Re数和提高水流的F_r数可改善水流条件。

(二)气浮工艺

气浮法是一种快速固、液分离法,它仅仅在十几分钟内即可完成固、液分离,而且出水浑浊度低、出水水质稳定,即使一般认为不易沉淀的细小矾花也能被气泡托起上浮去除。

1. 气浮法的工作原理

气浮池包括配水区、接触区、浮渣层、分离区、清水区、出水渠6个部分。气浮过程是水、气泡和矾花,即液、气、固三相接触的作用过程,固体颗粒的憎水性强,就易于固、气相黏附,所以对水中的固体颗粒(即杂质)必须进行憎水化处理,即必须向水中投加适当的混凝剂,从而形成憎水性的矾花。这种憎水性矾花极易与表面带负电荷的微气泡黏附,进而形成上浮的矾花与水分离。

2. 气浮法的工艺过程

气浮法的工艺过程是将压力水与压缩空气同时注入溶气罐内,使水被压缩空气所饱和,制取压力溶气水,然后将其引入气浮池的接触室,经溶气释放器,在水体中造成压力溶气水骤然减压,以释放出大量微气泡。这些气泡与经过加药絮凝后的矾花粘在一起,因密度小于水而浮至水面,成为浮渣被排除,从而使水得到净化。溶气压力是气浮运行的关键之一,溶气压力一般为0.3~0.5MPa。溶气释放器是气浮法净水效果的关键,它要求产生的气泡细微,均匀且稳定。若溶气压力过高,就会出现过多的剩余气泡。运行经验证明,溶气压力大小与水温有关。

3. 气浮工艺特点

(1)气浮法适用于处理低温水、低浊度水、含藻类较多或含有机质较多的原水。这类原水所含有的杂质颗粒细小,加注混凝剂后形成的矾花小而轻,易被气泡托起。

(2)气浮法是一种快速固、液分离法,它仅仅在十几分钟内即可完成固、液分离,而且出水浑浊度低、出水水质稳定,即使一般认为不易沉淀的细小矾花也能被气泡托起上浮去除。

(3)气浮法与沉淀池、澄清池的停留时间和总高度相比,水在气浮池停留时间最短,池深最浅,因此,单位面积的产水量高,池子容积及占地面积小,造价低。

(4)由于借助气泡进行固、液分离,泥渣含水率低,排除方便,但浮渣中有较多微小气泡,故当浮渣不做污泥处理直接排入水体时,易漂浮水面,给环境造成一定的影响。

4. 影响气浮净水效果的主要因素

(1)矾花结构。矾花结构要求疏松,因此投加混凝剂是必要的,但投药量不必很大。

(2)气泡尺寸。气泡尺寸越小,达到吸附平衡所需要的时间越短,此外,大气泡上升速度快,不仅会打碎矾花颗粒,而且会造成水流旋涡,严重地干扰矾花的稳定上升,因此,产生微细气泡的设备对净水效果十分重要。

(3)气泡数量。实践表明,气浮法需要有一定量的微气泡,一般气水比要大于1%,与之相应的溶气水回流比不小于5%~12%。

(4)絮凝条件。混凝时间对生成的絮体粒径有很大关系,气浮法要求絮体的粒径、结构与沉淀或澄清对絮体的粒径、结构的要求完全相反,它需要产生的絮体细而密。这对矾花的快速生成十分重要。

(三)澄清池

水处理的混凝处理工艺包括水和药剂的混合、反应及絮凝体与水的分离3个阶段。澄清工艺就是集上述3个过程于一体的一种水处理工艺形式。

1. 澄清池的工作原理

原水通过混凝和沉淀,最终达到泥水分离,也就是说水中脱稳杂质通过碰撞结合成相当大的絮凝体,然后,在沉淀池内下沉。澄清池则是将混合、反应、沉淀3个工艺结合在一起的构筑物。

通常在澄清池开始运转时,在原水中加入较多的混凝剂,并适当降低负荷,经过一段时间运转后,逐步形成泥渣层。当脱稳杂质随水流与泥渣层接触时,便被泥渣层阻留下来,使水获得澄清,这种把泥渣层作为接触介质的过程,实际上也是絮凝过程,一般称为接触絮凝。在絮凝的同时,杂质从水中分离出来,清水在澄清池上部被收集。当原水浑浊度降低时,为了加速泥渣层的形成,也可人工投加黏土。

从泥渣充分利用的角度而言,平流式沉淀池单纯为了颗粒的沉降,池底沉泥还具有相当的接触絮凝活性未被利用。澄清池则充分利用活性泥渣的絮凝作用,澄清池的排泥措施能不断排除多余的失去活性的泥渣,其排泥量相当于新形成的活性泥渣量。泥渣层始终处于新陈代谢状态中,使泥渣层始终保持接触絮凝的活性。

2. 澄清池类型

澄清池一般按接触絮粒形成的方式可分为泥渣过滤型和泥渣循环型两种澄清池。

泥渣过滤型澄清池的工作情况是,加药后的原水从下向上流过处于悬浮状态的泥渣层,水中杂质和泥渣颗粒碰撞,发生絮凝和吸附,泥渣颗粒逐渐增大,沉速随之增加,因此,虽然澄清池上升流速较高,泥渣也不会被带走。泥渣层中已失去了吸附和凝聚能力的泥渣被及时排除,使澄清池始终保持较高的出水量和较好的水质。目前使用的悬浮澄清池就是这种类型。脉冲澄清池是在悬浮澄清池基础上加以改进的一种澄清池,其净水原理与悬浮澄清池相同。脉冲澄清池对大、中、小水量均可适应,池体可做成方形或长方形,也适用于圆形立式沉淀池或平流沉淀池的改建。

泥渣循环澄清池是利用机械或水力搅拌,使泥渣在池内不断循环。泥渣在循环的过程中,可以更好地发挥泥渣的接触絮凝和吸附水中杂质的作用,泥渣在循环过程中颗粒变大,沉速不断加快,从而提高澄清效果。机械加速澄清池和水力循环澄清池就属于这种类型的澄清池。

三、过滤工艺

过滤是给水处理工艺的最后一道工序,占有至关重要的地位。过滤是水通过滤料层截留水中悬浮杂质从而使水进一步变清的工艺过程,有多种过滤方式,例如硅藻土、涂膜过滤及微滤机过滤等。滤池通常置于沉淀池或澄清池之后,进水浑浊度一般在 10NTU 以下。滤出浑浊度必须达到饮用水标准。当原水浑浊度较低(一般在 100NTU 以下),且水质较好时,也可采用原水直接过滤。

(一)过滤机理

1. 过滤目的

过滤的目的是要去除沉淀或澄清后水中的剩余浑浊度,它是净水厂常规净化工艺中去除悬浮物质的最后一道工序。过滤的功能,不仅在于进一步降低水的浑浊度,而且水中有机物、细菌,甚至病毒随浑浊度的降低而被大量去除,至于残留滤后水中的细菌、病毒等失去浑浊物的保护或依存而大部分呈裸露状态时,在滤后消毒中也将很容易被杀死,这就为滤后消毒创造有利条件。在饮用水的净化工艺中,有时沉淀池或澄清池可省略,但过滤是不可缺少的,它是保证饮用水卫生安全的重要措施。

2. 滤速

滤速是表示滤池工作强度的一项重要指标,指过滤时水流通过滤层水位下降的速度,或者可以说是滤池单位面积上的流量负荷,即指每平方米滤池面积在一个小时内滤过的水量(m^3),所以有时也称"滤率",单位以 m/h 表示。因此滤速的计算公式为:滤速(m/h)= 测定时间内水位下降值(m)/测定时间(s)×3600。

在相同出水量条件下,滤速选用大些,滤池面积可以相应小些,投资可以节省。但滤速过高,若不采取相应措施,将可能引起滤后水水质不合格、工作周期缩短、冲洗次数增加等问题。因此,滤速是控制投资及影响水质和运行管理的重要指标。当滤池采用石英砂滤料时,设计滤速一般采用 8~12m/h,当采用双层滤料时,一般采用 12~16m/h。

3. 滤池的运行方式

滤池的运行方式有 3 种:恒压过滤、恒(等)速过滤、降(变)速过滤。

1)恒压过滤

在恒压过滤中,整个过滤周期的使用水头保持不变。过滤开始时,滤池的滤层透水性最高,从而滤速最快,随着滤层被杂质堵塞,滤池透水性逐渐降低。由于使用水压不变,因而过滤水量必然逐渐减少。恒压过滤一方面对保证滤后水水质不利,另一方面需要建造相当大的调节水池,故在水厂中已很少采用。

2) 恒(等)速过滤

在恒速过滤过程中,作用在滤池系统的使用总压降虽然保持不变,但由于设置的流量调节器所起的调节作用,滤速也维持不变。当过滤开始时滤层清洁,流量调节器的阻力最大;随着过滤的继续进行,滤层逐渐被杂质所堵塞,流量调节器的阻力相应逐渐减小,这样就保持了用于克服过滤的阻力恒定不变,滤速也就保持不变。在允许滤池水位自由变化的情况下,在滤池的进水端装设自由跌落堰室以保持进水流量恒定的方法也可以获得恒速过滤。由于流量一定,滤池水面则随过滤阻力的增加而自动上升,滤池滤速也就保持不变,虹吸滤池就是属于这种控制方式。国内二十世纪三四十年代建造的水厂中,采用流量调节器的方法来达到恒速过滤,但由于无法提高滤速,目前都已拆除流量调节器,利用调节清水管上清水阀的开度检验滤池中滤料层的阻力变化。

CBC002 等速过滤的概念

在恒速过滤状态下,水头损失随时间增加而逐渐增加,滤池中的水位逐渐上升,当水位上升到最高允许水位时,过滤停止以待冲洗。

冲洗后,刚开始过滤时,滤层水头损失 h_0,当过滤时间为 t 时,滤池中水头损失增加 Δh_t,于是过滤时滤池的总水头损失为:

$$h_t = h_0 + h + \Delta h_t \tag{2-1-9}$$

式中 h_0——清洁滤层水头损失,cm;

h——配水系统,承托层布管(渠)水头损失之和,cm;

h_t——在 t 时间的水头损失增值,cm。

式中 h_0 和 h 在整个过滤中保持不变,Δh_t 与 t 的关系实际上反映了滤层截留杂质质量与过滤时间的关系,亦即滤层孔隙率的变化与时间关系。根据实验,Δh_t 与 t 一般呈直线关系。由于过滤情况较复杂,目前虽然不少学者提出一些数学公式,但与生产实际都有相当差距。

CBC003 变速过滤的概念

3) 降(变)速过滤

降速过滤又称变速过滤。降速过滤的滤池进水口设在最低工作水位以下,并由共享的进水管(或渠道)连通所有滤池,在每个滤池的进水管上装置大口径浑水进水闸门,这种布置方式使进水总管和进水阀门水头损失很小,因而所有运转滤池的工作水位在任何时候都基本相同。由于所有滤池共享一根进水管配水,因此,当某个滤池被杂质堵塞而滤速下降时,就迫使其余的运转滤池自动承担起滤层被堵塞的滤池所转移给它的额外流量。此种运行方式使过滤后期滤速逐渐减慢。它的优点在于出水水质较稳定,水头损失较小。但需要较大的进水阀门,近年来国内开发的移动冲洗罩滤池属降速过滤池。

在相同条件下,当平均滤速相等时,无论是在工作周期方面还是滤后水质方面,变速过滤都要比等速过滤处理效果好。因为它满足以下要求:过滤初期,滤层比较清洁,截污能力强,滤速适当提高是允许的;过滤后期,滤层截污能力减小,为防止杂质穿透滤层而恶化滤后水质,降速过滤是合理的。因此,目前的快滤池基本上都采用变速过滤。

4. 颗粒黏附

黏附作用是一种物理化学作用,水中颗粒迁移到滤料表面上时,在范德华引力和静电力相互作用以及某些化学键和某些特殊的化学吸附力下,被黏附于滤料颗粒表面上,或者黏附在滤料表面原先黏附的颗粒上。此外,絮凝颗粒的架桥作用也会存在。黏附过程与澄清池中的泥渣所起的黏附作用基本类似,不同的是滤料为固定介质,排列紧密效果更好。因此,黏附作用主要决定于滤料和水中颗粒的表面物理化学性质,未经脱稳的悬浮物颗粒,过滤效果很差。基于这一概念,过滤效果主要取决于颗粒表面性质而无须增大颗粒尺寸。相反,如果悬浮颗粒尺寸过大而形成机械筛滤作用,反而会导致表面滤料孔隙很快堵塞。不过,在整个过滤过程中,特别是过滤后期,由于滤层中孔隙尺寸逐渐减小,表面滤料的筛滤作用也不能完全排除。

5. 接触凝聚

在原水中投加凝聚剂,压缩悬浮颗粒和滤料颗粒表面的双电层后,但尚未生成微絮凝体时,立即进行过滤。此时水中脱稳的胶体很容易与滤料表面凝聚,即发生接触凝聚作用。接触凝聚是主要的附着机理。

（二）滤池

1. 滤池分类

滤池根据滤池设备各种机能变化可以分成很多类型。

（1）滤池按过滤的滤速分:慢滤池、快滤池。

（2）滤池按冲洗方式分:虹吸滤池、无阀滤池、普通滤池、移动冲洗罩滤池以及用气水冲洗的V形滤池等。

（3）滤池按控制机能分:无阀滤池、单阀滤池、双阀滤池、四阀滤池等。

（4）滤池按滤层结构分:单层滤池、双层滤池、三层滤池等。

（5）滤池按水力条件分:重力式滤池和压力式滤池。

滤池虽然种类繁多,但目前使用较普遍的有普通快滤池(有双阀和四阀)、虹吸滤池和移动冲洗罩滤池。从法国引进的V形滤池在我国也有使用。

2. 滤料

1) 滤料选择

滤料层是滤池的最基本组成部分。好的滤料层应具有截留悬浮物的容量大、滤后水的浑浊度低、反冲洗时容易下沉等性能。这三种性能是不易兼顾的,因而要权衡考虑选择合适的滤料。滤料应符合以下条件:

（1）具有足够的机械强度,以防冲洗时滤料产生磨损和破碎现象。

（2）具有足够的化学稳定性,以防滤料与水产生化学反应而恶化水质,尤其不能含有对人类健康和生产有害的物质。

（3）具有一定颗粒级配和适当的孔隙率。

（4）滤料应尽量就地取材,货源充足、价廉。

因此,凡具有适当级配,足够机械强度和稳定化学性质的分散粒状材料都可以作为滤料,例如,石英砂、无烟煤、矿石粒以及其他人工制造的材料,如陶粒、塑料粒、聚苯乙烯等,均可作为滤料,目前应用最广泛的还是石英砂。

用天然石英砂做滤料的单层滤层,经过反冲洗后,发生水力分层现象,即细颗粒在滤层的上部,粗颗粒在下部,滤层的孔隙度从上而下均匀加大,因此,相当于有效粒径d_{10}(指一定质量的滤料用一组标准筛子过筛时,其中通过10%滤料质量的筛孔直径)的颗粒集中在滤层的表面。这种状况对自上而下的过滤池很不利,待滤水中绝大部分的絮体被拦截在表层的 2.5~10cm 滤层里,使过滤水头迅速增长。另一方面,滤层越向下,颗粒间孔隙越大,表层未被吸附拦截的细小絮体或从表层冲刷下来的碎细絮体,容易通过下层滤料而进入滤后水中。这就是说,天然石英砂滤层下层的截污作用是不大的。为了发挥整个滤层的作用,人们期望有一种理想的滤层来提高过滤效率。这种理想滤层的特点是滤料颗粒的粒径自上而下按由粗变细排列,滤层的孔隙率也自上而下由大变小。这样,絮体可以积到滤层深层部,分布到整个滤层,从而提高滤层截污能力,避免了絮体大部分被拦截在表面的缺点,这种滤层即所谓"反粒度"滤层。这种滤层不容易实现。在长期的生产实践中发展起来的双层和三层滤料滤层能较接近理想滤层,使水中的悬浮物能侵入滤层深部,从而提高了滤速,能改善滤后水质,延长过滤周期。

> CBC006 滤料的级配

2)滤料级配

滤料级配是指滤池中滤料粒径大小不同的颗粒所占的比例(质量百分比)。滤料级配一般采用以下两种表示方法。

(1)直径量度的方法。

用粒径表示滤料颗粒的大小,因为滤料不是球形的,所以直径量度的方法是把不规则的滤料外形包围在内假想的球体直径。

(2)不均匀系数法。

为了反映滤粒的均匀程度,用一种称为"K_{80}"的"不均匀系数"作为滤料级配的指标。

$$K_{80}=\frac{d_{80}}{d_{10}} \qquad (2-1-10)$$

式中　d_{10}——筛分曲线中通过 10% 质量砂的筛孔大小,mm;

d_{80}——筛分区线中通过 80% 质量砂的筛孔大小,mm。

d_{10} 是指一定质量的滤料用一组标准筛子过筛时,其中通过 10% 滤料质量的筛孔直径;而 d_{80} 是指通过 80% 滤料质量的筛孔直径。d_{10} 反映了细颗粒的直径尺寸;d_{80} 反映了粗颗粒的直径尺寸。K_{80} 越大表示粗细颗粒尺寸相差越大,滤料粒径越不均匀,均匀性越差,下层含污能力越低,滤料层上细下粗的现象严重,这对过滤和冲洗很不利。因为反冲洗时,为满足粗颗粒膨胀要求,细颗粒可能被冲出滤池;若为满足细颗粒膨胀要求,粗颗粒将得不到很好的清洗。K_{80} 越接近 1,滤料越均匀,过滤和反冲洗效果越好,但滤料价格提高。要鉴定某种滤料的均匀程度,一般用实验室筛分析方法。

> CBC012 滤料层含泥量的概念

3)滤料层含泥量

(1)含泥率的测定。

滤料含泥率是指滤池经反冲洗后,在滤料层表面下 10~20cm 处滤料的含泥量。它是衡量反冲洗效果的重要依据,一般滤层含泥率小于 3% 视为正常。

测定方法是:滤池经正常反冲洗后,在滤料表面下 10~20cm 处取样品 500g,在恒温箱内 150℃ 恒温烘干至恒重,然后称取一定量(一般为 200g)的试样,仔细用 10% 的盐酸和清水清洗,在清洗时要防止滤料损失。将清洗干净后的滤料重新置于恒温箱内在 150℃ 恒温烘干至恒重,再称量。滤料清洗前后的质量差,即为滤料的含泥量。滤料的含泥率可用式(2-1-11)计算:

$$含泥率(e) = \frac{滤料清洗前质量 - 滤料清洗后质量}{滤料清洗前质量} \times 100\% \qquad (2-1-11)$$

(2) 滤层含泥量高的影响。

① 滤层产生裂缝的主要原因:滤料层含泥过多,滤层中积泥不均匀引起局部滤层滤速快,而局部则滤速慢。产生裂缝多数在滤池壁附近,也有在滤池中部出现开裂现象。产生裂缝后,使过滤的水直接从裂缝中穿透使滤后水质恶化。

解决裂缝的方法,首先要加强冲洗措施,如适当提高冲洗强度、缩短冲洗周期、延长冲洗历时等方法;也可以设置辅助冲洗设施,如表面冲洗设施,提高冲洗强度,使滤层含泥量降低;同时,还应检查滤池配水系统是否有局部受阻现象,一旦发现要及时维修排除。

② 滤层中含泥率高,出现泥球,使整个滤层出现级配混乱,降低过滤效果。滤层含泥量一般不能大于3%,造成含泥率高的原因主要是长期冲洗不均匀,冲洗废水不能排清或待滤水浑浊度偏高,日积月累,残留污泥互相黏结,体积不断增大,再因水压作用而变成不透水的泥球,大的泥球直径可达几厘米。

处理方法:改造冲洗条件,通过测定滤层膨胀率和废水排除情况,适当调整冲洗强度和延长冲洗历时;检查配水系统,寻找配水不均匀的原因,加以纠正;有条件时可采用表面冲洗方法或压缩空气冲洗等辅助冲洗方法。采用化学处理方法,利用强氧化剂破坏黏结泥球的有机物,然后再反冲洗。如果滤层积泥、泥球严重时,必须采用翻池或更换滤料的办法解决。

4) 滤层膨胀率

反冲洗时,滤层膨胀后,所增加的厚度与膨胀前厚度之比,称为滤层膨胀率,用式(2-1-12)表示:

$$e = \frac{L - L_0}{L_0} \times 100\% \qquad (2-1-12)$$

式中 e——滤层膨胀率;

L_0——滤层膨胀前厚度,cm;

L——滤层膨胀后厚度,cm。

膨胀率的大小取决于冲洗强度的大小,冲洗强度越大,膨胀率也越大。膨胀率过小,颗粒间的碰撞、摩擦和水力剪力不足,使冲洗不彻底;膨胀率过大,滤粒在水位中过于分散而浓度减小,由于颗粒之间距离增大,相互间碰撞、摩擦的概率减小,而且这样增加的冲洗强度也是徒然的。同时还可把滤料冲走,承托层移动,引起漏砂现象。理想的膨胀率应以截留杂质的部分滤料完全膨胀起来,或者下层滤料颗粒刚好浮起来为宜。

5) 双层滤料

采用双层或三层滤料,是当前国内外普遍重视的过滤技术。滤池构造和过滤方式与普通单层滤池无多大差别,只是滤料组成改变。

目前,采用的双层滤料一般由无烟煤和石英砂组成,无烟煤相对密度1.5~1.8,石英砂相对密度为2.65左右,由于无烟煤比石英砂相对密度小,无烟煤的颗粒粒径可以选得比石英砂大一些。当滤池反冲洗后,颗粒较大的煤颗粒(相对密度较小)在滤层上层,而石英砂在下层,便自然形成"上粗下细"的排列,其孔隙则"上大下小"。这样,过滤时大部分悬浮杂质都被截留在煤层及煤砂交界面上,大大提高了滤层的含污能力。但在使用双层滤料时应防止煤砂混杂问题。在正常的反冲洗强度下煤砂混杂与否或是否出现反常分层,主要取决于煤砂相对密度差和它们的粒径之比。根据生产经验,最粗无烟煤与最细石英砂粒径之比为 3.4~4.0,可形成良好分层状态。但交界面处一定程度的混杂是难免的。根据我国许多水厂生产经验证明,煤、砂交界面处混杂厚度在 5cm 以内,对过滤效果并无影响。

另外,在选配无烟煤滤料时,应注意冲洗时煤粒流失问题,这是生产上经常出现的一个问题。煤粒流失的因素较多,如冲洗时操作不当等。煤料选择时,其粒径与相对密度应掌握准确。此外,煤的机械强度不够,经反冲洗后破碎率较高,也是无烟煤流失的原因之一。

3. 承托层

1）承托层组成

承托层即垫层,滤池的承托层一般由一定级配的卵石组成,敷设于滤料层和反洗配水系统之间。

承托层一般按习惯选用,不必仔细计算。常用的承托层材料为天然卵石或碎石,有时也用大粒径粗砂。对于三层滤料滤池,由于下层滤料粒径小而重度大,承托层必须与之相适应,即上层应采用重质矿石,以免反冲洗时承托层移动。承托材料的粒径大小具体取决于滤料的粒径以及反冲洗配水形式。无论哪种配水系统的承托层,在铺设时都应由下而上,先粗后细,分层清楚,厚薄均匀,严格控制好高程。在铺装前应将页岩、黏土及其他杂质清除干净。

2）承托层作用

（1）支撑滤料,防止滤料进入配水系统和出水系统中。

（2）均匀收集滤后水。

（3）当滤池反冲洗时,起辅助均匀配水作用。

3）承托层应满足要求

为保证承托层正常工作,必须满足以下几个要求：

（1）承托层要有稳定性,在反冲洗高速水流的冲击下,不发生水平或垂直移动。

（2）在整个滤层面积上,承托层每一层的孔隙要保持均匀。这就要求在铺设承托层时,必须分层铺设,每层砾石应均匀平整,厚度相等。由于承托层粒径较大,一般不用水力分级来分层,而是用人工规定的筛子筛分,然后人工仔细进行铺设。

（3）与滤料一样,承托层必须有足够的机械强度和化学稳定性,其形状接近球形为好。

4. 配水系统

配水系统有"大阻力配水系统"和"小阻力配水系统"两种基本形式。

1）配水系统的作用

滤池配水系统的作用在于使冲洗水在整个滤池面积上均匀分布。配水均匀性对冲洗效果影响很大,配水不均匀,部分滤层膨胀不足,而部分滤层膨胀过甚,甚至会招致局部承托层发生移动,造成漏砂现象。配水系统不仅是为了均布冲洗水,同时也是过滤时的集水系统,由于冲洗流速远大于过滤流速,当冲洗布水均匀时,过滤时集水均匀性自然也没有问题。

2) 大阻力配水系统

快滤池中常用的是"穿孔管大阻力配水系统",其中间是一根干管或干渠。干管两侧接出若干根相互平行的支管,支管下方开两排小孔,与中心线成45°角交错排列。冲洗时,水流自干管起端进入后,流入各支管,由支管孔口流出,再经承托层和滤料层流入排水槽。

大阻力配水系统的原理:如图2-1-2所示,孔口a距离进水口最近,孔口c距离进水口最远,如果从最近的a孔口和最远的c孔流出的流量相等,则可认为整个滤池布水是均匀的。大阻力配水系统就是使最近的a孔口和最远的c孔的出水流量尽量接近,流量相差不大于5%~10%,其措施是减小配水系统小孔的孔口面积和小孔直径,这样使小孔水流阻力增大,这就是"大阻力"名称的由来。

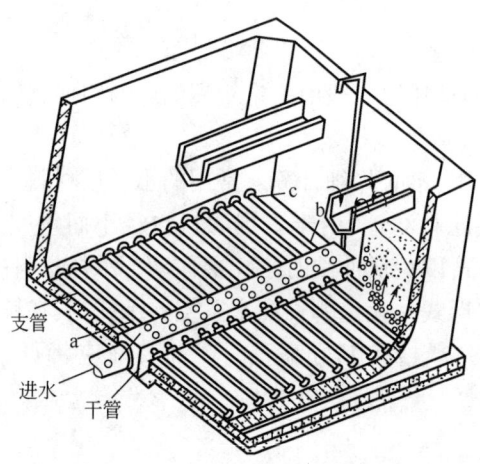

图2-1-2 大阻力配水系统原理图

孔口总面积与滤池面积之比称"开孔比",其值可按式(2-1-13)计算:

$$a = \frac{q}{1000v} \times 100\% \tag{2-1-13}$$

式中　a——配水系统开孔比;
　　　q——滤池的反冲洗强度,L/(m²·s);
　　　v——孔口流速,m/s。

支管中心间距约0.2~0.3m,支管长度与直径之比一般不大于60。

孔口直径取9~12mm,当干管直径大于300mm时,干管顶部也应开孔布水,并在孔口上方设置挡板。

3) 小阻力配水系统

大阻力配水系统是以增加孔口阻力来保证配水均匀的,而小阻力配水系统是靠减小干渠管和支管的流速,即减小干管和支管的水头损失到一定程度,使配水系统中压力变化对布水均匀性的影响尽可能小,在此基础上可以减小孔口的阻力系数,以减小孔口水头损失。

大阻力配水系统的优点是配水均匀性较好,但结构复杂,孔口水头损失大,冲洗时动力消耗大、管道易结垢,增加检修困难,小阻力配水系统可克服上述缺点。小阻力配水系统的主要缺点是配水均匀性较大阻力配水系统差。因为它只是在配水系统内各部位压力均匀性方面有了改善,而对其他影响因素,却不像大阻力配水系统那样具有以巨大孔口阻力加以控制的能力。

(三)过滤周期

从过滤开始到冲洗之前(过滤终止)这段实际过滤运行时间,也就是滤池水头损失接近期终水头损失所需的时间,或者说滤池两次冲洗间隔的实际时间,称为工作周期,又称过滤周期,单位用小时(h)来表示。过滤周期受滤速、滤前水质、水温及滤料性质、滤层结构等因素影响。在生产过程中,过滤周期一般为12~24h。有时随水厂的工作要求而定,但有时会出现虽然未达到过滤的最大允许水头损失值,但滤后水质已经超过规定标准的现象。因此,设计滤池的最佳条件应使过滤水质开始不合格时的时间,等于达到最大允许水头损失值的时间。在实际运行管理中,如果两者发生矛盾时,应以过滤水的水质是否超过规定标准来决定过滤周期。国外有资料认为过滤周期最好大于24h,以延长供水时间、减少冲洗水量。国内也有过滤周期大于24h的实例。但根据实际运行情况,过滤周期不宜过长,太长了砂层易板结(受水静压作用),泥球易结块,不利于反冲洗,使滤池不能保持良好的工作状态。工作周期的合理确定,应在滤池建设投运后,根据滤前水质、水温、水量进行调整,在保证滤后水质符合标准的前提下合理确定。

> CBC010 滤池反冲洗周期的概念

> CBC013 滤池反冲洗方法的分类

(四)冲洗

滤池冲洗的目的是清除滤层中所截留的悬浮物,使滤池恢复过滤能力。快滤池冲洗方法有以下几种:(1)高速水流反冲洗;(2)气水反冲洗;(3)表面助冲高速水流反冲洗。

1. 冲洗周期确定方法

一般来说,按规定时间来决定冲洗比较简单,操作者容易掌握;但时间的规定不能一成不变,要根据季节水温变化、滤前水质及滤速的因素来决定,并通过定期测定来调整冲洗周期。一般在恒速过滤的情况下,两次冲洗间的运行周期决定了滤后水质及滤池允许水头损失值;而允许水头损失值决定于滤池表面水位与出水的水位差以及以不形成气阻原则下的水头损失(一般为2m左右)。在恒速过滤的情况下,确定运行周期要兼顾两个因素:水质符合要求运行周期和水头损失达到允许值的运行周期相同。在变速过滤的情况下,水头损失变化较小,确定运行周期要考虑滤速的因素。过长的运行周期对冲洗不利,会使滤层含污过多,易结泥球而冲洗不彻底。

2. 气水反冲洗

高速水流反冲洗虽然操作方便,池子和设备较简单,但冲洗耗水量大,冲洗结束后,滤料上细下粗分层明显。采用气水反冲洗方法既能提高冲洗效果,又省节冲洗水量。同时,冲洗时滤层不一定需要膨胀或仅有轻微膨胀,冲洗结束后,滤层不产生或不明显产生上细下粗分层现象,即保持原来滤层结构,从而提高滤层含污能力。但气水反冲洗需增加气冲设备(鼓风机或空气压缩机和储气罐),池子结构及冲洗操作也较复杂,基建投资提高,并使滤池操作复杂,维修工作量增加。目前,新建的V形滤池都采用气水反冲洗。

气水反冲是利用上升空气泡的振动可有效地将附着于滤料表面污物擦洗下来,使之悬浮于水中,然后再用水反冲洗把污物排出池外的原理工作的。因为气泡能有效地使滤池表面污物破碎脱落,故水冲洗强度可大大降低。气水反冲洗操作方式有以下几种:(1)先用空气反冲,然后再用水反冲;(2)先用气、水同时反冲,然后再用水反冲;(3)先用空气反冲,然后用气、水同时反冲,最后再用水反冲。

CBC011 滤池反冲洗强度的概念

3. 冲洗强度

冲洗强度是指单位滤池面积所需的冲洗水流量,单位为 $L/(m^2 \cdot s)$。验算实际的冲洗强度为:冲洗强度=冲洗水量/滤池面积×冲洗时间。

石英砂滤料滤池的冲洗强度一般采用 $12\sim15L/(m^2 \cdot s)$,采用双层滤料时,一般为 $13\sim16L/(m^2 \cdot s)$。

反冲洗达到良好效果的先决条件是冲洗强度合理选择。反冲洗强度过小时,滤层膨胀度不够,滤层孔隙中水流剪力小,截留在滤层中的杂质难以被剥落掉,滤层冲洗不净;反冲洗强度过大时,滤层膨胀度过大,由于滤料颗粒过于离散,滤层孔隙中水流剪力降低、滤料颗粒间相互碰撞摩擦的概率减小,滤层冲洗效果差,严重时还会造成滤料流失。故反冲洗强度过大或过小,冲洗效果均会降低。

生产中,反冲洗强度的确定还应考虑水温的影响,夏季水温较高,水的黏度较小,所需反冲洗强度较大;冬季水温低,水的黏度大,所需的反冲洗强度较小。一般来说,水温增减 $1℃$,反冲洗强度相应增减 1%。

供给冲洗水的方式有两种:冲洗水泵,冲洗水塔或冲洗水箱。前者投资省,但操作较麻烦,在冲洗的短时间内耗电量大,往往会使厂区电网负荷骤增;后者造价较高,但操作简单,允许在较长时间内向水塔或水箱输水,专用水泵小,耗电较均匀。如有地形或其他条件可利用时,建造冲洗水塔较好。

项目二　绘制常规工艺流程图

一、准备工作

(一)材料

A4 图纸若干。

(二)设备

桌子 1 张,凳子 1 把,2 号绘图板 1 张。

(三)工具

绘图仪 1 套,量角器 1 个,300mm 三角板 1 套,900mm 丁字尺 1 把,HB 铅笔若干。

(四)人员

1 人操作,持证上岗,劳动保护用品穿戴齐全。

二、操作规程

序号	工序	操作步骤
1	准备工作	选择工具、用具及材料
2	选择图纸画边框线	(1)选择 A4 图纸。 (2)绘制边框线,边框线距装订边 25mm,距其他边 5mm

续表

序号	工序	操作步骤
3	标明各部分名称	(1)标明水源。 (2)标明一级泵站。 (3)标明反应沉淀池。 (4)标明滤池。 (5)标明清水池。 (6)标明二级泵站。 (7)标明管网
4	标出一次加氯点	标出一次加氯(或二氧化氯)点,并用箭头表示投加方向
5	标出投药位置	标出投药位置,并用箭头表示投加方向
6	标出二次加氯点	标出二次加氯(或二氧化氯)点位置及方向
7	清理场地	清理场地,收工具

三、技术要求

(1)用仿宋字标明各部分名称。
(2)用箭头表明水流方向。
(3)用仿宋字标明一次加氯点,画出投加方向。
(4)用仿宋字标明投药位置,画出投加方向。
(5)用仿宋字标明二次加氯点,画出投加方向。

四、注意事项

(1)整体布局合理,图面整洁。
(2)按建筑制图标准正确运用线型和线宽,线型分明,线宽合理。

项目三　绘制水处理构筑物简图

一、准备工作

(一)材料
A4 图纸若干。

(二)设备
桌子1张,凳子1把,2号绘图板1张。

(三)工具
绘图仪1套,量角器1个,300mm 三角板1套,900mm 丁字尺1把,HB 铅笔若干。

(四)人员
1人操作,持证上岗,劳动保护用品穿戴齐全。

二、操作规程

序号	工序	操作步骤
1	准备工作	准备三角板、HB 铅笔、橡皮
2	绘制简图	(1)绘制净水构筑物及主要设备,包括静态混合器、反应池、沉淀池、滤池、沉淀池排泥设备 (2)标注各构筑物及设备名称,包括静态混合器、反应池、沉淀池、滤池、沉淀池排泥设备 (3)绘制管线及阀门,包括各池进出口管线 3 条、沉淀池出口阀 1 个、反应沉淀池放空阀 3 个、管线及放空阀投加点走向 10 处 (4)绘制二氧化氯投加点及加药点,包括一次、二次二氧化氯投加点及加药点,并用文字标出
3	清理场地	清理场地,收工具

三、技术要求

(1)标明各部分名称。
(2)应准确绘制各部分构筑物及其相应位置关系,保证图形紧凑且大小合适。

四、注意事项

(1)整体布局合理,图面整洁。
(2)按建筑制图标准正确运用线型和线宽,线型分明,线宽合理。

项目四　巡回检查加药间

一、准备工作

(一)设备

加药间 1 座,溶液池 1 套,储液池 1 套,加药泵 1 套,转子流量计 1 套。

(二)工具、材料

手套 1 副,记录报表 1 张。

(三)人员

1 人操作,持证上岗,劳动保护用品穿戴齐全。

二、操作规程

序号	工序	操作步骤
1	准备工作	选择工具、用具及材料
2	检查药库	检查溶药池、溶液池液位是否正常,有无漂浮物等杂质
3	检查药泵间	(1)检查加药设备、管线、阀门及各连接处有无漏液现象。 (2)检查加药泵油质是否变质,油位处于正常高度(1/2~2/3)。 (3)检查加药泵压力表指示是否在规定范围内(0.2~0.4MPa)。 (4)检查加药泵有无异声。 (5)检查电动机、泵体是否过热。 (6)检查电压、电流是否在正常范围内(380V±38V)

续表

序号	工序	操作步骤
3	检查药泵间	(7)检查控制柜电压、电流、频率是否在规定范围内(设备铭牌标定值)。 (8)检查流量计转子卫生状况是否良好。 (9)检查投加量,以水质合格为宜。 (10)检查投加设备、设施、卫生清洁情况,状态应与标识一致
4	记录	做好各项原始记录,准确填写日报表
5	清理场地	清理实验场地,收工具

三、技术要求

(1)检查加药系统管线及阀门各连接处有无漏液现象。

(2)检查药泵润滑情况,尤其是润滑油油位、油质的状况。

(3)检查加药泵情况要求压力在 0.2~0.4MPa。

四、注意事项

(1)检查过程中要遵守安全操作规程及注意事项。

(2)检查转子卫生状况。

(3)检查投加量,保证水质合格。

(4)注意做好各项报表记录。

项目五 加药泵切换操作

一、准备工作

(一)设备

加药泵系统 2~3 套。

(二)工具、材料

手套 2 副。

(三)人员

1 人操作,持证上岗,劳动保护用品穿戴齐全。

二、操作规程

序号	工序	操作步骤
1	准备工作	选择工具、用具及材料
2	泵运行前检查	(1)检查管路。 (2)检查油位。 (3)检查压力表
3	加药泵切换	(1)打开备用泵的进口阀,打开备用泵的出口阀。 (2)按启动按钮运行泵。 (3)手动调节泵的冲程。 (4)手动调节泵的频率。 (5)检查管路有无漏液现象

序号	工序	操作步骤
3	加药泵切换	(6)检查压力表读数,检查电动机。 (7)按停止按钮,停止在用泵的运行。 (8)关闭在用泵出口阀,再关闭泵进口阀。 (9)关闭冲程调节阀。 (10)观察压力表读数是否归零
4	清理场地	清理实验场地,收工具

三、技术要求

(1)注意进口阀、出口阀的打开顺序。
(2)关闭在用泵出口阀,再关闭泵进口阀后,还要关闭冲程调节阀。

四、注意事项

(1)检查过程中要遵守安全操作规程及注意事项。
(2)泵运行前检查泵完好程度。

项目六　溶液池切换操作

一、准备工作

(一)设备
溶液池系统 2~3 套。
(二)工具、材料
配制好的药液适量,手套 1 副。
(三)人员
1 人操作,持证上岗,劳动保护用品穿戴齐全。

二、操作规程

序号	工序	操作步骤
1	准备工作	选择工具、用具及材料
2	泵运行前检查	(1)检查溶液池进水阀和进药阀。 (2)检查溶液池出口阀和排污阀。 (3)检查溶液池药位及药液内有无漂浮物。 (4)检查溶液池有无漏液点,发现有漏液点应立即停用
3	溶液池切换操作	(1)打开溶液池的出口阀。 (2)打开管路上隔断阀(1~2 个)。 (3)关闭管路上隔断控制阀(1~2 个)。 (4)关闭在用溶液池的出口阀
4	运行检查	试运行,确保投药正常
5	清理场地	清理实验场地,收工具

三、技术要求

（1）溶液池阀切换操作和打开顺序必须正确。
（2）运行检查，试运行，看投药是否正常。

四、注意事项

（1）检查过程中要遵守安全操作规程及注意事项。
（2）检查溶液池有无漏液点，发现有漏液点应立即停用。

项目七　识别加药系统管件

一、准备工作

（一）设备

加药系统 1 套。

（二）工具、材料

手套 1 副。

（三）人员

1 人操作，持证上岗，劳动保护用品穿戴齐全。

二、操作规程

序号	工序	操作步骤
1	准备工作	劳保用品穿戴齐全
2	管件识别	（1）识别加药泵进口管线。 （2）识别加药泵进口管线切断阀门。 （3）识别加药泵出口管线。 （4）识别加药泵出口管线切断阀门。 （5）识别脉动阻尼器。 （6）识别背压阀。 （7）识别安全阀。 （8）识别出口管线连通阀门。 （9）识别出口管线流量计。 （10）识别加药管线放空管线
3	清理场地	清理实验场地，收工具

三、技术要求

着重对脉动阻尼器、背压阀、安全阀、出口管线连通阀门、出口管线流量计、加药管线放空管线了解和识别。

四、注意事项

检查过程中要遵守安全操作规程及注意事项。

项目八　巡回检查反应沉淀池

一、准备工作

(一)设备
反应沉淀池 1 套。

(二)工具、材料
手套 1 副,记录报表 1 张。

(三)人员
1 人操作,持证上岗,劳动保护用品穿戴齐全。

二、操作规程

序号	工序	操作步骤
1	准备工作	劳保用品穿戴齐全
2	巡回反应沉淀池巡检查内容	(1)检查各反应池水量是否平稳均衡。 (2)检查反应池流速,不宜过大或过小。 (3)检查反应池内矾花生成情况,应颗粒清晰,水与颗粒界限明确。 (4)检查反应池表面,应无堵塞,无杂物。 (5)检查反应池卫生应卫生良好。 (6)检查过渡段情况,有泥水分离、清晰而透明。 (7)检查沉淀池出水情况,无过大或过小。 (8)观察沉淀池水质,疑似超标应及时检测和采取措施。 (9)检查沉淀池排泥设施与标识是否相符
3	记录	做好运行记录
4	清理	清理实验场地,收工具

三、技术要求

(1)观察沉淀池各部位工艺参数运行情况,如出水指标超标应及时采取措施。
(2)确认沉淀池排泥设施与标识相符。

四、注意事项

(1)检查过程中要遵守安全操作规程及注意事项。
(2)巡回检查应按规定路线每 1~2h 进行一次。
(3)着重检查反应池流速、矾花生成情况、池表面情况、过渡段情况、出水情况。

项目九 沉淀池排泥操作

一、准备工作

(一)设备

沉淀池 1 套,排泥机 1 套。

(二)工具、材料

手套 1 副,报表记录表 1 张。

(三)人员

1 人操作,持证上岗,劳动保护用品穿戴齐全。

二、操作规程

序号	工序	操作步骤
1	准备工作	劳保用品穿戴齐全
2	确定排泥周期	(1)根据原水浊度确定排泥周期。 (2)根据沉淀池出水浊度确定排泥周期。 (3)根据水量确定排泥周期。 (4)根据排泥水含固率确定排泥周期
3	运行排泥机	按照周期启动排泥机
4	检查排泥系统	(1)排泥机运行中检查虹吸管有无真空破坏现象。 (2)检查排泥管有无堵塞现象。 (3)检查减速机有无缺油现象
5	检查排泥机行走情况	(1)检查排泥机行走有无停止现象。 (2)检查排泥机有无脱轨现象
6	停止排泥	(1)待排泥周期结束,停排泥机。 (2)如沉淀池出水浊度在规定范围(≤3NTU)内停止排泥
7	记录	做好运行记录
8	清理	清理实验场地,收工具

三、技术要求

(1)排泥机运行,要注意按照周期启动排泥机运行。

(2)检查排泥管堵塞现象,发现后及时处理干净。

四、注意事项

(1)检查过程中要遵守安全操作规程及注意事项。

(2)检查排泥机行走停止和检脱轨现象。

项目十　巡回检查滤池

一、准备工作

(一)设备
滤池 1 套。

(二)工具、材料
工服 1 套,记录本 1 个,钢笔 1 支(考生自备)。

(三)人员
1 人操作,持证上岗,劳动保护用品穿戴齐全。

二、操作规程

序号	工序	操作步骤
1	准备工作	工服穿戴齐全
2	巡检滤池	(1)检查操作台有无故障。 (2)检查滤池运行池数。 (3)检查滤池进水是否正常,阀门状态是否正常。 (4)检查各运行滤池水位。 (5)检查反冲洗强制阀门。 (6)检查滤池反冲洗排气阀。 (7)观察滤后水质,疑似超标须取样检测。 (8)检查各阀门、设备卫生。 (9)检查过滤间环境卫生
3	巡检结束	做巡检记录
4	清理	清理实验场地

三、技术要求

(1)检查各运行滤池水位,判定反冲洗周期(8~72h),在周期内进行冲洗。
(2)反冲洗强制阀门应处于常开状态。
(3)确认滤池反冲洗排气阀门处于关闭状态。
(4)观察滤后水质浊度、色度是否异样。

四、注意事项

(1)检查过程中要遵守安全操作规程及注意事项。
(2)检查滤池运行的各项指标。

项目十一　普通快滤池反冲洗

一、准备工作

(一)设备
普通快滤池 1 套,反冲泵 2 台,风机 2 台。

(二)工具、材料
手套 1 副,工服 1 套,记录本 1 个。

(三)人员
1 人操作,持证上岗,劳动保护用品穿戴齐全。

二、操作规程

序号	工序	操作步骤
1	准备工作	工服穿戴齐全
2	确定冲洗周期	(1)根据水头损失确定冲洗周期。 (2)根据规定时间确定冲洗周期。 (3)根据滤后水浊度确定冲洗周期
3	反冲洗操作	(1)确认系统控制处于手动控制状态。 (2)确认风机系统、反冲洗水泵完好,确认反冲洗水清水池水位在反冲洗要求范围。 (3)关闭进水阀门,待滤池中水位下降到滤料上部水深 150~250mm,关闭滤后清水阀门,打开反冲洗进水阀门。 (4)确认排气阀门关闭,打开反冲洗进气阀门,启动风机,气洗 2~5min。 (5)启动 1 台反冲洗水泵,气水混洗 4~8min。 (6)关闭反冲洗进气阀门,停止风机,打开排气阀门,待没有气体排出关闭此阀。 (7)启动第 2 台反冲洗水泵,继续水洗 10~30min
4	停止反冲洗	(1)反冲洗排水浊度接近滤池进水浊度时,关闭反冲洗进水阀门,关闭反冲洗水泵。 (2)待进水渠反冲洗排水排净,关闭反冲洗排水阀。 (3)反冲洗结束后,停池 10min,待滤料水力条件稳定,再投入运行
5	记录	做好运行记录
6	清理	清理实验场地

三、技术要求

(1)确认系统控制为手动控制状态。

(2)关闭进水阀门,滤池中水位下降到滤料上部水深 150~250mm,不宜过高或过低清水阀门,打开反冲洗进水阀门。

(3)打开反冲洗进气阀门,启动风机,气洗 2~5min,保证足够的气况时间。

(4)启动第 2 台反冲洗水泵,保证足够水洗时间。

(5)反冲洗结束后需停池 10min,待滤料水力条件稳定,再投入运行以保证出水水质。

四、注意事项

检查过程中要遵守安全操作规程及注意事项。

模块二　管理净水辅助工艺

项目一　相关知识

一、水源污染

（一）几种水源污染

1. 河流地表水的污染

> CBD005 河流地表水的污染特征

在河流地表水中，受污染的途径有城市污水、工业废水、农业径流。污染物进入河流呈带状分布，然后逐渐扩散、混合，直到一定距离后达到全面均匀混合，扩散速度较快。不仅对下游有影响，还影响与其关联的湖泊、地下水及海洋的水质状况。表现为氨氮、总磷、色度、有机物等指标高于生活饮用水卫生标准。江河水最大的缺点是易受到工业废水、生活污水及其他各种人为污染。同时，河流水流较快，有较强的自净能力，能够稀释水中的污染物，其稀释能力与径流量、污染物的数量、污染物的种类、季节时间等有关。

2. 湖泊、水库地表水污染

> CBD006 湖泊、水库地表水污染的特征

湖泊污染的特点是湖泊污染的来源广、途径多、种类复杂；湖水稀释和搬运物质的能力弱；湖泊的生物降解、积累和转化污染物质的能力强。

无论哪种渠道带来的污染物一旦进入湖泊水体，或沉淀于湖底或长期悬浮于水中，在水体中停留较长时间，因此湖泊的水质污染比河道的水质污染严重。由于占优势的浮游生物的颜色不同，水面往往呈现红色、蓝色、棕色、白色等，这种现象出现在湖泊称为水华，出现在海湾中称赤潮。藻类繁殖迅速，生长周期短，死亡后被需氧微生物分解，不断消耗水中的溶解氧，使氧不断减少，或被厌氧微生物分解，产生硫化氢、甲烷等气体，均可使水质恶化，造成鱼类及其他水生生物死亡，藻类及其他浮游生物残体在腐烂过程中，又把生物所需的磷、氮释放到水中供新一代藻类使用，周而复始，水体难以自净和恢复正常状态。

（二）水源污染物

> CBD007 水源水质的污染原因

1. 我国地表水现状

近年来，经济持续发展，水中有机物的产量和种类不断增多，对地表水源造成了极大危害。水源水污染的原因有工业污染、城市污水污染、农业污染。

各种污染物主要以悬浮物形式存在，因磷和氮等营养素过多，表现为湖泊和水库水体的富营养化（水体的富营养化主要是营养盐类（指氮、磷）和有机物的增多引起水质变化，生态平衡遭受破坏的现象），并在一定时期藻类等浮游生物大量滋生，使水中的溶解氧降低，造成水质恶劣。

我国七大水系污染程度由重到轻顺序为辽河、海河、淮河、黄河、松花江、珠江和长江。

2. 污染物的分类

引起地表水体污染的污染源各异,因此能够引起水体污染的物质种类很多,在不同水体中其表现的污染特征有所不同。根据污染物影响效果可分为无毒污染物与有毒污染物。

(1)无毒污染物是指碳水化合物、木质素、维生素、脂肪、类脂、蛋白质等天然有机化合物与矿物质、无机离子等。

(2)有毒污染物是指那些进入生物体内后能使生物体发生生物化学或生理功能变化,危害生物生存的物质,如重金属、无机阴离子、放射性物质、农药、杀虫剂、有机致癌物、石油等有机物质。

根据来源,污染物又可分为外源污染物和内源污染物。

(1)外源有机物是指水体从外界接纳的有机物,主要来自地表径流、土壤渗沥、城市生活污水和工业废水排放、大气降水、垃圾填埋场渗出液、水面养殖业的投料、运输事故中的排泄、采矿及石油加工排放和娱乐活动的带入等。江河水最大的缺点是易受工业废水、生活污水及其他各种人为污染。

(2)内源有机物是来自于生长在水体中的生物群体(藻类、细菌、水生植物及大型藻类)所产生的有机物和水体底泥释放的有机物。

现在进入水体的污染物品种和数量日益增多,其中有机污染物种类和数量最多。

有机污染物主要是指天然有机物和人工合成有机物,目前国内外地表水水体的污染集中在有机污染方面。

(1)有毒有机污染物。有毒有机污染物一般是指通过它本身及其化学组成对生物生命或人体健康造成危险的有机化合物,这类物质一般具有阈值,即在一定浓度限度以上均有毒性,因为他们内含一些具有危害性的功能团,会抑制或破坏生命组织的功能;并且现代医学的发展证明,即使在低浓度下,有毒有机物也可能对人体健康和环境造成严重的甚至是不可逆的影响。

有毒有机物在天然水体中往往难以降解,并具有生物积累和"三致"作用(致癌、致畸、致突变)或慢性毒性,而且分布面极广。有的有毒有机物通过迁移、转化、富集,其浓度水平可提高数倍甚至是上百倍,对生态环境和人体健康是一种潜在威胁。

(2)耗氧有机物污染。耗氧有机污染物包括蛋白质、脂肪酸、氨基酸、碳水化合物、油脂、酯类等有机物质。耗氧有机物一般不具毒性,易被微生物分解。一般生活污水和许多工业废水中包含较多的耗氧有机物,如造纸、皮革、纺织、食品、石油加工、焦化、印染等工业废水。此外,面污染源也给水体带来大量的耗氧有机物。含氧有机物的污水中一般包括病原微生物,因为它能提供其所需的营养。

(三)污染源

水体污染源一般可分为自然污染源和人为污染源两大类。人为污染源又可分为工矿企业生产过程中产生的废水、城镇居民生活区污水和农业生产过程中形成的污染径流等各类污染源。由于水体主要受到人类城市活动的影响,污染源应以后者为主,而且是以城市工业废水和生活污水为主要的污染物来源。

1. 城市工业废水

城市工业废水的特点是悬浮物含量高；生化需氧量与化学需氧量均较高；酸碱度变化大，pH 值在 2~13 变化；温度高，造成热污染；含多种有毒有害成分，如油、酚、农药、多环芳烃、燃料等。

2. 城市生活污水

城市生活污水进入天然水体后，会造成水中溶解氧的大量消耗以及促进水体富营养化，在厌氧细菌作用下易产生恶臭物质，同时还可能造成病原菌和病毒通过水的媒介而使疾病蔓延。

3. 垃圾渗沥液

降水流经垃圾时携带其中的无机与有机毒物形成垃圾渗沥液，最终进入城市附近的地表水体，带来水体的污染。

4. 大气降水

城市大气中污染物，如多环芳烃类有机有毒物质会随大气降水进入地表水体，另外由降水引起的地表径流流经城市工业区也会带来由工业产品等引起的毒物污染，其污染物性质与工业企业的性质有密切关系。大气降水污染由于污染负荷很高，所以很难控制。一般地，城市地面径流的水质成分是复杂的，尤其是初期雨水的污染不可忽视。

20 世纪 80 年代以后，水源水中的微生物污染成为人类最关注的问题。

CBD004 微污染水源的水质特点

"微污染"是我国近十年来才出现的给水处理术语，是指水的物理化学和微生物指标已不能达到 GB 3838—2002《地表水环境质量标准》中作为生活饮用水源水的水质要求。

微污染是指饮用水源受到主要是有机物污染（有机污染物主要是指天然有机物和人工合成的有机物），使部分指标超过饮用水源的卫生标准，如浑浊度、色度、臭味、硫化物、臭氧化物、有毒有害物质、病原微生物等有超标现象。有机物在水中是不稳定的，会氧化化解而消耗水中的溶解氧。

CBD011 微生物在水体中的作用

（四）微生物

微生物包括细菌、真菌、病毒以及一些小型的原生生物、显微藻类等在内的一大类生物群体，它们个体微小，与人类联系密切。

1. 微生物在水体中的作用

(1) 微生物在水体自净中起着重要作用。
(2) 微生物可提高水体生物生产力。
(3) 微生物在水体污染严重的情况下可引起水体富营养化或导致水体发臭。

因此，研究水生微生物生态系统具有重要的社会、环境和经济意义。

2. 微生物在淡水生态系统中的主要生态学功能

(1) 能降解死的有机物，释放出无机营养物，这些无机营养物可以作为初级生产者的原料。
(2) 可以同化可溶性有机物并把他们重新引入食物网。
(3) 能进行无机元素的循环。
(4) 可以进行光能自养和化能自养。
(5) 细菌可以作为原生动物的食物。

3. 水蚤

1）水蚤的特性

常见白色小虫为枝角类，统称水蚤，俗称红虫，体长一般为0.2~3mm，身体左右侧扁，分节不明显，具有一块两片合成的甲壳，其甲壳具有很强的抗氧化性，可以很好地保护水蚤。水蚤类动物能够吞食藻类、细菌及呈悬浮状有机物。

水蚤个体发育可分为四个时期：卵期、幼龄期、成熟期和成龄期。水蚤的生命力十分强，在活性炭滤池中较多存在的是猛水蚤。

水蚤生殖有孤雌生殖和有性生殖两种方式，在温度适宜、食料丰富的良好环境，进行孤雌生殖，由单性产生的卵，卵黄少，卵膜薄称"夏卵"，不受精，可直接发育成虫；水蚤成虫在不良环境中形成休眠卵为两性生殖，其余多为单性生殖。

水蚤具有明显的趋光性，光线的刺激可以引起水蚤的昼夜垂直移动。

2）水蚤有水中的危害

水蚤在水中能够分泌黏性物质，使细小悬浮物产生凝聚作用，使水澄清。但水蚤在管网的出现给用户带来了不良的感官影响，是传播疾病的主要媒介。大量水蚤在滤池中出现不仅会堵塞滤料，缩短反冲洗时间，还会造成滤后水中水蚤密度急剧增加。江河水由于水体更新速度较快，蚤类数量较少，还不至于对水处理产生严重的影响。作为饮用水的湖泊水库中，水蚤优势种类一般都是剑水蚤，因此饮用水处理技术关注的重点在剑水蚤。

4. 剑水蚤

剑水蚤（Cyclops），无脊椎动物，节肢动物门，甲壳纲，桡足亚纲，剑水蚤目。体长为0.30~3.00mm，躯体横断面直径一般小于2mm，肉眼勉强可见，呈圆锥形，但背面微隆起，腹面较平，体节明显，身体可分为头胸部和腹部两部分。头胸部较大，呈卵圆形，背部前方有1个眼点。触角2对，第1对触角较短，圆柱形，可用以游泳。雄虫的第1对触角弯曲成抱握肢。胸肢又称游泳肢，5对，前4对双枝型，上有多数刚毛，第5对退化为短小的单肢。腹部细长，呈圆柱形，2个尾叉各有1簇尾毛。用体表呼吸，血液靠体内肠的蠕动流动。无鳃和心脏。雌体所产的卵藏于卵囊中，卵囊常挂附在腹部两侧。

剑水蚤在全球分布极为广泛，是淡水水域中的桡足类代表浮游动物。在各种不同类型的水域中像海洋、水库、湖泊、池塘、河流中都有它们的分布。剑水蚤食性复杂、能适应多种生存环境。我国现有的种类中有17个世界种，16个北古界种，30个东洋界种。按其对温度的适应范围可分为广温性和狭温性两种：

（1）广温性的种类对水温变动的适应范围较广，有许多世界性分布的广温性种类终年可见，其代表有广布中剑水蚤、近邻剑水蚤、毛饰拟剑水蚤，这类剑水蚤在春、秋两季较多；

（2）狭温性种类又可分为嗜寒性和嗜暖性两类。嗜寒性狭温种大体相当于北方种或仅在冬季出现的种类，如穴居真剑水蚤；而嗜暖性狭温种大体相当于南方种或仅在温暖季节出现的种类，如常见近剑水蚤、沙居剑水蚤。

此外，还有按剑水蚤栖息地不同进行分类的，可以说剑水蚤是一类分布地域广泛、食性复杂、能适应多种生存环境的甲壳型桡足类浮游动物，正因为其分布的广谱性使之成为水源中浮游动物的代表。

剑水蚤中的许多种类是绦虫、吸虫和线虫的宿主，诸如阔节裂头绦虫、孟氏旋宫绦虫、舌形绦虫和蟒沟槽绦虫等体内寄生蠕虫的第一中间宿主都是剑水蚤,如锯缘真剑水蚤、广布中剑水蚤、英勇剑水蚤等。此外,剑水蚤还可以被一些原生动物和其他生物所寄生,但在无节幼体和幼体期没有发现。

CBD016 摇蚊虫的分类

5. 摇蚊虫

1)摇蚊虫的分布及生活史

供水系统中所发现的红虫以摇蚊幼虫为主。摇蚊分属昆虫双翅目摇蚊科,由于身体内含有血红蛋白而呈红色。中国已有摇蚊种类近500种,常见的种类有摇蚊亚科、长足摇蚊亚科、直突摇蚊亚科。

CBD017 摇蚊虫的分布

摇蚊虫的分布很广,其幼虫几乎在任何水域中均可见到,它们适应性极强,影响摇蚊幼虫种群分布的主要因素有地域、水深和水质等。摇蚊幼虫是淡水水域中底栖动物的主要类群之一。摇蚊幼虫的生物量一般在每平方米几克到几十克,春季最高。同一水域中摇蚊幼虫的种群结构可能会随季节不同而变化。

CBD018 摇蚊虫的生活史

摇蚊虫的生活史经过卵—幼虫—蛹—成虫4个阶段,幼虫是唯一的进食阶段,成虫的时间阶段最长。摇蚊的卵产于水面,卵块内有300~700个卵。初卵的摇蚊幼虫具有趋光性,主要分布在水体上层,经过3~6天浮游生活后,转入底栖生活,利用藻类、腐屑、细沙、淤泥、唾液腺所分泌丝状物筑巢,多数种类筑成两头开口的管形巢。摇蚊幼虫密度的高峰期发生在每年的2月、7月和11月。摇蚊的成虫是摇蚊世代周期中唯一陆生的阶段。摇蚊虫生命周期各世代历期随水温和室温的增加而缩短。

当天然水体污染程度加重,直接导致底栖动物多样性明显降低,而适应富营养水体的摇蚊类水生昆虫在水体中却占优势地位,在水体富营养严重时常可发现大量的摇蚊科幼虫。

CBD019 供水系统滋生摇蚊虫的影响因素

2)供水系统摇蚊虫滋生的影响因素

影响摇蚊虫生产繁殖的环境因素,通常分为非生物和生物两大类,前者是指温度、相对湿度及光照、风力等气候因素和食物、营养以及物理、化学条件等;而后者则是指在同一环境中生物间的相互关系,主要是种间关系。生物因子的影响在淡水生物群落中的生物可以分为生产者、消费者和分解者3类。在非生物因子中,温度不仅影响水生昆虫的生长发育,而且也影响它的新陈代谢速度,因而温度是对水生昆虫影响最为显著的环境因子。研究表明,在食物和其他环境条件适宜的条件下,在一定的温度范围内,升高温度可加快摇蚊幼虫的生长发育速度。pH值在7~8时,摇蚊虫生长最好。水质对摇蚊的世代时间有很大影响,水质越差,其世代周期越短。水厂沉淀池的水质特征十分适宜红虫的生长和繁殖,是供水系统中摇蚊污染的重要原因。

CBD020 摇蚊虫的物理化学防治

3)摇蚊幼虫污染防治技术

(1)物理防治。

物理防治是利用机械方法以及声、光、电、温度等条件,捕杀、诱杀或驱除害虫。摇蚊虫的物理防治技术包括微滤、紫外灯诱蚊等方法。近年来,在这方面研究得较多的是光电诱杀,利用蚊虫的趋光性,用一定波长的灯光,将害虫诱来,再用灯外的高压电去杀虫,或用机电动力将蚊虫吸入网内。

(2)化学防治。

化学药剂对生物的灭活作用主要由生物接触药剂后其体内的蛋白酶遭到破坏,不能参与氧化还原系统的活动,代谢机能发生障碍而引起的。化学药剂可通过吸附、渗透作用或直接破坏生物体壁的结构而进入到生物体中。药剂氧化性能的高低导致其在摇蚊幼虫灭活率方面的差异,需要有强氧化能力的化学药剂,并且有足够的作用时间,才能对其进行有效灭活。在纯水中,相同的投加剂量下,臭氧对摇蚊幼虫的灭活性能最高。二氧化氯可用于杀灭摇蚊虫,而且它的杀菌性质几乎不受到pH值的影响,在pH值为6~10的范围内,二氧化氯杀菌效果保持不变。

(3)环境防治。

环境防治是通过环境改造以防止或减少害虫的滋生繁殖。环境防治是对昆虫生态学的实际应用,它是根据害虫生物学的特点,对害虫生活环境治理,使之不利于害虫的生长、繁殖,而达到防治害虫的目的。

摇蚊幼虫以水中的有机物碎屑、细菌及藻类为食。针对摇蚊幼虫可在沉淀池底泥中越冬生活的特点,增加冬季和秋季的大强度清洗工作,除去底泥中存在的摇蚊幼虫,抑制其再度生长繁殖。水厂的沉淀池壁是摇蚊的主要产卵场所。

(4)生物操纵技术。

生物操纵技术的内容就是利用生态系统食物链摄取原理和生物的相生相克关系,通过改变水体的生物群落结构来达到改善水质恢复生态平衡的目的。

二、预处理工艺

> CBD001 原水预处理的定义

(一)原水预处理

1. 原水预处理的定义及目的

原水预处理就是在水源水进入以混凝—沉淀—过滤为核心的常规处理之前,通过一定的处理方法,去除那些常规处理难以去除的污染物,或者是改变这些污染物的性质,使其能够通过后续处理得到有效的去除。常规水处理工艺难以有效去除的污染物有三大类:一是氨氮、藻类等造成水的异臭味的物质,二是消毒副产物的前体物,三是溶解性微量污染物。

一般来说,预处理要完全去除某种污染物往往很难,因此改变污染物的性质使之易于被后续工艺去除通常是预处理的主要目的,主要是通过物理、化学、生物等方法,控制水中的第一、第二类物质,使其在后续处理中得到有效去除,而对于第三大类的溶解性微量污染物,则需要深度处理去除。预处理后产生大量的卤化有机污染物,在后续工艺中可通过高锰酸钾氧化、紫外光氧化、臭氧等方法将其去除。常见的生物处理工艺有生物塔滤、生物转盘、生物滤池。

> CBD002 原水预处理的目的

2. 原水预处理的方法

1)粉末活性炭吸附法

> CBD003 原水预处理的方法

活性炭吸附是去除水的臭味、天然和合成溶解有机物、污染物质等的有效措施。吸附预处理是利用吸附剂强大的吸附性能来去除水中的污染物,能在给水处理中有效去除溶解性有机物、臭和味及微污染物等物质。通常将粉末活性炭投加到原水中,吸附水中的有机物,然后通常通过后续的混凝沉淀加以去除。它的投加量要根据水的浊度和产生臭味物质的浓度进行配比,处理水厂多采用粉末活性炭技术,具有吸收速度快、设备简单、投资费用低,大大减少了处理水的成本。

2) 化学预氧化法

用氯、臭氧、高锰酸盐等作为氧化剂,投加原水中,以氧化水中的有机物或改变有机物的性质,使之在后续工艺中得到有效去除。

3) 生物氧化法

生物氧化法是对原水进行曝气或其他生物处理,去除水中氨氮和生物可降解有机物质。

三、消毒工艺

(一) 饮用水的安全性

饮用水的安全性包含化学安全性和微生物的安全性。饮用水的化学安全性是指由于几乎每种氧化剂在消毒的同时都会与水中的某些特定污染物相互反应,从而产生一定的消毒副产物,饮用水消毒剂本身及其生成的消毒副产物提高了饮用水的化学风险,从而降低了饮用水的化学安全性。虽然它们的含量一般极低,但它们当中有不少是属于致癌、致畸、致突变的"三致"物质。饮用水的微生物安全性是指水体中的大量微生物严重威胁着人类的健康和生命。随着微生物检测技术的不断进步,许多新的病原微生物正逐步在饮用水中被检出和量化计数,如贾第虫、隐孢子虫等原生动物,军团菌以及病毒等;此外,管网中也不同程度地存在生物膜的生长的微生物的二次繁殖现象,这些都将增加饮用水的微生物风险,影响饮用水的微生物安全性。饮用水净化技术最早始于饮用水的生物安全性问题。

饮用水水质与人类身体健康休戚相关,而饮用水的微生物和化学特征是衡量饮用水是否安全的主要指标。世界卫生组织在《饮用水水质准则》中认为,病原微生物指标最为重要,因为,不同化学污染物、病原微生物具有以下明显特征:

(1) 病原微生物在水中以离散形式存在;

(2) 病原微生物通常附着在水中的悬浮颗粒表面,一般的检测浓度并不表示其实际值;

(3) 病原微生物危害极大,可借助宿主迅速繁殖,并造成短时间内大量饮用者感染。

(二) 饮用水的安全消毒

饮用水消毒主要是通过消毒剂来完成的,为控制介水质疾病传染、提高饮用水的微生物安全性起到了至关重要的作用,大大降低了一般介水疾病的发病率。我国目前只列了细菌总数、总大肠菌群和粪大肠菌群3项,为尽快实现我国供水与国际接轨,逐步改善水的微生物指标以降低饮用水的微生物风险是大势所趋。

随着分析检测技术的进步和卫生毒理学研究的不断开展,消毒剂及其消毒副产物对饮用者健康的潜在危害也逐渐引起了人们的广泛关注。同时,水环境污染也不能在短时期得到明显改善,各种各样的微量化学污染物将越来越多地进入饮用水水源。虽然它们的含量很低,但是种类多、致突变活性较高,而常规水处理工艺不能有效地去除以溶解状态存在的微量有机污染物。1993年实施的生活饮用水水质标准规定三卤甲烷的MCL值为$100\mu g/L$。饮用水消毒在降低饮用水微生物风险、提高饮用水微生物安全性的同时,由于消毒剂本身及其生成的消毒副产物而提高了饮用水的化学物风险、降低了饮用水化学安全性。饮用水的安全消毒应在首先保证饮用水微生物安全性的前提下,尽可能地减少有毒有害消毒副产物的生成量以保证饮用水的化学安全性。

消毒方式可分为物理消毒、化学消毒及物理/化学联用。

(三)饮用水物理消毒

物理消毒法一般是采用某种物理效应,如超声波、电场、磁场、辐射、热效应等作用于干扰或破坏微生物的生命过程,达到消毒的目的。过滤除菌主要是机械地将微生物从水中分离出来,但也是一种物理过程。许多物理消毒过程中附带着某些化学消毒作用。

1. 饮用水物理消毒方法

1)加热

加热是最古老的饮用水消毒方法之一。加热杀菌的机理通常认为是细胞内的蛋白质和有机物的凝集变性。除了蛋白质的凝集变性之外,另一个可能是某个对生物生命过程很关键的细胞器的功能失效。在细胞膜内含有受热容易溶解的脂类化合物,当细胞受热时这些脂类化合物流失,致使细胞膜产生小孔,结构变化丧失功能而使微生物死亡。

2)辐射

辐射分为非离解辐射与离解辐射两种。

非离解辐射不能使空气介质电离,包括紫外线、红外线和微波。其中红外线和微波主要依靠加热杀菌。

离解辐射能使射线穿过的空气介质电离,包括高能量的 X 射线、电子流。

3)紫外线消毒

紫外线消毒的特点:紫外线在 200~280nm 范围是杀菌的波段。一般微生物个体越大或体内的 RNA 或 DNA 的数量越多,对紫外线的敏感性越低。各种微生物对紫外线的敏感程度不同,在紫外线消毒中孢子和病毒比自养型细菌耐受性高。

用紫外线消毒饮用水,饮用水的物化性质不变。但是紫外线消毒没有持续消毒能力,最好用在处理水能立即使用的场合。在使用较短波长的紫外线照射时,可能会使水中硝酸盐转变为亚硝酸盐,为了避免该问题应采用特殊的灯管材料吸收上述范围的波长。

紫外线灯用石英玻璃制造外壳,在与水接触的灯套管面上容易因为光化学作用而产生结垢。进行清洁时应使用擦镜纸和75%的酒精、柠檬酸或稀盐酸等清洗剂。

杀菌的原理:一般日光穿透大气层后到达地面的紫外线波长为 287~390nm,波长为 253.7nm 的紫外线的杀菌作用最强。此波段与微生物细胞核中的脱氧核糖核酸的紫外线吸收和光化学敏感性范围重合。通常认为某些物质在紫外线作用下,能发生一系列的自由基反应。在紫外光催化作用下,细胞膜的生理功能瘫痪。

封闭套管式紫外反应器在饮用水消毒中应用较多,反应器的结构主体为一内壁做有反射面的管道,管道内装有带透明套管的紫外线灯,套管的紫外线透射率要求不低于 80%。水中的化学组成和温度变化不会影响紫外线消毒的效果。

4)过滤

过滤除菌的方式有常规深层过滤、生物膜慢滤和膜过滤等形式。

(1)常规深层过滤。

常规深层过滤是利用脱稳的胶体颗粒产生接触絮凝作用,借助颗粒过滤介质与水流频繁的接触,从水中黏附的分离微生物个体。

(2)深层膜慢滤。

深层膜慢滤主要是利用滤料层上部生长的一层致密的生物膜拦截和吸附水流中的各种

颗粒和微生物。

(3) 膜过滤。

膜过滤主要是利用膜孔的筛滤作用去除微生物。膜去除微生物的另一个机理是吸附作用,一般微生物可视为带负电的胶体颗粒,当微生物通过膜时,就有可能被带正电的膜结构基团捕获而去除。有些膜孔大的微生物也有可能穿过膜。原因可能是膜的孔径分布不均匀,微生物个体的变形,微生物在生长期间大小产生变化。

除了去除微生物以外,膜过滤还可以去除水中的其他无机物颗粒和一大部分有机物分子,从而去除了微生物生长繁衍所需的基质。当水中的有机物浓度降低到一定水平,就能起到控制微生物的作用。

5) 微波辐射

微波是指频率大约在 $3\times10^2 \sim 3\times10^8 kHz$ 的电磁波,波长为 $0.001 \sim 1m$。微波通常由交流电场通过特殊的电子组件产生。微波用于水的灭菌主要是由于其产生热效应。水可强烈地吸收微波,使极性分子转动,由于分子间的摩擦而生热,加热很均匀,并且升温迅速。同时,由于微波可穿透介质较深,一般情况下,可以做到表里一致地均匀加热。

6) 电场处理

在水介质中建立电场后,可能存在两种消毒机理。

(1) 电化学(电解)消毒。

电化学消毒的原理是利用直流电压在一定区域内进行被处理介质的电解。直流电通过溶液后,水中的各种物质在电极附近产生电极反应,产生许多能杀灭微生物细胞的物质。

(2) 电场物理消毒。

利用直流或交流电压在电场消毒器内的一定区域建立起有一定强度的电场。这电场的场强与地球上的微生物在自然条件下所适应的地球环境场强大不相同,使细菌细胞所处的生物场改变,因此扰乱了微生物的生理代谢和某些酶的性质,生命过程反常失调而导致死亡。外加的电场能破坏细胞膜与周围环境交流物质的通道。由于这些通道能传输带电的离子,因此离子通道的堵塞将使调节细胞功能的内部电流改变,从而影响细胞的生命过程。

当被水流携带的微生物通过强电场时,因感应产生的瞬间变化的电流可通过细胞杀灭微生物。变化电场的杀菌机理还可能解释为脉冲电流在细胞壁上场产生了微孔,使微生物结构被破坏或增强消毒剂的渗透量而进行杀灭。

7) 磁场处理

磁场消毒是当水中导体通过高强度磁场时产生的感应电流达到一定值时,将改变微生物生活的物理环境,使微生物细胞破坏,改变离子通过细胞膜的途径,使蛋白质变性或破坏酶的活性。

8) 超声波处理

由于超声波的强烈震动,使细胞内的物质产生沉淀、乳化或液化作用,细胞结构被破坏而失活。溶液介质(水)在超声的作用下产生空穴,在溶液局部造成巨大的压力变化而杀灭细菌。溶液介质在超声的作用下产生微气泡,冲击和破坏细胞。水中的一些物质能在超声的作用下生成杀菌的物质。因超声波的空化作用产生的高温可以杀菌。超声波的震动还可以改变微生物的聚集状态或性质,使水中的消毒剂的作用得到增强。

2. 饮用水物理消毒的特点

物理消毒的共同优点:

(1)作用迅速,处理时间短,杀菌效果可靠稳定。

(2)一般不会给被处理水带来杂质和消毒副产物,处理剂量较大不会影响水的饮用安全。

(3)不需要进行药剂的储备和运输,便于生产管理。

(4)控制消毒剂量比较准确方便。

物理消毒的共同缺点:

(1)物理效应往往作用区域有限,杀菌范围不大,要增加处理水量就必须增加一些设备装置。

(2)物理作用一般没有消毒的持续性。

(3)除了过滤以外,物理效应是同时作用于微生物和微生物所在的水介质,往往有许多能量消耗在水介质本身,因此物理消毒一般要比化学消毒法能耗大些。

(4)物理消毒一般不给处理介质带来痕迹,因此难以去确定消毒效果的替代检测参数。由于物理消毒法没有后续的杀生能力,处理后的水必须尽快用尽,因此通常认为物理消毒法适用于小规模的给水,或者应与其他化学消毒法结合使用。

加热消毒的特点:一般在相同的温度条件下,热死温度高的微生物杀灭速度慢,热死温度低的微生物杀灭速度快。因此提高灭菌温度可以加快杀灭微生物的速度。

辐射消毒:其消毒效果一般不受温度、压力和pH值等因素的影响,杀菌迅速、广谱。但是辐射消毒没有后续的消毒作用,对辐射源的安全防护要求很高,影响了设备造价和推广使用。

过滤消毒:过滤方法除菌不需要或很少消耗化学药剂,能耗和费用较低,处理时间短,出水水质稳定,与原水水质的关系不大,出水中没有加入化学物质,无二次污染,运行管理中不采用有毒、易燃和易爆的化学物质,比较安全,设备装置运行的噪声较小。当采用膜过滤工艺时,处理设施的占地面积很小,并且容易扩建。缺点是没有持续的消毒效果,膜过滤规模较小,膜介质容易受化学物质侵害和微生物污染,膜滤操作技术要求较高,采用膜过滤的投资和维护费用较大。

微波辐射:微波灭菌操作方便快速,不在水中引入化学物质,但是没有持续性消毒作用,由于水的比热容很大,大部分微波能量被水吸收,另外电子组件本身要消耗30%~40%的能量,所以微波灭菌的能量效率很低。

电场/电化学消毒:设备体积小,安装和控制比较简便,管理简单,处理工艺不需投加化学药剂,不在水中增添可能有害于健康的物质,杀菌速度快,并且兼有去除重金属和有机物、灭藻等功能。

超声波消毒:停留时间较短,设备比较简单。

(四)饮用水化学消毒

1. 饮用水化学消毒方法

饮用水化学消毒方法主要分为两大类:氧化型消毒剂消毒和非氧化型消毒剂消毒。氧化型消毒剂包括氯、臭氧、二氧化氯;非氧化型消毒剂包括了一些特殊的高分子有机化合物和表面活性剂。氧化型消毒剂往往是通过灭活微生物的某种特殊酶而引起消毒作用,或者通过氧化,是细胞质产生破坏性降解。非氧化型消毒剂的杀菌机理与氧化型消毒剂有所不同,它主要不是通过灭活某种微生物的生命物质来进行杀菌的,而是通过与细胞构成物质的结合来扰乱生物细胞的结构,改变这些构成物质的功能特性,使微生物的正常生活过程不能进行。

氧化型消毒剂的来源比较广泛,化学稳定性比较差,但非氧化型消毒剂的杀菌能力相对弱。

> **CBE009 消毒处理的方式**

2. 消毒剂的种类

化学消毒方法包括卤素消毒、臭氧消毒、重金属离子消毒、过氧化氢消毒、过氧乙酸消毒、高铁酸钾消毒、高锰酸钾消毒、表面活性物质消毒、其他有机合成物消毒、羟基自由基消毒。

1)卤素消毒

卤素单质的消毒机理主要是使微生物的酶系统迅速灭活。卤素消毒包括氯、氯胺、和次氯酸盐、二氧化氯、溴、氯溴合剂、碘、氯碘合剂、氯化溴、氯化碘。饮用水的氯、氯胺和次氯酸盐是目前最广泛的消毒剂。

> **CBE010 氯胺的性质**

(1)氯胺消毒。

在加氯前先加氨或铵盐,再加氯使之生成化合性氯的消毒方法称为氯胺消毒。氯胺消毒作用缓慢,杀菌能力比自由氯弱。氯胺的稳定性好于氯,所以氯胺对于控制微生物的再生长的效果优于自由氯。氯胺所产生的消毒副产物少于氯消毒所产生的消毒副产物。氯胺在消毒中起主要作用的是一氯胺和二氯胺。

> **CBE011 氯胺的消毒原理**

氯胺灭活的机理是阻止蛋白质的合成或阻止以蛋白质为底物的生物活动,一般认为氯胺把氯储存起来,在管网中逐渐放出次氯酸。氯胺分子对细胞壁的穿透能力比自由氯强,对某些细胞的灭活效果甚至比氯还要好。

> **CBE012 氯胺消毒的优缺点**

氯胺消毒的优点:

① 当水中含有有机物时,氯胺消毒可以减少三氯甲烷产生的可能。

② 当水中含有有机物和酚时,不会产生氯臭和氯酚臭。

氯胺消毒的缺点:

① 杀菌能力弱。

② 单独采用氯胺消毒的水厂很少,通常作为辅助消毒剂以抑制管网中的细菌再繁殖。

> **CBE013 氯气的性质**

(2)氯气消毒。

一般情况下,气态氯的相对密度是空气的2.48~2.49倍,氯气有毒,是具有强烈刺激性的窒息气体,主要伤害呼吸系统、皮肤和眼部黏膜,能引起气管痉挛和肺气肿。氯可溶于水和碱,氯溶于水形成次氯酸溶液的温度范围是9.6~100℃,温度大于100℃时就不溶于水。101.3kPa条件下,20℃时1体积水可溶解2.15体积氯气,由于氯在水中的溶解度很小,因此在使用氯或处理漏氯事故时水并非氯的良好溶剂,并且氯水还会引起腐蚀问题。液氯是琥珀色的透明状液体。运行实践中常利用10%的氨水检测加氯系统的泄漏情况。

氯在低于9.6℃时能与水结合成晶状的黄色水化物"氯冰",所以氯水要保存在10~27℃的温度范围内。氯本身不燃烧但会助燃。与其他易燃气体的混合物在日晒时会发生爆炸。储存时应远离其他压缩气体,如氨、松节油、醚、金属粉末、碳氢化合物等他可燃物。

在特定的条件下氯能与大多数元素反应,可将硫化氢氧化成硫,将氨和含氮化合物氧化成氨氮,与某些有机物的氧化会产生爆炸性的产物。潮湿的氯对所有的普通金属都有很强的腐蚀性,所以氯瓶内不能进入潮气。

氯消毒的优点:

① 杀菌能力较强,有持续灭菌作用和一定的除藻、除臭、除味的能力。

② 应用广泛,技术工艺比较成熟。

③ 消毒系统投资和运行费用价廉,能大量产生,来源方便,但是近年来由于人们对于氯消毒副产物的担心而采用的各种工艺措施以及对氯的安全使用的严格规定,正在大幅度地提高氯的消毒成本。

氯消毒的缺点:

① 在一般投加剂量下对病毒、病原虫和寄生虫虫卵基本无效,对于某些生活形式下的细菌也难以控制。

② 不能氧化一般的杀虫剂等复合化合物。

③ 氯的杀菌效果受 pH 值影响较大。氯主要靠次氯酸形态杀菌,所以消毒效果与水的 pH 值密切相关,当 pH 值升高时次氯酸的氧化还原电位下降很快。

④ 液氯的使用、储存和运输有安全隐患性。

⑤ 自由性余氯在输水系统中维持的时间较短。

⑥ 氯能与某些有机物反应生成难闻的氯臭味。

⑦ 氯和氯氨在杀灭细菌和氧化还原性无机物的同时,还可能氧化部分微生物难利用的有机物,生成容易被细菌利用的 AOC 组分,所以加氯方式对饮用水的生物稳定性具有一定的影响。

⑧ 氯消毒对人体健康有一定的威胁。

氯消毒的原理:

① 氯和水反应产生所谓"新生态氧",氧化原生质。

② 源水质的直接氧化会损伤细胞膜,破坏膜的渗透压。

③ 氯渗透到细胞内部,与细胞的蛋白质、氨基酸反应生成稳定的氮-氯键结构,改变和破坏原生质。

④ 物理化学杀菌作用。

⑤ 对于病毒的灭活作用是高浓度的氯作用于病毒核酸的结果。

(3)二氧化氯消毒。

二氧化氯是一种刺激性气味黄绿色颜色的气体,易溶于水,溶于碱溶液、硫酸。二氧化氯溶液必须置于阴凉处严格密封,于避光条件下才能稳定。液体稳定性二氧化氯为透明至黄色水溶液,在 $-5 \sim 95$ ℃下性质稳定,能储存 2 年。二氧化氯分子较小,易挥发,其单质的液态和气态极不稳定,当空气中的二氧化氯含量大于 10% 时,易发生爆炸,所以工业生产中常用空气或惰性气体将二氧化氯稀释成 8%~10% 的浓度。

二氧化氯是一种消毒效率很高的消毒剂,具有广谱杀菌性,对绝大多数细菌和病原微生物均有很好的灭活效果。当水中细菌浓度在 $10^5 \sim 10^6$ 个/mL 时,0.5mg/L 的二氧化氯作用 5min 后的杀菌率为 99%。但二氧化氯消毒存在一定的有害副产物,主要副产物为氯酸盐。

二氧化氯是一种不稳定的消毒剂,在与有机物反应时一般会被还原成亚氯酸,而随后亚氯酸在微碱性条件下会歧化成氯酸,在消毒剂中稳定性最好的是氯胺。

CBE018 二氧化氯的氧化原理

二氧化氯的氧化原理:

二氧化氯是很强的氧化剂,其氧化能力是氯的2.63倍。在水中的扩散速度较氯快。悬浮物是影响二氧化氯消毒效果的主要因素之一。

二氧化氯对微生物的灭活机理在原则上与一般的氧化剂类消毒剂相同。由于二氧化氯扩散速度和渗透能力都比氯快,对微生物细胞壁有较好的吸附和穿透作用,因此能渗透到细胞内部,导致氨基酸链断裂,酪氨酸是最易受二氧化氯的氧化破坏的氨基酸。

CBE021 臭氧的性质

2)臭氧消毒

正常状态下,臭氧是淡蓝色,具有特殊的刺激性气味,低浓度的臭氧呈现使人兴奋、感觉清新宜人的新鲜气味,犹如一股淡淡的草鲜味。高浓度的臭氧有毒,也有腐蚀性。除金和铂外,臭氧几乎对所有金属都有腐蚀作用。臭氧的化学性质极不稳定,当空气中浓度超过25%下限时,容易发生爆炸。

臭氧在水中溶解度比纯氧高10倍,是空气的25倍,但仍属于难溶气体。浓度较高的臭氧水溶液也是淡蓝色的。由于一般所生产的臭氧气体中臭氧的比例甚低,因此当将这种气体投加到水中时,20℃时的溶解度仅达0.003~0.007g/L。

臭氧在分解成氧气的过程生成新生态氧,高度活性的新生态氧可起杀菌作用。臭氧能破坏细胞上的脱氢酶而干扰细胞的呼吸功能,直接氧化各种酶和蛋白质,阻碍代谢过程破坏有机体链状结构而导致细胞死亡。

臭氧作为氧化剂可用在净水过程中的各个阶段,常规的臭氧应用技术操作费用比较高,并且臭氧预氧化中臭氧处理单元对材质有特殊要求。

电晕放电法制备臭氧是目前大量生产和高浓度生产臭氧的主要方法,其生产的臭氧的电耗仅为紫外线法的13%~18%,臭氧发生器的构造类似于一个空气电容器,在生产上采用含25%Cr的铁铬合金来制造臭氧发生设备。

CBE022 臭氧氧化的目的

臭氧预氧化的目的:预臭氧化可部分降解天然有机物和灭活微生物,臭氧预氧化作用是氧化有机物,将大分子有机物分解为小分子有机物,预臭氧化不但可以迅速杀灭细菌,而且可以杀灭芽孢病毒,去除铁、锰,去除色度和臭味,改善絮凝效果,减轻后续常规处理和深度处理的负担,并使其更好地发挥作用。

CBE023 臭氧氧化的原理

臭氧预氧化的原理:臭氧在空气中,温度越高、浓度越大、分解越快。在水中的自分解遵循假一级反应动力学。

一般水中均含有微量或大量的有机或无机物质,导致溶入水中的臭氧进行分解的反应变得更复杂。在溶液中,臭氧与污染物以两种途径进行反应。臭氧分子具有共振结构,可直接与污染物反应。臭氧直接氧化的反应速率常数差异很大。

3)重金属离子消毒

金属离子能杀菌的原因是它们能与酶的硫氢基结合而使酶失去活性,或者沉析细胞的蛋白质。

CBE020 过氧化氢消毒的特点

4)过氧化氢消毒

过氧化氢(H_2O_2)是氢的过氧化物,是一种不可燃的油状无色液体,纯过氧化氢是一种无色液体,含量为3%的过氧化氢溶液常用于外科消毒,饮用水中过氧化氢对人体的安全浓度为3mg/L。

过氧化氢虽然氧化性强,但消毒能力不好,杀菌范围不广。有观点认为,自然界在有自由氧的条件下会产生过氧化氢,而绝大多数细菌为了适应环境,会在体内生成分解过氧化氢的酶,将过氧化氢分解成氧和水,从而保护自身。因此过氧化氢的消毒能力和氧化能力很不相称。

目前人们对过氧化氢的使用主要是将其与其他消毒方法联合使用,已经获得的一些成果:

(1)过氧化氢与银离子联用能促进彼此的消毒效果。

(2)过氧化氢可以和碘盐联用进行消毒。

(3)在一定条件下过氧化氢可以提供氧化能力极强的羟基自由基用于消毒。

5)过氧乙酸

过氧乙酸为无色液体,有醋酸气味,易溶于水和有机溶液,杀菌速度较快,分解产物无毒。

6)高锰酸钾消毒

固态的高锰酸钾是紫黑色粒状或针状晶体,有蓝色金属光泽,无臭味,不易溶解。高锰酸钾的水溶液为紫色,有甜涩味,容易因光照、二氧化锰和其他杂质的催化作用而分解,产生棕色的二氧化锰沉淀。高锰酸钾在酸性条件下是强氧化剂,能氧化水中大部分有机物质,但不是所有有机物都能被高锰酸钾氧化,并且氧化效果不彻底。

为保证高锰酸钾的处理效果,可以通过投加 Mg^{2+} 去除二氧化锰杂质。高锰酸钾可以与活性炭联用,两者都有去除卤代物前驱物质的作用。由于活性炭会还原高锰酸钾,使用时两者不可同时投加。

高锰酸钾预氧化的原理:采用高锰酸钾预氧化,有明显的助凝作用;高锰酸钾能够破坏无机胶体颗粒表面的有机涂层,从而达到强化除浊的目的。

当高锰酸钾投量范围在 0.5~20mg/L 时,对水中土腥味有良好的去除效果。苯酚是臭味前体物,在消毒过程中与氯结合形成氯酚,产生臭味。色度主要是水中含有大量天然有机物引起的。氯不能降低放线菌引发的臭,但当高锰酸钾可以与活性炭联用时,可以有效去除水中的臭味和色度。

3. 饮用水化学消毒的特点

非氧化型消毒剂不容易产生消毒副产物,但是杀菌能力较差,价格也比较高。氧化型消毒剂容易与环境物质生成有害的消毒副产物,化学稳定性较差。杀菌作用是化学物质的微粒与有机体作用的结果,消毒剂分子可以被水流带到各处,所以设计良好的消毒方法可以维持较好的消毒持续作用,能控制较大的杀菌范围。某些消毒剂可以采用大规模工业生产的产品,这样能降低消毒成本。由于消毒剂作用是化学物质微粒与有机体的分散作用,消毒工艺耗用能量一般要比物理法少,比较适用于大规模供水系统的消毒。

大部分化学消毒剂本身都有一定的毒性,投加的消毒剂还可能产生消毒副产物,影响人类健康;进行消毒剂的生产、储备和运输时有一定的安全隐患。全套消毒设施的占地,包括药剂的生产、配制、投加和储存库房,一般要比物理消毒法的大。

4. 消毒方法的选择

CBE007 消毒方法的选择

1) 消毒的效果

考虑到水的组成、微生物浓度和环境条件的波动范围，允许水质条件有一定的变化，能在可实现的接触时间和常见环境温度范围内消灭水中既定种类和数量的微生物。

2) 消毒剂的价格

价格合理，来源方便，生产供应可靠。

3) 消毒剂应用的健康考虑

消毒剂本身在使用的浓度内对人畜无毒，不会引起不适的后果。

4) 消毒反应产物的性质和后果

药剂在所使用的浓度内能达到消毒目标，其反应产物不会使水有残害毒性，令人不快或破坏美感。投药后不产生沉淀、不腐蚀系统、不与水中常见的物质构成有毒有害的产物、对环境影响小，投加浓度低。

5) 药剂发挥作用的稳定性

有一定时间的持续消毒能力，不容易受到外部的物理化学条件的影响而降低效果。

6) 可监测性

能够快速精确测定药剂的浓度，以便与运行控制和评价消毒效率，容易实现自动化。

7) 消毒作用的灵敏性和作用范围

希望挥发效果快以便于运行控制和应对紧急情况，能进行广谱杀生。

8) 消毒剂性质的可操作性

药剂对投加、操作和监控监测的工作要求不严格，药剂应用的形式便于使投加容易、安全和精确，药剂的储存、输运和使用比较安全方便。

（五）几种原料的理化性质

CBE028 盐酸的理化性质

1. 盐酸

盐酸是 HCl 的水溶液，具有挥发性具有刺激性气味，外观为无色液体，一般使用的盐酸 pH 值在 2~3，能与一些金属粉末发生反应，放出氧气。当盐酸少量泄漏时，可用砂土、干燥石灰或苏打灰混合。

CBE029 氯酸钠的理化性质

2. 氯酸钠

氯酸钠常温下为白色颗粒，易吸潮结块。当温度为 300℃ 时，氯酸钠受热放出氧气。氯酸钠在酸性溶液中，有催化剂硫酸铜存在时，是强氧化剂，与硫酸作用放出二氧化氯，在中性溶液或弱碱性溶液中氧化能力非常低。

CBE030 亚氯酸钠的理化性质

3. 亚氯酸钠

亚氯酸钠是一种橙色雪片状的盐，工业用亚氯酸钠纯度为 50%~80%，有强氧化性，存放在密闭的钢筒内。亚氯酸钠在密闭或溶液状态下比较稳定，但在有机物存在时十分易燃，因此不能允许其溶液在地上干燥，必须用水冲洗。亚氯酸钠库房应设置快速冲洗设施。常温下亚氯酸钠易溶于水而形成橙褐色溶液，20℃ 时最大溶解度约为 550g/L，但是温度高于 175℃ 时亚氯酸钠迅速分解。

CBE019 次氯酸钠的性质

4. 次氯酸钠

固态次氯酸钠是很容易分解和潮解的白色粉末，受热迅速分解，有爆炸的风险。固态的次氯酸钙比固态次氯酸钠稳定性好。次氯酸钠易溶,溶液易被光和热分解,易水解而呈现碱性。

工业次氯酸钠粉末含有 5%~15%的有效氯,密度为 1.075~1.205kg/L。次氯酸钠溶液应避光保存,一般储存温度应不超过 29.4℃,通常要求在生产后数周之内用掉。

次氯酸钠溶液有一定的腐蚀性,容器可为木制或混凝土建造。

项目二 使用酸度计测定水的 pH 值

一、准备工作

(一)设备
酸度计 1 台,磁力搅拌器 1 个。

(二)工具、材料
100mL 小烧杯 4 个,100℃温度计 1 支,滤纸若干;231 型玻璃电极 1 个,232 型甘汞电极 1 个,pH 值=6.864、pH 值=9.182 标准缓冲溶液各 100mL(预先配制好),蒸馏水 2000mL,待测溶液 100mL(预先配制一定 pH 值水样)。

(三)人员
1 人操作,持证上岗,劳动保护用品穿戴齐全。

二、操作规程

序号	工序	操作步骤
1	准备工作	选择工具、用具及材料
2	仪器预热	(1)拔去甘汞电极上下两端的橡皮套。 (2)接通电源,放开校正/测量键,使仪器预热 30min,调仪器使显示为零并稳定。 (3)放开 pH/mV 键,用蒸馏水清洗电极,并用滤纸吸干
3	仪器校准	(1)选择第一标定溶液并把电极移入该溶液。 (2)调节定位调节器,使仪器显示为零。 (3)放开校正/测量键,移出电极至蒸馏水中,清洗吸干。 (4)选择第二标定溶液,并把电极移入第二标定溶液,调整温度键。 (5)按下校正/测量键,调整斜率调节器,使仪器读数为两种标定溶液 pH 值的差值,再调节定位器,使仪器读数为第二标定溶液的 pH 值
4	水样测定	(1)放开校正/测量键,移出电极,用清水清洗,吸干。 (2)把电极移入被测溶液中,将温度键调好,搅匀。 (3)按下校正/测量键,读出被测液的 pH 值。 (4)测量完毕,移出电极,清洗吸干,套上橡皮套
5	清理场地	清理场地,收工具

三、技术要求

(1)仪器使用前要求预热 30min。
(2)仪器需要调试零点。
(3)要小心两个电极的使用。

(4)温度键要求置于该溶液的温度值上。
(5)所测溶液要求搅拌均匀。

四、注意事项

(1)每次用蒸馏水清洗电极后都一定要用滤纸吸干。
(2)测量结束后要清洗电极并套上橡皮套。

项目三　使用二氧化氯分析仪测定余量

一、准备工作

(一)设备

二氧化氯分析仪1台。

(二)工具、材料

10mL比色杯2个,滤纸若干,DPD试剂1包,100g/L甘氨酸溶液100mL,蒸馏水2000mL,待测样品100mL。

(三)人员

1人操作,持证上岗,劳动保护用品穿戴齐全。

二、操作规程

序号	工序	操作步骤
1	准备工作	选择工具、用具及材料
2	空白对照	(1)按下仪器开启键。 (2)取待测样品10mL于比色杯中,作为空白对照。 (3)将装有样品的比色杯用滤纸吸干置于比色池中。 (4)盖上器具盖,按下仪器的ZERO键
3	水样测定	(1)取待测样品10mL于比色杯中,立即加入4滴甘氨酸试剂,摇匀。 (2)加入一包DPD试剂,轻摇20s,静止30s。 (3)将装有药剂的比色杯用滤纸吸干后置于比色池中。 (4)盖上器具盖,按下READY键,读数
4	工具、用具维护	小心使用2个比色杯
5	清理场地	清理场地,收工具

三、技术要求

(1)器具盖要测定时要求盖上。
(2)滴入试剂后要求摇匀。

四、注意事项

(1)每次使用比色杯要用滤纸吸干。
(2)要小心使用比色杯,不能有破损。

项目四 测定水样色度

一、准备工作

(一)设备

离心机 1 台。

(二)工具、材料

10mL 量筒 1 个,标签若干,滤纸若干,漏斗 1 个,澄清水样 500mL,浑浊水样 500mL,50mL 比色管 13 支,蒸馏水 3L,500 度铂-钴标准溶液,200mL、1mL、5mL 移液管 3 支。

(三)人员

1 人操作,持证上岗,劳动保护用品穿戴齐全。

二、操作规程

序号	工序	操作步骤
1	准备工作	选择工具、用具及材料
2	标准色列的配备	(1)取比色管 11 支,配制标准色列。 (2)混匀后,贴好标签,配成标准色列
3	透明水样的测定	(1)取 50mL 透明水样于比色管中,与标准色列比较,比色用白瓷板衬垫,自上而下比色。 (2)正确计算出透明水样色度
4	浑浊水样的测定	(1)用离心机将浑浊水样澄清,不能用滤纸过滤,离心机最少工作 10min。 (2)取离心机处理后的上清液 50mL 于比色管中,与标准色列比较。 (3)计算出浑浊水样色度并记录
5	工具、用具维护	正确使用离心机
6	清理场地	清理实验场地,收工具

三、技术要求

(1)正确使用移液管。

(2)比色时要使用白瓷板衬垫并自上而下进行比较。

(3)正确使用离心机,不能选漏斗过滤水样。

(4)取上清液时不得混入悬浮物。

四、注意事项

(1)比色管要求清洗干净。

(2)标准色列要贴好标签。

项目五　巡回检查臭氧发生器间

一、准备工作

(一)设备
臭氧发生器1套,空压机1套,干燥器1套,余臭氧分析仪1套,臭氧浓度分析仪1套。

(二)工具、材料
手套1副,记录报表1张。

(三)人员
1人操作,持证上岗,劳动保护用品穿戴齐全。

二、操作规程

序号	工序	操作步骤
1	准备工作	选择工具、用具及材料
2	气源检查	(1)检查空压机的运行时间、工作压力、工作温度。 (2)检查干燥器的前后两个过滤器的容量。 (3)检查氮气投加量。 (4)检查氮气投加系统露点。 (5)检查氮气投加系统出气阀压力
3	臭氧系统检查	(1)检查工艺管线是否泄漏。 (2)检查臭氧系统触摸屏与指示灯。 (3)检查臭氧浓度分析仪读数,如不准则需要校零。 (4)检查发生器工作的环境温度(5~35℃)、环境湿度(≤80%)、噪声(≤80dB)
4	记录	做好各项原始记录,包括臭氧发生器系统的进气量(质量)、出气量(体积)、臭氧浓度、臭氧发生量、耗电量、内循环水进出水温度、内循环水压力、内循环水流量、水质分析室内的余臭氧分析仪数据,准确填写日报表
6	清理场地	清理实验场地,收工具

三、技术要求

(1)管线如果泄漏要立即启动应急预案。
(2)臭氧浓度分析仪读数不准时要进行调整。

四、注意事项

(1)检查过程中要遵守安全操作规程及注意事项。
(2)注意做好各项报表记录。

模块三　管理维护设备

项目一　相关知识

一、阀门

(一) 概述

> CBF001　阀门的概述

阀门是一种安装在各种管道和设备等流体输送系统中具有截止、导流、防止逆流、调节、分流或溢流泄压等功能的机械,属于一种通用机械产品。阀门的截止功能即止回,主要用于截断或接通管路中的介质流体,一般情况下需要借助外力进行截断或接通;防止逆流功能主要用于阻止介质倒流,不需要借助外力,属于自动阀门;导流功能主要用于引导介质向某一个方向流动。用以控制流体流量、压力和流向。

阀门的控制功能是依靠驱动机构或回转运动以改变流道面积的大小来实现的,被控制流体可以是液体、气体、气液混合体或固液混合体。

阀门广泛应用于石油、化工、电力、冶金、船舶、造纸、核工业、长输管线、城建环保等各大领域,在国民经济发展中具有重要作用。

(二) 阀门的分类

> CBF002　阀门的分类

阀门的用途广泛,种类繁多,分类方法也比较多,总体可分为自动阀门和驱动阀门两大类。

自动阀门:依靠介质(液体、气体)本身的能力而自行动作的阀门,如止回阀、安全阀、调节阀、疏水阀、减压阀等。

驱动阀门:借助手动、电动、液动、气动来操纵动作的阀门,如闸阀、截止阀、节流阀、蝶阀、球阀、旋塞阀等。

此外,阀门的分类还有以下几种方法。

1. 按形状和构造分类

阀门被分为闸阀、球心阀、蝶阀等。

2. 按用途分类

(1) 开断用:用来接通或切断管路介质,如截止阀、闸阀、球阀、蝶阀等。

(2) 止回用:用来防止介质倒流,如止回阀。

(3) 调节用:用来调节介质的压力和流量,如调节阀、减压阀。

(4) 分配用:用来改变介质流向、分配介质,如三通旋塞、分配阀、滑阀等。

(5) 安全阀:在介质压力超过规定值时,用来排放多余的介质,保证管路系统及设备安全,如安全阀、事故阀。

(6) 其他特殊用途:如疏水阀、放空阀、排污阀等。

3. 按驱动方式分类

(1)手动:借助手轮、手柄、杠杆或链轮等由人力驱动,传动较大力矩时,装有涡轮、齿轮等减速装置。

(2)电动:借助电动机或其他电气装置来驱动。

(3)液动:借助(水、油)来驱动。

(4)气动:借助压缩空气来驱动。

4. 按压力分类

(1)真空阀:绝对压力小于 0.1MPa,即 760mmHg 的阀门,通常用毫米汞柱或毫米水柱表示压力。

(2)低压阀:公称压力不大于 1.6MPa 的阀门。

(3)中压阀:公称压力 PN2.5~6.4MPa 的阀门。

(4)高压阀:公称压力 PN10.0~80.0MPa 的阀门。

(5)超高压阀:公称压力 PN100.0MPa 的阀门。

5. 根据阀门工作时介质的温度分类

(1)普通阀门:适用于介质温度-40~425℃的阀门。

(2)高温阀门:适用于介质温度 425~600℃的阀门。

(3)耐热阀门:适用于介质温度 600℃以上的阀门。

(4)低温阀门:适用于介质温度-150~-40℃的阀门。

(5)超低温阀门:适用于介质温度在-150℃以下的阀门。

6. 按公称通径分类

(1)小口径阀门:公称通径小于 DN40mm 的阀门。

(2)中口径阀门:公称通径 DN50~300mm 的阀门。

(3)大口径阀门:公称通径 DN350~1200mm 的阀门。

(4)特大口径阀门:公称通径 DN1400mm 的阀门。

7. 按与管道连接方式分类

(1)法兰连接阀门:阀体带有法兰,与管道采用法兰连接的阀门。

(2)螺纹连接阀门:阀体带有内螺纹或外螺纹,与管道采用螺纹连接的阀门。

(3)焊接连接阀门:阀体带有焊口,与管道采用焊接连接的阀门。

(4)夹箍连接阀门:阀体上带有夹口,与管道采用夹箍连接的阀门。

(5)卡套连接阀门:采用卡套与管道连接的阀门。

除此之外,还可依据阀门启闭时是否靠外来作用力而分为它动阀和自动阀,逆止阀、安全阀、稳压阀属于自动阀,压阀、电动阀属于它动阀。

（三）阀门的结构

阀门通常由阀体、阀盖、阀座、启闭件、驱动机构、密封件和紧固件等组成。

阀体是指与管道直接连接并控制介质流动方向的阀门承压零件,一般可分为直通式、角式、直流式。

阀盖是指与阀体相连并与阀体构成压力腔的主要零件。

支架位于阀盖或阀体上,是用于支撑传动机构或阀杆螺母的零件,支架的结构形状比较多样。止回阀、安全阀等自动阀门不需支架。

启闭件:闸板是闸阀中的启闭件,其形式有单闸板、双闸板、弹性闸板等;蝶板是蝶阀中的启闭件;截止阀、止回阀、节流阀等阀门中的启闭件称为阀瓣;球体是球阀中的启闭件等。

阀座是安装在阀体上与启闭件组成密封副的零件。

密封面是指启闭件与阀座(或阀体)紧密结合,起密封作用的两个接触面。根据密封面的材质可分为金属密封阀门和非金属密封阀门。金属密封阀门指启闭件密封面与阀座密封面的材料均为金属的阀门。软密封阀门指启闭件密封面与阀座密封面的材料至少有一种为非金属的阀门,如橡胶与金属、塑料与金属等。

填料函:在阀盖(或阀体)上充满填料,用来阻止介质由阀杆处泄漏的一种结构。

填料:装入填料函中,阻止介质从阀杆处泄漏的填充物。

填料压盖:用以压紧填料达到密封的零件。

阀杆:将启闭力传递到启闭件上的主要零件。

阀杆螺母:与阀杆螺纹构成运动副的零件。

上密封:当阀门全开时,阻止介质向填料函处渗透的一种密封结构,并非所有的阀门都具有上密封结构。当阀门要求具有上密封结构时,一般在阀盖上安装上密封座或阀盖上加工出密封面,与阀杆上的密封面共同组成密封副。

其他零件还包括手轮或手柄、螺栓、螺母、活节螺栓、弹簧、销轴等零部件。

CBF004 阀门型号的意义

(四)阀门的型号及意义

阀门的型号是用来表示阀类、驱动及连接形式、密封圈材料和公称压力等要素的。由于阀门种类繁杂,为了制造和使用方便,国家对阀门产品型号的编制方法做了统一规定。阀门产品的型号由 7 个单元组成,用来表明阀门类别、驱动种类、连接和结构形式、密封面或衬里材料、公称压力及阀体材料,如图 2-3-1 所示。

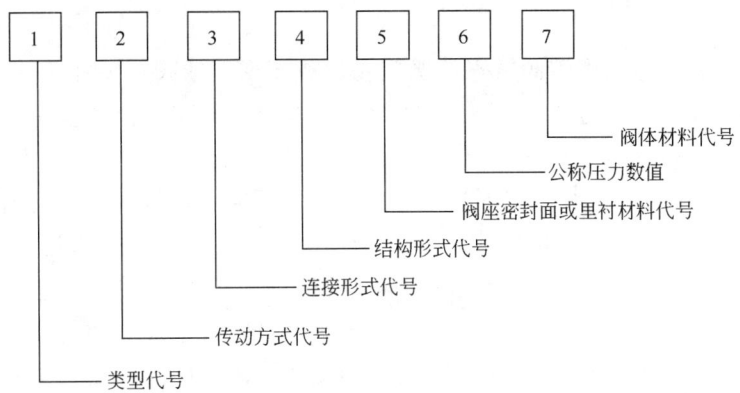

图 2-3-1 阀门的型号表示方法

其中公称压力是指在一级压力温度下(200℃)的工作压力,用字母 PN 表示,压力单位为兆帕(即 MPa)。公称通径是管路系统中所有管路附件用数字表示的尺寸,是供参考用的一个方便的圆整数,与加工尺寸仅成不严格的关系。公称通径用字母"DN"后面紧跟数字表示,单位为 mm。

阀门的类型代号见表 2-3-1。

表 2-3-1　阀门的类型代号

阀门类型	代号	阀门类型	代号	阀门类型	代号
闸阀	Z	球阀	Q	疏水阀	S
截止阀	J	旋塞阀	X	安全阀	A
节流阀	L	液面指示器	M	减压阀	Y
隔膜阀	G	止回阀	H		
柱塞阀	U	蝶阀	D		

> CBF005 闸阀的概述

(五) 阀门的应用

1. 闸阀

闸阀又称闸板阀，截断阀类的一种，用来接通或截断管路中的介质，是一种广泛使用的阀门。它的闭合原理是闸板密封面与阀座密封面高度光洁、平整一致，相互贴合，可阻止介质流过，并依靠顶模、弹簧或闸板来增强密封效果。闸阀全开时整个流通直通，此时截止运行的压力损失最小。闸阀通常适用于不需要经常启闭，而且保持闸板全开或全闭的工况。对于高速流动的介质，闸板在局部开启状态下可以引起阀门的振动，而振动有可能损伤闸板和阀座的密封面，而节流会使闸板遭受介质的冲蚀，所以闸阀一般不做节流使用。

闸阀按阀杆螺纹分两类，一是明杆式，二是暗杆式。按闸板构造分，也分两类，一是平行式，二是楔式。明杆闸阀的优点是开闭程度明显；暗杆闸阀的优点是闸阀的高度总保持不变。

为了密合可靠，在闸阀的阀瓣和闸板阀座中，往往用另外合适材料做成密封圈装入。密封圈材料可选用软质材料，如皮革、天然橡胶、合成橡胶、尼龙、聚乙烯、聚丙烯、氟塑料等，也可选用硬质材料，如铜合金、巴氏合金、不锈钢、硬质合金、渗氮钢等。

优点：流体阻力小，启闭省劲，可以在介质双向流动的情况下使用，没有方向性，全开时密封面不易冲蚀，结构长度短，不仅适合做小阀门，而且适合做大阀门。

> CBF006 球阀的概述

2. 球阀

球阀的工作原理是靠旋转阀链来使阀门畅通或闭塞。球阀开关轻便，体积小，可以做成很大口径，密封可靠，结构简单，维修方便，密封面与球面常在闭合状态，不易被介质冲蚀，在各行业得到广泛的应用。

球阀分两类，一是浮动球式，二是固定球式。球阀只需要用旋转 90° 的操作和很小的转动力就能关闭严密。完全平等的阀体内腔作为介质提供了阻力很小、直流的流道。球阀最适宜直接做开闭使用，一般不做节流使用。球阀的主要特点是本身结构紧凑，易于操作和维修，适用于水、溶剂、酸和天然气等一般工作介质，而且还适用于工作条件恶劣的介质，如氧气、过氧化氢、甲烷、乙烯、树脂等。球阀阀体可以是整体的，也可以是组合式的。

> CBF007 蝶阀的概述

3. 蝶阀

蝶阀是用圆形蝶板作启闭件并随阀杆转动来开启、关闭和调节流体通道的一种阀门，又称蝴蝶阀，顾名思义，它的关键性部件好似蝴蝶迎风，自由回旋。蝶阀的阀瓣是圆盘，围绕阀座内的一个轴旋转，旋角的大小，便是阀门的开闭度。蝶阀主要由阀体、蝶板、阀杆、密封圈和传动装置组成。

蝶阀具有轻巧的特点,比其他阀门要节省材料,结构简单,开闭迅速,切断和节流都能用,流体阻力小,启闭方便迅速,调节性能好,蝶板旋转90°即可完成启闭,操作省力。

蝶阀的蝶板安装于管道的直径方向。在蝶阀阀体圆柱形通道内,圆盘形蝶板绕着轴线旋转,旋转角度为0°~90°,旋转到90°时,阀门则是全开状态。如果要求蝶阀作为流量控制使用,主要的是正确选择阀门的尺寸和类型。

目前,蝶阀在热水管路得到广泛的使用。能够使用蝶阀的地方,最好不要使闸阀,因为蝶阀比闸阀经济,而且调节性好。蝶阀处于完全开启位置时,蝶板厚度是介质流经阀体时唯一的阻力,因此通过该阀门所产生的阻力很小,故具有较好的流量控制特性和关闭密封作用,可以做调节用。蝶阀只适用于调节流量,不做截止阀使用。

CBF009 截止阀的概述

4. 止回阀

止回阀是依靠流体本身的力量自动启闭的阀门,它的名称很多,如逆止阀、单向阀、单流门等。止回阀的作用是只允许介质向一个方向流动,防止介质倒流,阀门产品型号中用"H"代表。通常这种阀门是自动工作的,在一个方向流动的流体压力作用下,阀瓣打开;流体反向流动时,由流体压力和阀瓣的自重合阀瓣作用于阀座,从而切断流动。止回阀包括旋启式止回阀和升降式止回阀。降式垂直瓣止回阀安装在垂直管道上,升降式水平瓣止回阀应安装在水平管道上。

止回阀按结构可分两类:

(1)升降式:阀瓣沿着阀体垂直中心线移动。这类止回阀有两种,一种是卧式,装于水平管道,阀体外形与截止阀相似,另一种是立式,装于垂直管道。

(2)旋启式:阀瓣围绕座外的销轴旋转,这类阀门有单瓣、双瓣和多瓣之分,但原理是相同的。

水泵吸水管的吸水底阀是止回阀的变形,它的结构与上述两类止回阀相同,只是它的下端是开敞的,以便可使水进入。

CBF009 截止阀的概述

5. 截止阀

截止阀,又称截门,是使用最广泛的一种阀门,阀门产品型号中用"J"代表。它之所以广受欢迎,是由于开闭过程中密封面之间摩擦力小,比较耐用,开启高度不大,制造容易,维修方便,不仅适用于中低压,而且适用于高压。截止阀具有流体阻力大,开启和关闭时所需力较大的特点。

截止阀分为3类:直通式、直角式及直流式斜截止阀。

截止阀适用于截断介质流动,截止阀的阀杆轴线与阀座密封面垂直,通过带动阀芯的上下升降进行开断。它的闭合原理是,依靠阀杆压力使阀瓣密封面与阀座密封面紧密贴合,阻止介质流通。截止阀只许介质单向流动,安装时有方向性。它的结构长度大于闸阀,同时流体阻力大,长期运行时,密封可靠性不强。

截止阀有节流作用,但一般不允许作为节流阀。截止阀一旦处于开启状态,它的阀座和阀瓣密封面之间就不再有接触,并具有非常可靠的切断动作,因而它的密封面机械磨损较小,由于大部分截止阀的阀座和阀瓣比较容易,修理或更换密封原件时无须把整个阀门从管线上拆下来,这对于阀门和管线焊接成一体的场合是很适用的。

二、仪表

(一)流量计

流量计通常为指示被测流量和(或)在选定的时间间隔内流体总量的仪表。简单来说就是用于测量管道或明渠中流体流量的一种仪表,工程上常用单位为 m^3/h,流量计可分为瞬时流量和累计流量,瞬时流量即单位时间内过封闭管道或明渠有效截面的量,流过的物质可以是气体、液体、固体;累计流量即为在某一段时间间隔内(一天、一周、一月、一年)流体流过封闭管道或明渠有效截面的累计量。通过瞬时流量对时间积分也可求得累计流量,所以瞬时流量计和累计流量计之间也可以相互转化。

1. 流量计的分类

1)按测量原理分类

力学原理:属于此类原理的仪表有利用伯努利定理的差压式、转子式流量计;利用动量定理的冲量式、可动管式流量计;利用牛顿第二定律的直接质量式流量计;利用流体动量原理的靶式流量计;利用角动量定理的涡轮式流量计;利用流体振荡原理的旋涡式、涡街式流量计;利用总静压力差的皮托管式流量计以及容积式流量计和堰、槽式流量计等。

电学原理:采用此类原理的仪表有电磁式、差动电容式、电感式、应变电阻式等流量计。

声学原理:利用声学原理进行流量测量的有超声波式、声学式(冲击波式)等流量计。

热学原理:利用热学原理测量流量的有热量式、直接量热式、间接量热式等流量计。

光学原理:激光式、光电式等流量计是属于此类原理的仪表。

原子物理原理:核磁共振式、核辐射式等流量计是属于此类原理的仪表。

其他原理:有标记原理(示踪原理、核磁共振原理)、相关原理等流量计。

2)按结构原理分类

按当前流量计产品的实际情况,根据流量计的结构原理,大致上可归纳为以下几种类型:

(1)容积式流量计:又称定排量流量计,简称 PD 流量计,在流量仪表中是精度最高的一类。它利用机械测量组件把流体连续不断地分割成单个已知的体积部分,根据测量室逐次重复地充满和排放该体积部分流体的次数来测量流体体积总量。容积式流量计按其测量组件分类,可分为椭圆齿轮流量计、刮板流量计、双转子流量计、旋转活塞流量计、往复活塞流量计、圆盘流量计、液封转筒式流量计、湿式气量计及膜式气量计等。

(2)涡轮流量计:是速度式流量计中的主要种类,它采用多叶片的转子(涡轮)感受流体平均流速,从而推导出流量或总量。涡轮一般由传感器和显示仪两部分组成,也可做成整体式。涡轮流量计和容积式流量计、科里奥利质量流量计称为流量计中三类重复性、精度最佳的产品,作为十大类型流量计之一,其产品已发展为多品种、多系列批量生产的规模。

(3)差压式流量计(变压降式流量计):是根据安装于管道中流量检测件产生的差压、已知的流体条件和检测件与管道的几何尺寸来计算流量的仪表。差压式流量计由一次装置(检测件)和二次装置(差压转换和流量显示仪表)组成。通常以检测件形式对差压式流量计进行分类,如孔板流量计、文丘里流量计、均速管流量计等。二次装置为各种机械、电子、机电一体式差压计,差压变送器及流量显示仪表。它已发展为三化(系列化、通用化及标准化)程度很高的、种类规格庞杂的一大类仪表,它既可测量流量参数,也可测量其他参数(如压力、物位、密度等)。差压式流量计的检测件按其作用原理可分为节流装置、水力阻力式、离心式、动压头式、动压头增益式及射流式几大类。差压式流量计是一类应用最广泛的流量计,在各类流量仪表中其使用量占居首位。近年来,由于各种新型流量计的问世,它的使用量百分数逐渐下降,但目前仍是最重要的一类流量计。

(4)浮子流量计:又称转子流量计,是变面积式流量计的一种,在一根由下向上扩大的垂直锥管中,圆形横截面的浮子的重力是由液体动力承受的,从而使浮子可以在锥管内自由地上升和下降。浮子流量计是应用范围仅次于差压式流量计的一类流量计,特别在小、微流量方面有举足轻重的作用。

(5)涡街流量计(USF):是在流体中安放一根非流线型旋涡发生体,流体在发生体两侧交替地分离释放出两串规则地交错排列的旋涡的仪表。当通流截面一定时,流速与导容积流量成正比。因此,测量振荡频率即可测得流量。涡街流量计按频率检出方式可分为应力式、应变式、电容式、热敏式、振动体式、光电式及超声式等。

(6)电磁流量计:电磁流量计是应用导电体在磁场中运动产生感应电动势,而感应电动势又和流量大小成正比,通过测电动势来反映管道流量的原理而制成的,其测量精度和灵敏度都较高,工业上多用于测量水、矿浆等介质的流量。电磁流量计可测最大管径达 2m,而且压损极小,但电导率低的介质,如气体、蒸汽等则不能应用。电磁流量计造价较高,且信号易受外磁场干扰,影响了在工业管流测量中的广泛应用。为此,产品在不断改进更新,向微机化发展。

(7)超声流量计:是基于超声波在流动介质中传播的速度等于被测介质的平均流速和声波本身速度的几何和的原理而设计的,它也是由测流速来反映流量大小的。超声波流量计可以制成非接触型式,并可与超声波水位计联动进行开口流量测量,对流体又不产生扰动和阻力。超声波流量计按测量原理可分为时差式和多普勒式,利用时差式原理制造的时差式超声流量计近年来得到广泛的关注和使用,是目前企事业单位使用最多的一种超声波流量计。利用多普勒效应制造的超声多普勒流量计多用于测量介质有一定的悬浮颗粒或气泡的介质,使用有一定的局限性,但却解决了时差式超声波流量计只能测量单一清澈流体的问题,也被认为是非接触测量双相流的理想仪表。

(8)质量流量计:由于流体的容积受温度、压力等参数的影响,用容积流量表示流量大小时需给出介质的参数,在介质参数不断变化的情况下,往往难以达到这一要求,进而造成仪表显示值失真。因此,质量流量计就得到广泛的应用和重视。质量流量计分直接式和间接式两种。直接式质量流量计利用与质量流量直接有关的原理进行测量,目前常用的有量热式、角动量式、振动陀螺式、马格努斯效应式和科里奥利式等质量流量计。间接式质量流量计是用密度计与容积流量直接相乘求得质量流量的。在现代工业生产中,流动工质的温度、压力等运行参数不断提高,在高温高压的情况下,由于材质和结构等方面的原因,直接式质量流量计的应用遇到困难,而间接式质量流量计由于密度计受湿度和压力适用范围的限制,往往也不好实际应用。因此,在工业生产中广泛采用的是温度压力补偿式质量流量计,可把它看作一种间接式质量流量计,不是配用密度计,而是利用温度、压力与密度间的关系,用温度、压力信号经函数运算为密度信号,与容积流量相乘而得到质量流量。目前温度、压力补偿式质量流量计虽已实用化,但当被测介质参数变化范围很大或很迅速时,正确地补偿将很困难或不可能,因此进一步研究在实际生产中适用的质量流量计和密度计还是一个课题。

此外,还有适用于明渠测流的各种堰式流量计、槽式流量计;适于大口径测流的插入式流量计;测量层流流量的层流流量计;适于二相流测量的相关法流量计;以及激光法、核磁共振法流量计和多种示踪法、稀释法测流等。

(二) 水表

1. 概述

水表是用来记录流经自来水管道中水量的一种计量器具、计量设备,大多是水的累计流量测量工具。一般分为容积式水表和速度式水表两类。前者的准确度较后者为高,但对水质要求高,水中含杂质时易被堵塞。记录自来水用水量的仪表,装在水管上,当用户放水时,表上指针或字轮转动指出通过的水量,其前后的阀门用于水表检修、拆换时关闭管路。

从1825年英国的克路斯发明了真正具有仪表特征的平衡罐式水表以来,水表的发展已有近200年的历史。期间,水表的结构先后出现了往复式单活塞式水表、旋转活塞式水表、圆盘式水表、旋翼式水表和螺翼式水表等形式。上述水表的工作原理和基本结构仍被各水表制造企业沿用至今,但在设计、工艺和选材等方面不断进步,使之提高了水表的计量性能和可靠性,也降低了制造成本。1879年,李鸿章为操办海军,在旅顺口创建了我国第一家水厂,从此,水表开始进入我国。1883年英殖民主义者在上海建立了第2个水厂,但还是没有生产水表。直到20世纪30年代,上海光华机械厂(现在的上海光华仪表厂)从国外进口零部件开始组装水表。20世纪60年代,国家才投资建设,开始自主研究生产制造属于我国产权的水表。由于品种繁杂,质量低下,不能互换,严重影响了水表的维修和发展。于是,1965年国家组织各部门成立工作组进行统一设计,规范了水表的设计形式和技术参数,从而结束了"万国牌"状态。

传统水表的内部结构从外向里可分为壳体、套筒、内芯三大件。壳体是生铁铸成的,水从进水口出来之后通过壳体的下部环形空间,这里称为"下环室"。在这个环形空间的上面有"上环室"和出水口相通。套筒的底部有个带有小孔的过滤网,滤出水中的杂物。套筒侧面有上下两排圆孔,孔的位置恰好与壳体的上下环室对着,显然,下排是进水孔,上排是出水孔。特别值得注意的是,这两排孔都是沿圆的切线方向斜着打的,但上下两排孔的方向相反。水从下排孔沿切线方向流进去,势必形成旋转的水流,这对于水表的工作是十分重要的。内芯分为上、中、下3层,从玻璃窗看到的是上层,只有指针和刻度盘。其实最关键的是下层,这里面有个塑料轮,轮边上有许多塑料叶片,称为"叶轮"。叶轮所处的位置正好在套管下层孔所形成的旋流里,水流冲击轮周的叶片,产生转矩,使叶轮旋转起来。龙头开得越大,水流越急,叶轮就转得越快。叶轮的轴垂直向上到达中层,轴上面有个小齿轮,用它和"十进制数齿轮"啮合,达到累计转数的目的。"十进制数齿轮"的作用是每当个位数齿轮转十圈,十位数齿轮就转一圈。换句话说,个位数齿轮转一圈,十位数齿轮就转十分之一圈。个位数齿轮是主动者,靠它来带动十位数齿轮。实际上每一级十进位用两对齿轮完成,以使转动方向一致,其中一对传动比是9∶30,另一对是10∶30,这两对串联在一起,总的传动比就是这两个的乘积,即0.099999,完全可以近似为0.1。照这样计算,如果要读7位数(小数点前读4位是黑刻度,小数点后读3位是红刻度),就得用12对齿轮。再加上别的一些用途,在这个中层小小的空间要挤进18根轴和34个齿轮,也可算是高密度安装了。这类水表凭借其简单价廉,能在潮湿环境里长期使用而无须维修,而且不用电源,停电也不影响工作的优点依然会长期服务。

2. 水表的分类

1)按测量原理分类

CBF012 水表的分类

(1)速度式水表:安装在封闭管道中,由一个运动组件组成,并由水流运动速度直接使其获得动力速度的水表。典型的速度式水表有旋翼式水表、螺翼式水表。旋翼式水表中又有单流束水表和多流束水表。

(2)容积式水表:安装在管道中,由一些被逐次充满和排放流体的已知容积的容室和凭借流体驱动的机构组成的水表,或称定量排放式水表。容积式水表一般采用活塞式结构。

2)按计量等级分类

按旧版标准,可分为 A 级表、B 级表、C 级表、D 级表。

计量等级反映了水表的工作流量范围,尤其是小流量下的计量性能,按照从低到高的次序,一般分为 A 级表、B 级表、C 级表、D 级表,其计量性能分别达到国家标准中规定的计量等级 A、B、C、D 的相应要求。

新版标准发布后,计量等级分类方法变得相当复杂,主要根据流量值与量程比等各项参数来确定。简单说来,量程越大,则计量等级越高。

3)按公称口径分类

水表按公称口径可分为小口径水表和大口径水表。公称口径 50mm 及以下的水表通常称为小口径水表,公称口径 50mm 以上的水表称为大口径水表。这两种水表有时又称为民用水表和工业用水表,同时这种分法也可以从水表的表壳连接形式区别开来,公称口径 50mm 以下的水表用螺纹连接,公称口径 50mm 及以上的水表用法兰连接,但有些特殊类型的水表也有 40mm 用法兰连接的。

4)按用途分类

水表按用途可分为民用水表和工业用水表。

5)按安装方向分类

水表按安装方向可分为水平安装水表和立式安装水表(又称立式表),是指安装时其流向平行或垂直于水平面的水表,在水表的标度盘上用"H"代表水平安装、用"V"代表垂直安装。

速度式水表可分为水平安装水表和立式安装水表。容积式水表可于任何位置安装,不影响精度。

6)按介质的温度分类

水表按介质温度可分为冷水水表和热水水表,水温 30℃ 是其分界线。

(1)冷水水表:介质下限温度为 0℃、上限温度为 30℃ 的水表。

(2)热水水表:介质下限温度为 30℃、上限为 90℃ 或 130℃ 或 180℃ 的水表。

各个国家的要求都有些微区别,有些国家冷水表上限可达 50℃。

7)按介质的压力分类

水表按使用介质的压力可分为普通水表和高压水表。在我国,普通水表的公称压力一般均为1MPa。高压水表是最大使用压力超过1MPa的各类水表,主要用于流经管道的油田地下注水及其他工业用水的测量。

8) 按计数器是否浸入水中分类

按水表的计数器是否浸入水中来区分,分为湿式水表、干式水表、液封水表。

(1) 湿式水表:计数器浸入水中的水表,其表玻璃承受水压,传感器与计数器的传动为齿轮联动,使用一段时间后水质的好坏会影响水表读数的清晰程度。

(2) 干式水表:计数器不浸入水中的水表,结构上传感器与计数器的室腔相隔离,水表玻璃不受水压,传感器与计数器的传动一般用磁钢传动。

(3) 液封水表:用于抄表的计数字轮或整个计数器全部用一定浓度的甘油等配制液体密封的水表,密封隔离的计数器内的清晰度不受外部水质的影响,其余结构性能与湿式水表相同。

9) 按形式分类

水表按形式分类可分为模拟式、数字式、模拟数字组合式。

CBF013 水表表盘的读取

3. 水表的读法及技术指标

1) 水表的读法

抄表到户居民使用的机械水表的表盘上一般有8个指针示值标盘。如图2-3-2所示,右侧4个红色指针示值标盘分别为×0.1、×0.01、…,都是小于1m³的示值,因为自来水的计量单位是"立方米",这些标盘一般不具实际指导意义,可以不用认读。左侧的4个黑色指针示值标盘分别为×1、×10、…,是自来水计量和收费的依据。

认读时首先要弄清4个黑色指针的单位和它们的进位关系。图2-3-2中4个黑色指针示值标盘按逆时针从上往下,依次是个位针(×1)、十位针(×10)、百位针(×100)、千位针(×1000)。

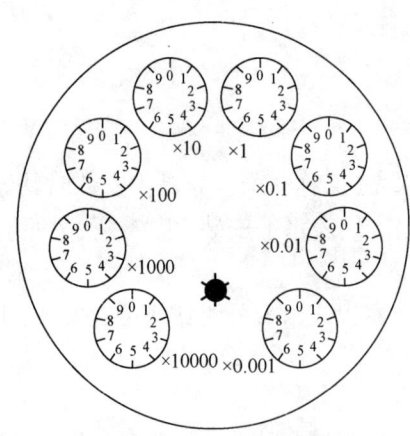

图2-3-2 机械水表表盘

认读要领:认读水表时,要从高位指针向低位依次认读,即从"×1000"的指针示值标盘顺时针从下向上依次认读。特别需要注意:如果千位、百位、十位指针位置在两个数字之间时,要注意上下两个相邻指针与它的关联。"×10"的十位指针在7与6之间,非常靠近7,是该读6还是读7,取决于"×1"的个位标盘指针是否到0。我们看到如图2-3-3所示,个位指针是在8和9之间,也就是说还没有进位,所以十位指针应该读6,而不读7。如果个位指针也指向两个数字之间,要看旁边紧邻的红色"×0.1"标盘的指针是否过"5",采取4舍5入的方法决定个位指针是否进位。如图2-3-2所示,"×0.1"标盘指针没有过"5",而个位指针在8与9之间,此时不应该进位,个位应该读"8"。

2) 水表的技术指标

最小流量(Q_1):要求水表的示值符合最大允许误差的最低流量。

分界流量(Q_2):出现在常用流量Q_3和最小流量Q_1之间、将流量范围划分成各有特定

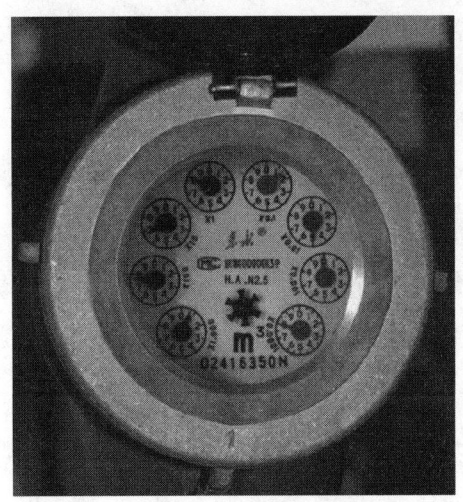

图 2-3-3 机械水表

最大允许误差的"高区"和"低区"两个区的流量。

常用流量(Q_3):额定工作条件下的最大流量。在此流量下,水表应正常工作并符合最大允许误差要求。

过载流量(Q_4):要求水表在短时间内能符合最大允许误差要求,随后在额定工作条件下仍能保持计量特性的最大流量。

压力损失(Δp):在给定的流量下,管道中存在水表所造成的水头损失。

三、给水管线

(一)给水金属管线

1. 分类

现在推行的室外金属管有钢管和铸铁管两种。

(1)钢管:长度为 4~10m,管径为 100~2200mm 或更大,普通工作压力不超过 1.0MPa,加强可达 1.5MPa。钢管分为适用于输送低压流体的焊接钢管和无缝钢管,焊接钢管又分为小口径的直缝钢管和大口径的螺旋卷钢管。

(2)给排水铸铁管:长度为 4~6m,管径为 75~1500mm,是给水管网中最常用的材料,适用于压力水管、其他液体或气体管,一般在排水中使用较多。给排水铸铁管按材质分为给水灰口铸铁管和给水球墨铸铁管。球墨铸铁管管材具有铸铁管的耐腐蚀性和钢管的韧性。我国生产的铸铁管承受压力分低压、普压和高压 3 种规格。铸铁管能承受的工作压力 $p \leqslant 0.45\text{MPa}$ 时为低压铸铁管;承受工作压力 $0.45\text{MPa} \leqslant p \leqslant 0.75\text{MPa}$ 的为普压铸铁管;承受工作压力 $p \geqslant 0.75\text{MPa}$ 时为高压铸铁管。铸铁管在管线转弯处采用各种角度的弯管连接,在变换管径处采用承插渐缩管连接,在承接分支处用丁字管或十字管连接。

2. 给水金属管线的特点

1) 钢管

优点:强度、韧度高,耐振动,密度小,长度大,接头少,加工接口方便。缺点:容宜生锈,不耐腐蚀,价格高。

钢管适用于建筑内生活给水、热水管道,城市输水管道管径大水压高处,可用于地质地形条件受限制或穿越铁路、河谷和地震区时。

2)给排水铸铁管

优点:抗腐蚀性好,经久耐用,价格比钢管便宜,适宜埋地敷设。

缺点:质地较脆,不耐振动,工作压力较钢管低。

(二)给水非金属管线

> CBF016 给水非金属管的种类

常用的给水非金属管有预应力和自应力钢筋混凝土管、石棉水泥管以及塑料管。预应力和自应力钢筋混凝土管有混凝土管和钢筋混凝土管,石棉水泥管有陶土管和石棉水泥管,塑料管又包含 PE 管、U-PVC 管、PP-R 管等给水管线。

(1)混凝土管和钢筋混凝土管:混凝土管和钢筋混凝土管的原材料较易获得,价格较低,制造简单方便,特点是防腐能力强,不需要防腐处理,主要缺点是抗腐蚀性较差,不宜输送酸性、碱性较强的工业废水,管节较短,接头多,施工复杂,抗渗、抗漏性差。混凝土管和钢筋混凝土管便于就地取材,制造方便,而且可根据抗压的不同要求,制成无压管、低压管、预应力管等,所以在排水管道系统中得到普遍应用。配有纵向和环向缠结预应力的钢筋混凝土管称为预应力钢筋管。预应力和自应力钢筋混凝土管的缺点是密度大、质地脆。

(2)陶土管和石棉水泥管:陶土管具有水流阻力小、不透水、耐磨损、耐腐蚀的表面,适用于输送酸碱性较强的工业废水。其主要缺点是管节较短,施工不方便,质脆易碎,抗压、抗弯、抗拉强度低。石棉水泥管强度大、表面光滑、密实不透水、密度小、管节长、抗腐蚀性强,易于加工,其主要缺点是质脆不耐磨。石棉水泥管的接头用套箍法连接。由于陶土管和石棉水泥管具有上述缺点,因此,陶土管和石棉水泥管大多数情况下只用于排除酸性废水或用作管外有侵蚀性地下水的污水管道。

(3)玻璃钢夹砂管:玻璃夹砂钢管耐腐蚀性能好、管内水力学性能优良,不会对水产生二次污染,且产品使用寿命长,一般大于 50 年;密度小,运输装卸方便,易于安装;单根管材长度长,可减少管材接头,加快安装速度,提高整条管线质量;管材内壁光滑,用较小口径的管材输送同等流量的流体,与同规格钢管相比,可提高流量 10% 左右;不结垢,长期使用不降低流速;连接方式多样灵活、可设计性强。

塑料管材分为热塑性塑料管材和热固性塑料管材两大类。玻璃钢管属于热固性塑料管。

玻璃钢加砂管道的出现,降低了管道制作成本,所以,玻璃钢管用于给排水领域呈上升趋势,市场竞争日趋激烈。用于排水领域的大多为大、中口径,不能承受高压力的(加砂)玻璃钢管道尤其适用于此领域。随着我国经济发展,市政建设的发展,玻璃钢管道在此领域的应用将会越来越多。

> CBF017 给水非金属管的特点

(4)PE 管:由乙烯单体经过高压或低压聚合而成的一种烯烃类树脂,原料为石油,密度越高,刚度越大,分为 HDPE(高密度聚乙烯)、MDPE(中密度聚乙烯)、LDPE(低密度聚乙烯)。优点:具有良好的耐腐蚀性,其抗无机物性比金属强很多,在埋地敷设时不需要防腐、施工方便,由于其为柔性管材,可盘管供应,运输敷设方便。PE 管适用于消防、给水、排水、灌溉、保温及压缩空气输送等;HDPE 管适用于水利工程、自来水工程输水、市政工程雨水及污水排放、工业废水排放、矿井及建筑通风系统。PE 管与 U-PVC 管的共同点是耐酸碱腐蚀。

（5）PVC-U 管（硬质聚氯乙烯管）：又称 U-PVC，U-PVC 管是一种以聚氯乙烯树脂为原料，不含增塑剂的塑料管材，属于热塑性塑料管，具有密度小、便于运输、储存和安装、耐腐蚀、抗冲击强度高、流体阻力小、不易结垢等特点，缺点是接头黏合技术要求高，固化时间较长。PVC-U 管适用于压力下输送温度不超过 45℃ 的水，包括一般用途和饮用水的输送。

> CBF018 U-PVC 管的性能特点

U-PVC 管公称外径大于 63mm 时应采用承插式弹性橡胶密封圈柔性连接的连接方式。CECS 17—2000《埋地硬聚氯乙烯给水管道工程技术规程》规定 U-PVC 给水管道的设计使用寿命不小于 50 年。

U-PVC 管的主要连接方式有承插黏结、塑料焊接、专用配件法兰连接、螺纹连接。U-PVC 给水管道与外径大于 63mm 的金属管道、阀门或其他不同材料的管道进行连接时，应采用法兰连接；U-PVC 给水管道与外径小于 63mm 的金属管道或其他不同材料的管道以及卫生洁具等进行连接时，应采用螺纹连接；管外径 DN75mm 以上（含 DN75mm）的 U-PVC 给水管道管材与管件，基本上都是采用承插式溶剂黏接方式进行连接；与金属管道和其他不同材料的管道或卫生洁具等实现螺纹连接前，首先应与 PVC-U 管材实现溶剂黏接的连接方式。

> CBF019 U-PVC 管的管件连接方式

（6）PP-R 管：具有一般塑料管密度小、耐腐蚀、不结垢、使用寿命长等特点。PP-R 管没有有害有毒的元素存在，卫生可靠，所以不仅可以用于冷热水管道，还可用于纯净饮用水系统；PP-R 管耐热性高，所以可用于建筑给排水热水系统。但是 PP-R 管有易老化的特点，所以不宜在室外安装使用。PP-R 管的物料经清洁、破碎后可回收再利用。

> CBF020 PP-R 管的性能特点

四、电气设备

（一）电路

1. 串联电路

> CBG001 串联电路的特点

将电路上的元器件一个接一个首尾连接无分支的电路称为串联电路，如图 2-3-4 所示，其特点为：

（1）串联电路的总电阻等于各串联电阻之和。

（2）串联电路的总电压等于各串联电阻分电压之和。

（3）串联电路中电流处处相等。

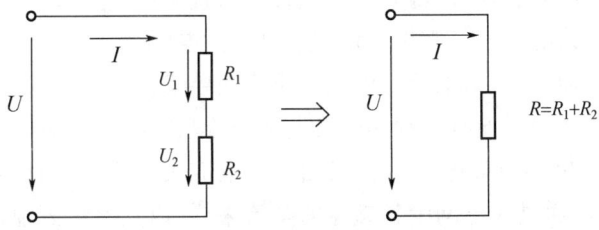

图 2-3-4　串联电路示意图

2. 并联电路

CBG002 并联电路的特点

把几个元器件的两端分别连接在电路的两个节点之间,这种连接方式称为并联电路,如图 2-3-5 所示,其特点为:

(1)并联电路中,电压处处相等。

(2)电路的总电流等于各分支电流之和。

(3)并联电路的总电阻的倒数等于各分支电阻的倒数之和。

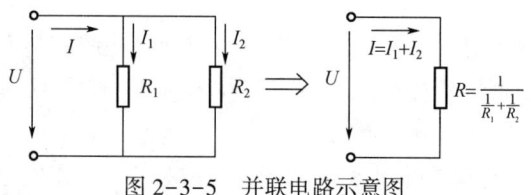

图 2-3-5　并联电路示意图

(二)电流表及电压表

CBG003 电流表的概述

1. 电流表

电流表是指用来测量交流、直流电路中电流的仪表。在电路图中,电流表的符号为"Ⓐ",电流值以"安"或"A"为标准单位。

电流表是根据通电导体在磁场中受磁场力的作用而制成的。电流表内部有一个永磁体,在极间产生磁场,在磁场中有一个线圈,线圈两端各有一个游丝弹簧,弹簧各连接电流表的一个接线柱,在弹簧与线圈间由一个转轴连接,在转轴相对于电流表的前端,有一个指针。当有电流通过时,电流沿弹簧、转轴通过磁场,电流切磁感线,所以受磁场力的作用,使线圈发生偏转,带动转轴、指针偏转。由于磁场力的大小随电流增大而增大,所以就可以通过指针的偏转程度来观察电流的大小,这种电流表是磁电式电流表,就是平时实验室里用的电流表。电流表可分为直流电流表、交流电流表、数显电流表。

直流电流表主要采用磁电系或电动系测量机构,这些测量机构的测量基本量是电流,可用来直接测小电流。对于大量值的直流电流,磁电系测量机构要使用分流器,也就是并联电阻,它的作用是将大部分被测电流分流。对约 10A 以下的电流多采用内附分流器;对更大的电流值,则使用专用分流器。对于电动系测量机构,扩大测量电流量程的方法是:(1)加粗静圈的导线,同时减少匝数以保持安匝值不变;(2)将两静圈由串联改为并联,可使量程扩大一倍。利用分流器和数字电压表可构成直流数字电流表。

交流电流表可采用电磁系或电动系测量机构。为使磁电系测量机构也能用于测量交流电流,可利用整流器或热电偶等器件先将交流转换为直流;由它们组合而成的电表分别称为整流式电流表和热电式电流表。为扩大量程以测量大电流,整流式电流表也采用分流器;电动系电流表的做法同前;电磁系电流表则是加粗线圈导线、减少匝数。对于更大的测量电流值需配合电流互感器使用。通常可利用分流器和交流数字电压表构成交流数字电流表。

数显电流表分为单相数显电流表和三相数显电流表,该表具有变送、LED(或 LCD)显示和数字接口等功能,通过对电网中各参量的交流采样,以数字形式显示测量结果,经 CPU 进行数据处理,将三相(或单相)电流、电压、功率、功率因数、频率等电参量由 LED(或液晶)直接显示,同时输出 0~5V、0~20mA 或 4~20mA 相应的模拟电量,与远动装置 RTU 相连;并带有 RS-232 或 485 接口。

2. 电压表

电压表是测量电压的一种仪器,常用电压表——伏特表,符号为 V,在电路图中符号为"Ⓥ"。电压表的结构是在灵敏电流计里面有一个永磁体,在电流计的两个接线柱之间串联一个由导线构成的线圈,线圈放置在永磁体的磁场中,并通过传动装置与表的指针相连。大部分电压表都分为两个量程。电压表必须与被测用电器并联。电压表是一个相当大的电阻器,理想地认为是断路。

传统的指针式电压表和电流表都是根据一个原理,就是电流的磁效应研制的。电流越大,所产生的磁力越大,表现出的就是电压表上的指针的摆幅越大,电压表内有一个磁铁和一个导线线圈,通过电流后,会使线圈产生磁场,线圈通电后在磁铁的作用下会发生偏转,这就是电流表、电压表的表头部分。

由于电压表要与被测电阻并联,所以如果直接用灵敏电流计当电压表用,表中的电流过大,会烧坏电表,这时需要在电压表的内部电路中串联一个很大的电阻,这样改造后,当电压表再并联在电路中时,由于电阻的作用,加在电表两端的电压绝大部分都被这个串联的电阻分担了,所以通过电表的电流实际上很小,所以就可以正常使用了。

直流电压表的符号要在 V 下加一个"－",交流电压表的符号要在 V 下加一个波浪线"～"。

1) 直流电压表

直流电流表主要采用磁电系电表和静电系电表的测量机构。磁电系电压表由小量程的磁电系电流表与串联电阻器(又称分压器)组成,最低量程为十几毫伏。为了扩大电压表量程,可以增大分压器的电阻值。例如用 50μA 的电流表形成 250V 的电压表时,要使分压器与测量机构的总电阻值为 $250/[50×10^{-6}] = 5×10^6 \Omega = 5M\Omega$,这相当于电压表的内阻为 20kΩ/V。为了避免电压表的接入过多影响原工作状态,要求电压表有较高的内阻。用几个电阻组成的分压器和测量机构串联,可形成多量程电压表。静电系电压表的最低量程为几十伏,扩大量程是靠改变电表内部结构和极间距离来达到。此外,电磁系电表的测量机构在理论上也可用于测量直流电压。

2) 交流电压表

交流电压表主要采用整流式电表、电磁系电表、电动系电表和静电系电表的测量机构。除静电系电压表外,其他系电压表都是用小量程电流表与分压器串联而成,也可用几个电阻组成的分压器与测量机构串联而形成多量程电压表。这些系的交流电压表难于制成低量程的,最低量程在几伏到几十伏之间,而最高量程则约为 1～2kV。静电系电压表的最低量程约为 30V,而最高量程则可达很高。电力系统中用的高压电压表是由电压额定量程为 100V 的电磁系电压表,结合适当电压变比的电压互感器组成。由于受测量机构线圈电感的限制,电磁系电压表、电动系电压表的使用频率范围较窄,上限频率低于 1～2kHz。电动系略优于电磁系。静电系和热电系的使用频率范围都较宽。整流式电压表的上限使用频率约几千赫,但要注意,仅当交流电压为正弦波形时,整流式电表读数才是正确的。

3) 数显电压表

数显电压表是用模/数转换器将测量电压值转换成数字形式并以数字形式表示的仪表,适合环境温度在 0～50℃,湿度在 85% 以下使用。

3. 电压表与电流表的读数

读数时应使视线垂直于刻度表面,并要估读。具体估读方法如下:

(1)量程为3V和3A的电压表和电流表,其最小分度为0.1V和0.1A,读数要估读到最小分度的1/10。

(2)量程为0.6A的电流表,其最小分度为0.02A,读数要估读到最小分度的1/2,即不足半格的略去,超过半格的要按半格读出,因此最后读数如果以安培为单位,小数点后面有两位,尾数可能为0、1、2、3…

(3)量程为15V的电压表,其最小分度为0.5V,读数要估读到最小分度的1/5,因此最后读数如果以伏特为单位,小数点后面只有一位,尾数为0、1、2、3、4…,若指在这两条刻度线间的中间某个位置,则可根据指针靠近两刻度线的程度,分别读作10.1V,或10.2V,或10.3V,或10.4V,即使是指在正中央,也不能读作10.25V,若这样,则会出现两位不准确的数,即小数点后的2和5,不符合读数规则。

(三)熔断器

熔断器是一种短路保护器,广泛用于配电系统和控制系统,进行短路保护或过载保护,主要由绝缘管(熔管)和熔体组成。熔体一般为线状、片状或网状。国产熔断器型号符号及意义如图2-3-6所示。

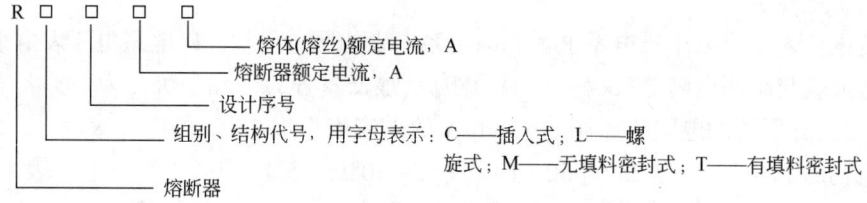

图2-3-6 国产熔断器型号表示方法

熔断器是以金属导体作为熔体而分断电路的电器,串联于电路中,主要由熔体、外壳和支座组成,其中熔体时控制熔断特性的关键元件,当过载或短路电流通过熔体时,熔体自身将发热而熔断,从而对电力系统、各种设备起到保护作用。

熔断器具有反时延特性,当过载电流小时,熔断时间长;过载电流大时,熔断时间短。因此,在一定过载电流范围内至电流恢复正常,熔断器不会熔断,可以继续使用。

熔断器按结构可分为开启式、半封闭式和封闭式。封闭式又分为无填料管式、有填料管式和有填料螺旋式等。由于熔断器具有结构简单、安装面积小、分析能力高和维护方便等优点,应用十分广泛。

选用熔断器时,应使熔断器的保护特性与被保护设备的过载特性基本吻合,才能起到它应有的保护作用。选用熔体时,正常的负载电流要小于熔体的额定电流,否则,过载保护太频繁,反而影响生产。假如熔体额定电流选得过大,设备将会损坏,熔断器则起不到保护设备的作用。

(四)空气开关

1.概述

空气开关,又名空气断路器,断路器的一种,是一种只要电路中电流超过额定电流就会自动断开的开关。空气开关是低压配电网络和电力拖动系统中非常重要的一种电器,它集控制和多种保护功能于一身,除能完成接触和分断电路外,尚能对电路或电气设备发生的短路、严重过载及欠电压等进行保护,同时也可以用于不频繁地启动电动机。它还具有很好的灭弧能力,常用作配电箱中的总开关或分路开关。

当线路发生一般性过载时,过载电流虽不能使电磁脱扣器动作,但能使热元件产生一定热量,促使双金属片受热向上弯曲,推动杠杆使搭钩与锁扣脱开,将主触头分断,切断电源。当线路发生短路或严重过载电流时,短路电流超过瞬时脱扣整定电流值,电磁脱扣器产生足够大的吸力,将衔铁吸合并撞击杠杆,使搭钩绕转轴座向上转动与锁扣脱开,锁扣在反力弹簧的作用下将三副主触头分断,切断电源。

在正常情况下,过电流脱扣器的衔铁是释放着的,一旦发生严重过载或短路故障时,与主电路串联的线圈就将产生较强的电磁吸力把衔铁往下吸引而顶开锁钩,使主触点断开。欠压脱扣器的工作恰恰相反,在电压正常时,电磁吸力吸住衔铁,主触点才得以闭合。一旦电压严重下降或断电时,衔铁就被释放而使主触点断开。当电源电压恢复正常时,必须重新合闸后才能工作,实现了失压保护。

2. 空气开关的极性铭牌

1) 空气开关的极性

空气开关的极性和表示方法如图 2-3-7 所示。

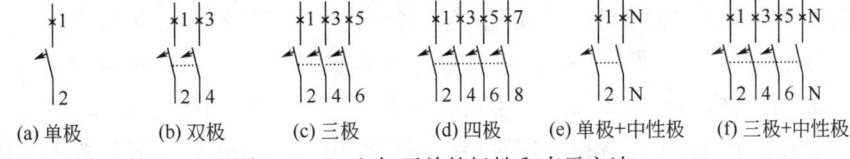

图 2-3-7 空气开关的极性和表示方法

单极(1P):220V 切断火线。

双极(2P):220V 火线与零线同时切断。

三级(3P):380V 三相线全部切断。

四级(4P):380V 三相火线一相零线全部切断。

单极+中性线(1P+N):220V 火线与保护线一起切断。

三极+中性线(3P+N):380V 三相火线与保护线全部切断。

2) 空气开关的铭牌

空气开关上的铭牌包括产品型号、额定工作电流、最大分断电流、适用电压等级等标注,漏电保护开关还要有最大漏电动作电流。空气开关铭牌示例如图 2-3-8 所示。

图 2-3-8 中"C65N"的"C65"是型号名称;"N"表示断路器分段能力。

"63"表示额定电流是 63A,额定电流是指在规定的使用和性能条件下能持续通过的电流有效值,瞬间电流可以承受 10 倍的额定电流,最多 630A 不会动作。

"50Hz"表示空气开关的额定频率为 50Hz。

"400V~"表示额定工作电压为 400V。

"6000"表示额定运行短路分断能力为 6000。

图 2-3-8　空气开关铭牌示例

CBG009 触摸屏的概述

（五）触摸屏

1. 概述

随着计算机技术的普及，逐渐出现了一种新的人机交互作用技术——触摸屏技术。触摸屏技术只需用手指触碰计算机显示屏上的图符或文字就能对主机进行操作，使人机交互更简单。作为一种新的计算机输入设备，它是目前最简单、方便、自然的一种人机交互方式，它赋予了多媒体以崭新的面貌，是极富吸引力的全新多媒体交互设备。随着城市向信息化方向发展和电脑网络在国民生活中的渗透，触摸屏已经发展成显示器市场的一支生力军。

为了操作上的方便，人们用触摸屏来代替鼠标或键盘。触摸屏由触摸检测部件和触摸屏控制器组成，触摸检测部件安装在显示器屏幕前面，用于检测用户触摸位置，然后将相关信息传送至触摸屏控制器；而触摸屏控制器的主要作用是从触摸点检测装置上接收触摸信息，并将它转换成触点坐标，再传送给 CPU。它同时能接收 CPU 发来的命令并加以执行。当手指或其他物体触摸安装在显示器前端的触摸屏时，所触摸的位置由触摸屏控制器检测，并通过接口（如 RS-232 串行口、USB 等）送到主机。目前触摸屏已经由单点触屏发展到多点触屏了。

根据屏幕表面定位原理不同，可以把触摸屏技术分为两类：（1）声学脉冲识别（APR）技术、表面声波（SAW）技术电容式触摸屏技术；（2）电阻式触摸屏技术红外/光学式技术。

CBG010 触摸屏使用的注意事项

2. 使用注意事项

由于技术上的局限性和环境适应能力较差，所以触摸屏幕也同普通机器一样需要定期保养维护，并且由于触摸屏是多种电气设备高度集成的触控一体机，所以在使用和维护时应注意以下问题：

（1）每天在开机之前，用干布擦拭屏幕。

（2）水滴或饮料落在屏幕上会使软件停止反应，这是由于水滴和手指具有相似的特性，需把水滴擦去。

（3）触摸屏控制器能自动判断灰尘，但积尘太多会降低触摸屏的敏感性，需用干布把屏幕擦拭干净。

（4）应用玻璃清洁剂清洗触摸屏上的脏指印和油污。

(5)操作时注意力度,避免互相碰撞而划伤触摸屏表面。

(6)清洁触摸屏表面时,要用柔软的布料或脱脂棉蘸取少量酒精轻轻擦拭,注意不要让酒精渗入触摸屏内部。

(7)不要将带腐蚀性的胶粘贴在触摸屏的表面。

(8)触摸屏膜面为触摸面,即产品正面;玻璃面为非触摸面,即产品背面。

(9)触摸屏部分为玻璃制品,玻璃边角较锋利,装配时请戴手套/指套作业。

(10)触摸屏部分为玻璃易碎品,装配时不要对触摸屏施加大力冲击。

(11)避免直接取引线拿起触摸屏,避免对引出线部位有拉扯动作。

(12)引出线加强板部位不能进行弯折动作。

(13)引出线任何部位不允许有对折现象。

(14)引出线在装配时,需水平插入,不可在加强板根部对折插入。

(15)取放产品时需单片操作,轻拿轻放,避免产品互相碰撞而划伤产品表面。

(16)不可使用带腐蚀性的有机溶剂擦拭触摸屏膜表面,如工业酒精等。

项目二　识别常用工具

一、准备工作

(一)工具、材料

双头固定扳手1把,双头梅花扳手1把,活动扳手1把,钩形扳手1把,螺钉旋具1把,管子钳1把,塞尺1把,绝缘电阻摇表1台,钳形电流表1把,万用表1台。

(二)人员

1人操作,持证上岗,劳动保护用品穿戴齐全。

二、操作规程

序号	工序	操作步骤
1	识别双头固定扳手	识别、分辨出用于紧固或拆卸具有两种规格的六角头或方头的螺栓、螺母的双头固定扳手
2	识别双头梅花扳手	识别、分辨出与双头固定扳手相似,但只适用于六角头螺栓、螺母的双头梅花扳手
3	识别活动扳手	识别、分辨出开口宽度可以调节,用于扳拧一定尺寸范围的六角头或方头的螺栓、螺母的活动扳手
4	识别钩形扳手	识别、分辨出用于紧固或拆卸机床、车辆、机械设备上的圆螺母的钩形扳手
5	识别螺钉旋具	识别、分辨出用于紧固或拆卸一字槽或十字槽螺钉、木螺钉的螺钉旋具
6	识别管子钳	识别、分辨出用于紧固或拆卸金属管和其他圆柱形零件的管子钳
7	识别绝缘电阻摇表	识别、分辨出用来测量高值电阻和电气设备绝缘电阻的仪表的绝缘电阻摇表
8	识别钳型电流表	识别、分辨出在不断开电路的情况下进行电流测量的仪表
9	识别万用表	识别、分辨出多量程、多用途的维护检修常用仪表

三、技术要求

必须准确分辨各常用工具并清楚写出工具名称及用途。

四、注意事项

识别、分辨前必须穿戴好手套、工服、工鞋等劳保用品。

项目三　更换 PVC 球阀

一、准备工作

(一)工具、材料

气泵 1 台,300mm 管钳 1 把。

(二)设备

规格 DN50 的新 PVC 球阀 2 个,规格 DN50 的旧 PVC 球阀及管路 1 套。

(三)人员

1 人操作,持证上岗,劳动保护用品穿戴齐全。

二、操作规程

序号	工序	操作步骤
1	准备工作	选择工具、用具及材料
2	检查新阀门	(1)检查新阀门有无裂痕。 (2)检查新阀门开关是否灵活性,将阀门开关 1~2 次。 (3)检查新阀门,将阀门关闭,阀门一端连接气泵。 (4)启动气泵,用手堵住另一端,若漏气则说明有漏液现象存在,反之则不漏液
3	拆卸旧阀门	用管钳将阀门两侧活接拧开,再用手将阀门卸下
4	阀门更换操作	(1)判断阀门安装方向。 (2)用管钳将阀门两侧活接拧开,再用手将阀门卸下。 (3)将检查合格的阀门按正确方向进行安装,活接处先用手简单固定。 (4)用管钳紧固活接
5	检查	更换完成后进行通水试验
6	清理场地	清理场地,收工具

三、技能要求

(1)更换球阀前应检查阀门是否完好,是否灵活。

(2)检查安装新阀门应将阀门关闭再进行连接,启动气泵进行检查密封。

(3)安装新阀门时应先判断阀门安装方向,正确安装。

(4)安装、拆卸阀门时用力得当,不得损坏两侧活接。

(5)阀门安装完毕后注意紧固。

(6)更换完毕后必须进行通水实验,不得有泄漏。

四、注意事项

安装及拆卸阀门时应穿戴手套,防止管钳滑落砸伤。

项目四　使用托盘天平称量物品

一、准备工作

(一)工具、材料

药剂若干,药匙 1 个,50mL 烧杯 2 个,称量纸若干。

(二)设备

托盘天平 1 台,三等砝码 1 套。

(三)人员

1 人操作,持证上岗,劳动保护用品穿戴齐全。

二、操作规程

序号	工序	操作步骤
1	称取固体药剂	(1)检查固体药剂外观,注意生产日期。 (2)选用适当的容器盛放药品。 (3)用药匙取用固体药剂,手不能接触药品
2	使用托盘天平	(1)放好天平,正确调好托盘天的零点。 (2)正确选择砝码,使用托盘天平称量固体药剂,被称物放在左盘,砝码放在右盘。 (3)根据砝码质量,慢慢少量添加药剂,直至天平平衡
3	记录	正确读出砝码质量并记录
4	清理场地	回收药剂,将烧杯、药匙、砝码、托盘天平等工具放回原处

三、技能要求

(1)称取固体药剂前应先检查固体药剂是否过期。

(2)必须正确选择容器盛放药剂。

(3)盛取药剂应平稳,不得外撒。

(4)必须水平放置托盘天平,并正确进行调零。

(5)称量前应正确选择所需砝码,被称物放在左盘,砝码放在右盘,读数时天平的零点指针应在中间位置。

(6)根据砝码质量应少量、缓慢添加药剂至天平平衡,不得过量。

(7)读取数据应准确无误并及时进行记录。

四、注意事项

盛取药剂必须使用药匙,不得使用手直接拿取,以免药剂灼伤皮肤。

项目五 使用光散射浊度仪测量浑浊度

一、准备工作

(一)设备

浊度仪 2100AN 型 1 台。

(二)工具、材料

50mL 具塞比色管 13 套,1mL、5mL 移液管各 3 支,10mL 量筒 1 个,标签纸若干,滤纸若干,漏斗 1 个,面手帕 1 块,4000NTU 浊度标准溶液 100mL,一定浊度的水样 200mL,蒸馏水 2L。

(三)人员

1 人操作,持证上岗,劳动保护用品穿戴齐全。

二、操作规程

序号	工序	操作步骤
1	预热仪器	接通电源,打开电源开关,预热仪器 30min
2	测定水样浑浊度	(1)选择测定单位为 NTU。 (2)选择测定量程为自动量程。 (3)选择测定信号为平均开启。 (4)选择测定比率为开启。 (5)将待测水样摇匀。 (6)倒入样品池至刻度线,用棉手帕擦净外壁。 (7)把样品池放入样品池盒中,样品池上的标志要与样品池盒上的标志对齐。 (8)测定水样的浊度。 (9)记录结果
3	清理场地	操作完成后,摆放好用具

三、技术要求

(1)测量池内必须长时间清洁干燥、无灰尘;潮湿气候使用,必须相应延长开机时间。

(2)被测溶液应沿试样瓶壁小心倒入,防止产生气泡,影响测量准确性。

(3)经维修后须重新标定。

四、注意事项

(1)使用环境必须符合工作条件。

(2)非专业维修技术人员,请勿打开仪器进行维修。

(3)用不落毛软布或纸巾擦净试样瓶上的水迹和指印,如不易擦净可用清洁剂浸泡,然后再用清水冲洗干净。

项目六　使用防毒面具

一、准备工作

(一)设备
面罩 1 套,E 型(小型滤毒罐)滤毒罐 1 个。

(二)人员
1 人操作,持证上岗,劳动保护用品穿戴齐全。

二、操作规程

序号	工序	操作步骤
1	使用前检查	(1)检查面具是否有裂痕、破口,确保面具与脸部贴合密封性。 (2)检查呼气阀片有无变形、破裂及裂缝。 (3)检查头带是否有弹性。 (4)检查滤毒盒座密封圈是否完好。 (5)检查滤毒盒是否在使用期内
2	佩戴密合性测试	用手掌盖住滤毒盒座的连接口,缓缓吸气,测试面具有无漏气并进行调整
3	佩戴	(1)将面具盖住口鼻,然后将头带框套拉至头顶。 (2)用双手将下面的头带拉向颈后,然后扣住。 (3)用后仔细检查连接部位及呼气阀、吸气阀的密合性,并将面具放于洁净的地方以便下次使用。 (4)对面具进行清洗

三、技能要求

清洗时请不要用有机溶液清洗剂进行清洗,否则会降低使用效果。

四、注意事项

防毒面具必须进行检查,确保面具无损坏,密封性良好。

项目七　水表读数

一、准备工作

(一)设备
DN15 水表 1 块。

(二)人员
1 人操作,持证上岗,劳动保护用品穿戴齐全。

二、操作规程

序号	工序	操作步骤
1	检查水表	(1)打开水表表盖。 (2)检查水表是否完好、表盘是否清晰
2	读取示数	(1)水平放置水表,双眼位于表盘正上方。 (2)先读取计数器内数字,再顺时针从高位"×0.1"指针依次读取示数。 (3)读取最后末位指针时应进行估读
3	记录	正确读出水表示数并记录
4	清理场地	将水表放回原位

三、技能要求

(1)水表损坏、表盘不清晰时不应读取示数。

(2)读取水表示数时必须直视水表表盘。

四、注意事项

(1)水表必须水平放置。

(2)搬放水表时必须轻拿轻放,避免损坏水表、砸伤人员。

理论知识练习题

初级工理论知识练习题及答案

一、单项选择题(每题4个选项,只有1个是正确的,将正确的选项号填入括号内)

1. AA001 地球上最丰富的水资源是( )。
   A. 江河资源　　B. 海水资源　　C. 大气水资源　　D. 地下水资源
2. AA001 海洋占地球的表面积约为( )。
   A. 20%　　B. 50%　　C. 70%　　D. 90%
3. AA001 狭义的水资源是指( )。
   A. 海水　　　　　　　　B. 雨水
   C. 淡水　　　　　　　　D. 人类能够直接使用的淡水
4. AA002 我国是水资源( )的国家之一。
   A. 丰富　　B. 比较丰富　　C. 短缺　　D. 十分短缺
5. AA002 我国耕地受旱灾的重要原因之一是( )。
   A. 土地面积太大　　　　B. 降雨时间和空间分配十分不均
   C. 降雨量太小　　　　　D. 土质太差
6. AA002 我国第一大咸水湖是( )。
   A. 鄱阳湖　　B. 洞庭湖　　C. 青海湖　　D. 太湖
7. AA003 维系生命的三大要素是( )。
   A. 空气、阳光、土壤　　B. 水、空气、土壤
   C. 空气、阳光、水　　　D. 阳光、水、土壤
8. AA003 自然界原始生命起源于( )环境之中。
   A. 水　　B. 土壤　　C. 空气　　D. 岩石
9. AA003 电厂内用水的主要作用是( )。
   A. 发电　　B. 冷却　　C. 饮用　　D. 改善环境
10. AA004 地球上水的总量( )。
    A. 不断增多　　B. 不断减少　　C. 不变　　D. 不确定
11. AA004 地球上的洪涝、旱灾与水循环的( )有密切关系。
    A. 蒸发量大　　B. 降水量大　　C. 时空分布不均匀　　D. 速度变化大
12. AA004 参加海陆之间大循环的有效水量占全球水循环总量的( )。
    A. 70%左右　　B. 50%左右　　C. 20%左右　　D. 8%左右
13. AA005 纯水在0℃以下时为( )。
    A. 固态　　B. 液态　　C. 气态　　D. 液态或气态
14. AA005 在( )时,水的密度为1g/cm³。
    A. 0℃　　B. 4℃　　C. 25℃　　D. 100℃

15. AA005　水变成冰时体积(　　)。
    A. 变大　　　　　B. 变小　　　　　C. 不变　　　　　D. 无法比较

16. AA006　水是由1个氧原子和2个氢原子组成,所以水分子(　　)。
    A. 为直线形　　　B. 为V形　　　　C. 为圆形　　　　D. 各种形状都有

17. AA006　液态水中的水分子呈聚集状,这是因为(　　)而产生的现象。
    A. 水的黏性　　　　　　　　　　B. 水的表面张力很强
    C. 水分子的氢键　　　　　　　　D. 水分子的不活泼性

18. AA006　水可以与(　　)反应生成氢气。
    A. 钠　　　　　　B. 铝　　　　　　C. 铁　　　　　　D. 铜

19. AA007　天然水中有机杂质的主要成分是(　　)。
    A. 底栖生物　　　B. 有机生物　　　C. 腐殖质　　　　D. 富里酸

20. AA007　下列选项中不属于天然水按来源分类的是(　　)。
    A. 雨水　　　　　B. 淡水　　　　　C. 地表水　　　　D. 地下水

21. AA007　天然水中的胶体物质通过(　　)可以脱稳析出。
    A. 混凝　　　　　B. 沉淀　　　　　C. 过滤　　　　　D. 消毒

22. AA008　下列关于地表水的特点的说法错误的是(　　)。
    A. 矿化度高　　　　　　　　　　B. 水中含有大量有机物
    C. 溶解了大气中的氧气、二氧化碳　D. 水中微生物随季节变化较大

23. AA008　下列选项中不属于河水中营养盐主要来源的是(　　)。
    A. 大气降水　　　B. 农田施肥　　　C. 生活污水　　　D. 鱼类排泄

24. AA008　采集江河水的水样时,需沉入水面以下(　　)。
    A. 10cm　　　　　B. 70cm　　　　　C. 20~50cm　　　D. 60~80cm

25. AA009　下列关于地下水特点的说法错误的是(　　)。
    A. 化学成分复杂　　　　　　　　B. 矿化度具有多样性
    C. 化学成分易受气候影响　　　　D. 化学成分变化缓慢

26. AA009　地下水的矿化度随水层深度增加而(　　)。
    A. 升高　　　　　B. 降低　　　　　C. 不变　　　　　D. 不确定

27. AA009　地下水中不存在的物质是(　　)。
    A. 氧气　　　　　B. 藻类　　　　　C. 二氧化碳　　　D. 有机物

28. AA010　天然水中肉眼可见的杂质是(　　)。
    A. 胶体　　　　　B. 离子　　　　　C. 悬浮物　　　　D. 细菌

29. AA010　天然水中胶体杂质的颗粒大小一般为(　　)。
    A. 10^{-7}~10^{-6}mm　B. 10^{-6}~10^{-4}mm　C. 10^{-9}~10^{-6}mm　D. 10^{-4}~10^{-2}mm

30. AA010　天然水中的杂质在水中的存在状态主要决定于(　　)。
    A. 运动状况　　　B. 颗粒大小　　　C. 颗粒的形状　　D. 水温

31. AA011　河水的pH值主要由水中(　　)所决定。
    A. 氧气含量　　　　　　　　　　B. 有机物含量
    C. 二氧化碳含量　　　　　　　　D. 矿化度

32. AA011 河水中溶解氧含量一般不大于( )。
    A. 5mg/L　　　　B. 8mg/L　　　　C. 10mg/L　　　　D. 15mg/L
33. AA011 二氧化碳在水中溶解度一般为( )。
    A. 10~20mg/L　　B. 15~25mg/L　　C. 20~30mg/L　　D. 25~35mg/L
34. AA012 菹草生长期,水库水的 pH 值( )。
    A. 上升　　　　　B. 下降　　　　　C. 不变　　　　　D. 不确定
35. AA012 把 pH 值=3 和 pH 值=11 的两种溶液混合后,溶液的 pH 值是( )
    A. 等于7　　　　B. 大于7　　　　C. 小于7　　　　D. 无法判断
36. AA012 为满足水质要求,在水处理过程中投加少量盐酸才能符合水质标准的水是( )。
    A. 弱酸性水　　　B. 强酸性水　　　C. 弱碱性水　　　D. 强碱性水
37. AB001 取水工程是给水工程的重要组成部分之一,它的任务是从水源取水并送至( )或用户。
    A. 水厂　　　　　B. 泵站　　　　　C. 清水池　　　　D. 澄清池
38. AB001 取水工程通常从给水水源和( )两个方面进行研究。
    A. 水质　　　　　B. 取水构筑物　　C. 净水构筑物　　D. 泵站
39. AB001 下列选项中不属于取水工程方面需要研究的问题的是( )。
    A. 水文或水文地质　　　　　　　　B. 水源选择和利用
    C. 水源的布局　　　　　　　　　　D. 取水方法及取水构筑物型式
40. AB002 取水工程是给水工程的重要组成部分,在水厂中它相当于水厂的( )。
    A. 一级泵房　　　B. 二级泵房　　　C. 滤池　　　　　D. 清水池
41. AB002 地表水取水工程受( )影响很大,必须从调查分析着手,根据实际情况,因地制宜地修建取水工程。
    A. 水厂情况　　　B. 泵房情况　　　C. 自然条件和环境　D. 地理状况
42. AB002 北方地区一般地表水不太丰富,取用地表水作水源需要通过( )到水厂。
    A. 地面径流　　　B. 开挖明渠　　　C. 汽车运输　　　D. 长距离输送
43. AB003 给水水源可分为两大类,即( )和地表水源。
    A. 江河湖泊　　　B. 水库和海水　　C. 地下水源　　　D. 泉水
44. AB003 地下水具有径流量小,但矿化度和( )较高等特点。
    A. 硬度　　　　　B. 碱度　　　　　C. 氯化物　　　　D. 浑浊度
45. AB003 下列选项中不属于地表水源的是( )。
    A. 江河　　　　　B. 湖泊　　　　　C. 水库和海水　　D. 泉水
46. AB004 取水点周围半径( )的水域内严禁捕捞、停靠船只、游泳和从事可能污染水源的任何活动,并应设有明显的范围标志和严禁事项的告示牌。
    A. 50m　　　　　B. 100m　　　　　C. 150m　　　　　D. 200m
47. AB004 取水点沿岸防护范围内可以进行的活动是( )。
    A. 清理水面漂浮物　　　　　　　　B. 使用工业废水或生活污水灌溉
    C. 堆放废渣　　　　　　　　　　　D. 从事放牧等有可能污染水域水质的活动

48. AB004 以河流为给水水源的集中式供水,由供水单位及其主管部门会同卫生、环保、水利等部门,根据实际需要,可把取水点上游 1000m 以外的一定范围河段划为( ),严格控制上游污染物排放量。
    A. 水源预警区 B. 水源保护区 C. 水源防治区 D. 水源应急区

49. AB005 下列选项中不属于影响供水单位及其主管部门研究确定生活饮用水地下水水源保护区、防护范围的主要因素的是( )。
    A. 生活饮用水水源地所处的地理位置 B. 水文地质条件
    C. 开采方式和污染源的分布 D. 供水对象

50. AB005 取水层在水井影响半径内不露出地面或取水层与地面水没有互相补充关系时,可根据具体情况( )防护范围。
    A. 不设置 B. 设置较小 C. 设置较大 D. 按标准设置

51. AB005 在单井或井群的影响半径范围内,不得将( )或生活污水灌溉或排入渗坑或渗井。
    A. 回用水 B. 湖水 C. 工业废水 D. 江河水

52. AB006 江河挟带泥沙的多少与( )无关。
    A. 人类活动 B. 流域特性 C. 季节变化 D. 地面径流

53. AB006 水流与河床的相互作用是通过( )来体现的。
    A. 泥沙运动 B. 挟沙能力 C. 重力作用 D. 河床演变

54. AB006 下列选项中不是影响河床演变的主要因素是( )。
    A. 河段的来水量及其变化 B. 河段的来沙量
    C. 河床地质情况 D. 河段水质状况

55. AB007 取水构筑物按构造形式可分为( )。
    A. 岸边式和河床式 B. 固定式和活动式
    C. 浮船式和缆车式 D. 河床式和斗槽式

56. AB007 取水构筑物按水源种类可分为河流、( )、水库及海水取水构筑物。
    A. 湖泊 B. 雨水 C. 溪水 D. 潜水

57. AB007 在山区河流上,取水构筑物有低坝式和( )。
    A. 浮船式 B. 斗槽式 C. 底栏栅式 D. 缆车式

58. AB008 按照进水间与泵房的合建与分建,岸边式取水构筑物的基本型式可分为( )。
    A. 水平式和垂直式 B. 合建式和分建式
    C. 水平式和合建式 D. 阶梯式和合建式

59. AB008 布置紧凑,占地面积小,水泵吸水管路短,运行管理方便,因而采用广泛是( )岸边式取水构筑物的优点。
    A. 分建式 B. 合建式 C. 阶梯式 D. 垂直式

60. AB008 土建结构复杂,施工较困难。设备安装及施工要求高是( )岸边式取水构筑物的缺点。
    A. 分建式 B. 合建式 C. 阶梯式 D. 垂直式

61. AB009　按照进水管形式的不同,以下选项中不属于河床式取水构筑物类型的是（　　）。
　　A. 自流管取水　　B. 虹吸管取水　　C. 水泵直接吸水　　D. 喇叭管取水
62. AB009　下列选项中不属于自流管取水类型的特点表述错误的是（　　）。
　　A. 集水井设于河岸上　　　　　　B. 取水头部伸入河床
　　C. 减少水下施工工作量　　　　　D. 冬季保温、防冻条件比岸边式好
63. AB009　下列选项中不属于水泵吸水管直接取水类型的特点的是（　　）。
　　A. 比单用自流管进水安全可靠　　B. 吸水管不宜过长
　　C. 利用水泵吸高,减小泵房埋深　　D. 施工简单,造价低
64. AB010　按照水流进入斗槽的流向,斗槽式取水构筑物可分为顺流式、（　　）和双流式。
　　A. 逆流式　　B. 单流式　　C. 平流式　　D. 斜流式
65. AB010　斗槽中水流方向与河水流向基本一致的是（　　）斗槽。
　　A. 顺流式　　B. 逆流式　　C. 双流式　　D. 单流式
66. AB010　当洪水季节含沙量大时,可开上游闸门,顺流进水;当冬季冰凌严重时,可开下游闸门,逆流进水的是（　　）斗槽。
　　A. 顺流式　　B. 逆流式　　C. 双流式　　D. 单流式
67. AB011　取水头部的型式很多,常用的有喇叭管、蘑菇形、（　　）、箱式、桥墩式等。
　　A. 心形罩　　B. 燕形罩　　C. 鱼形罩　　D. 圆形罩
68. AB011　取水头部按照平面形状不同可分为圆形、椭圆形、菱形、矩形、梯形、（　　）、混合形等。
　　A. 心形　　B. 三角形　　C. 管形　　D. 树状形
69. AB011　取水头部按照结构材料可分为钢筋混凝土结构、（　　）、石砌结构等。
　　A. 钢结构　　B. 木结构　　C. 钢木结构　　D. 混凝土结构
70. AB012　移动式取水构筑物可以分为浮船式和（　　）。
　　A. 河床式　　B. 缆车式　　C. 竖井式　　D. 斗槽式
71. AB012　浮船式取水构筑物按接头形式可分为阶梯式连接、（　　）、带活动钢引桥的摇臂式连接及综合式连接。
　　A. 摇臂式连接　　B. 管式连接　　C. 串联式连接　　D. 绳索连接
72. AB012　缆车式按坡道形式可分为斜坡式、斜桥式、（　　）。
　　A. 平坡式　　B. 平桥式　　C. 斜坡式+斜桥式　　D. 平坡式+平桥式
73. AB013　水库实际是人工湖泊,按水库盆地的结构可分为（　　）。
　　A. 湖泊式与河床式　　B. 低坝式与河床式　　C. 湖泊式与海洋式　　D. 低坝式与海洋式
74. AB013　作为给水水源的水库的取水位置应在（　　）。
　　A. 上游部分　　B. 下游近坝部分　　C. 中游部分　　D. 回水末端部分
75. AB013　根据水库所在地区的地貌、库床及水面的形态,水库可分为（　　）、山谷河流水库、丘陵湖泊型水库和山塘型水库4类。
　　A. 高山湖泊型水库　　　　　　B. 草原湖泊型水库
　　C. 低谷河流水库　　　　　　　D. 平原湖泊型水库

76. AB014　由于水库水的流动性小,储存时间长,因而水质具有(　　)的特点。
　　A. 含铁量高　　　B. 浊度较高　　　C. 悬浮物含量少　　　D. 不易受污染

77. AB014　水生物死亡残骸沉积库底,致使库底淤泥中积存大量(　　),一经风浪泛起,便使水质恶化。
　　A. 腐殖质　　　B. 铁　　　C. 可溶性磷　　　D. 氨氮

78. AB014　水库的水生生物十分丰富,下列选项中关于一般分布规律叙述正确的是(　　)。
　　A. 浮游生物多数分布水体的下层
　　B. 漂浮生物漂浮在水面,也有沉在水中的
　　C. 游泳生物是具有发达运动器官的小型生物
　　D. 水底生物远离湖岸越来越多

79. AB015　下列选项中不属于水库取水构筑物的是(　　)。
　　A. 隧洞式取水和引水明渠取水　　　B. 分层取水的取水构筑物
　　C. 自流管式取水构筑物　　　D. 溢流管式取水构筑物

80. AB015　在深水湖泊和水库中取水,为了取得低浊度、无色、无臭的原水,应采用(　　)的取水构筑物。
　　A. 隧洞式取水　　　B. 分层式取水　　　C. 引水明渠取水　　　D. 自流管式取水

81. AB015　在浅水湖泊和水库取水,一般采用(　　)或虹吸管把水引入岸边深挖的吸水井内,然后水泵的吸水管直接从吸水井内抽水。
　　A. 溢流管　　　B. 分水管　　　C. 自流管　　　D. 回水管

82. AB016　固定低坝式取水枢纽由拦河低坝、(　　)、进水闸或取水泵站等部分组成。
　　A. 出水闸　　　B. 冲砂间　　　C. 引水廊道　　　D. 沉砂池

83. AB016　固定低坝式取小枢纽进水闸的轴线与冲砂闸轴线的夹角为(　　),以便在取水的同时进行排砂。
　　A. 0°~45°　　　B. 0°~30°　　　C. 30°~60°　　　D. 45°~90°

84. AB016　固定式拦河坝一般作成(　　)型式,坝高在1~2m。
　　A. 自流坝　　　B. 虹吸流坝　　　C. 倒灌坝　　　D. 溢流坝

85. AB017　底栏栅式取水构筑物中起到截留河流中草根、树枝、竹片或冰凌等,使之不进入引水廊道作用的是(　　)。
　　A. 底栏栅　　　B. 引水廊道　　　C. 闸阀　　　D. 溢流堰

86. AB017　底栏栅式取水构筑物中位于底栏栅下部,用于汇集流进底栏栅的全部水量,并引至沉砂池的是(　　)。
　　A. 闸阀　　　B. 冲砂室　　　C. 沉砂池　　　D. 引水廊道

87. AB017　底栏栅式取水构筑物中在平水期、枯水期起着抬高水位作用,而在洪水期起溢流作用的是(　　)。
　　A. 底栏栅　　　B. 引水廊道　　　C. 闸阀　　　D. 溢流堰

88. AB018　下列选项中不属于地下水取水构筑物类型的是(　　)。
　　A. 管井　　　B. 大口井　　　C. 复合井及渗渠　　　D. 潜水泉

89. AB018　井管从地面打到含水层,抽取地下水的井是(　　)。
　　A. 管井　　　　　B. 大口井　　　　C. 辐射井　　　　D. 复合井

90. AB018　由人工开挖或沉井法施工,设置井筒,以截取浅层地下水的构筑物是(　　)。
　　A. 管井　　　　　B. 大口井　　　　C. 辐射井　　　　D. 渗渠

91. AB019　根据地下埋藏条件的不同,地下水可分为上层滞水、(　　)和承压水三大类。
　　A. 自流水　　　　B. 泉水　　　　　C. 潜水　　　　　D. 层间水

92. AB019　按起源不同,地下水可分为渗入水、凝结水、(　　)和埋藏水。
　　A. 生态水　　　　B. 雨水　　　　　C. 潜水　　　　　D. 初生水

93. AB019　按含水层性质分类,地下水可分为孔隙水、(　　)、岩溶水。
　　A. 层间水　　　　B. 上层滞水　　　C. 裂隙水　　　　D. 缝隙水

94. AB020　管井因其井壁和(　　)中进水部分均为管状结构而得名。
　　A. 潜水层　　　　B. 含水层　　　　C. 透水层　　　　D. 渗水层

95. AB020　常见的管井由井室、井壁管、过滤器及沉淀管组成,当抽取结构稳定的岩溶裂隙水时,管井也可以不装(　　)。
　　A. 井室和进壁管　B. 进壁管和过滤器　C. 过滤器和沉淀管　D. 井室和沉淀管

96. AB020　管井中用以安装各种设备,采光、采暖、通风、防水的结构是(　　)。
　　A. 井室　　　　　B. 井壁管　　　　C. 过滤器　　　　D. 沉淀管

97. AB021　水泵是一种输送液体并提高液体(　　)的水力机械。
　　A. 质量　　　　　B. 重量　　　　　C. 能量　　　　　D. 流速

98. AB021　水泵是把原动机的(　　)转化为被输送液体的能量,使液体的能量增加的装置。
　　A. 动能　　　　　B. 势能　　　　　C. 机械能　　　　D. 压能

99. AB021　容积式泵是通过封闭而充满液体(　　)的周期性变化,不连续地给液体施加能量的装置。
　　A. 容积　　　　　B. 空隙　　　　　C. 空间　　　　　D. 体积

100. AB022　按泵的(　　),水泵可分为叶片式水泵、容积式水泵和其他类型水泵三大类。
　　A. 工作原理　　　B. 基本构造　　　C. 工作性能　　　D. 运行特点

101. AB022　在水泵的分类中,离心泵属于(　　)水泵。
　　A. 螺旋式　　　　B. 容积式　　　　C. 叶片式　　　　D. 射流式

102. AB022　在水泵的分类中,轴流泵属于(　　)水泵。
　　A. 叶片式　　　　B. 容积式　　　　C. 射流式　　　　D. 螺旋式

103. AB023　离心泵启动前应检查的非必查项为(　　)。
　　A. 电源电压　　　B. 电流　　　　　C. 吸水池水位　　D. 进水阀是否打开

104. AB023　启泵前发现填料箱处有水漏出,说明(　　)。
　　A. 泵内已充满水,可直接启泵
　　B. 出口阀门不严,不能启泵
　　C. 正常现象,不影响引水启泵
　　D. 填料已损坏,压盖过松,需处理后方可引水启泵

105. AB023 离心泵启动前盘车检查不能发现的问题是(   )。
   A. 转动零件松脱后卡住   B. 杂物堵塞
   C. 填料过紧或过松   D. 转速过快或过慢
106. AB024 水泵在闭闸情况下,运行时间一般不应超过(   )。
   A. 2~3min   B. 3~4min   C. 4~5min   D. 5~6min
107. AB024 离心泵启动后水泵不出水或出水不足,下列选项中不属于产生此问题的原因的是(   )。
   A. 水泵的转向不对   B. 叶轮进水口及流道堵塞
   C. 填料压得太紧   D. 水泵转速太低
108. AB024 离心泵启动过程中发现电流表读数稳定后,远低于电动机额定电流,开启出水阀门仍维持低电流,则说明(   )。
   A. 电流表已损坏,需更换   B. 离心泵启动失败,未上水
   C. 水泵处于经济运行状态   D. 启动柜未从启动转换为运行状态
109. AB025 运行中的离心泵噪声突然变大,下列选项中不可能是选成这一现象原因的是(   )。
   A. 泵轴弯曲   B. 发生汽蚀   C. 地脚松动   D. 轴承损坏
110. AB025 运行中水泵的轴承温升应(   )。
   A. 不超过70℃   B. 不超过35℃   C. 不超过75℃   D. 不超过40℃
111. AB025 离心泵正常运行时,填料处滴水应以(   )为宜。
   A. 2滴/s   B. 小于30滴/min   C. 30~60滴/min   D. 60滴/min以上
112. AB026 离心泵停泵前,应先(   )方可停运水泵。
   A. 观察水泵出水压力情况   B. 关闭进水阀门
   C. 关闭出水阀门   D. 关闭出水管止回阀
113. AB026 停泵时如果惯性小,即断电后泵很快就停下来,说明泵内(   )。
   A. 有摩卡或偏心现象   B. 水封管堵塞
   C. 轴承损坏   D. 电压太低
114. AB026 离心泵若不实行闭阀停车,管路会发生(   )现象。
   A. 汽蚀   B. 剥蚀   C. 积气   D. 水击
115. AB027 离心泵是利用叶轮旋转而使水产生(   )来工作的。
   A. 动力   B. 向心力   C. 离心力   D. 反作用力
116. AB027 离心泵泵轴带动叶轮和水做高速旋转时,水泵叶轮中心形成了(   )。
   A. 气囊   B. 涡旋   C. 汽蚀   D. 真空
117. AB027 离心泵运转时,叶轮入口处的压力(   )大气作用于水面上的压力。
   A. 等于   B. 大于   C. 小于   D. 约等于
118. AB028 离心泵泵轴与泵座之间的转动连接装置为(   )。
   A. 轴套   B. 轴承   C. 轴承座   D. 填料盒
119. AB028 离心泵的泵轴与泵壳之间的轴封装置为(   )。
   A. 轴套   B. 填料盒   C. 减漏环   D. 轴承座

120. AB028　电动机的出力是通过( )传递给水泵的。
　　A. 轴承座　　　　B. 泵轴　　　　C. 联轴器　　　　D. 轴封装置

121. AC001　水源水日常检测项目不包括( )。
　　A. 浊度　　　　B. 色度　　　　C. pH 值　　　　D. 余氯

122. AC001　耗氧量反映水源水中( )的含量。
　　A. 悬浮物　　　　B. 臭和味　　　　C. 有机物　　　　D. 无机物

123. AC001　水源水的( )升高,说明水源存在微污染现象。
　　A. pH 值　　　　B. COD 值　　　　C. 浊度　　　　D. 色度

124. AC002　世界上最早的水质标准是公元前一世纪( )工程师提出的。
　　A. 罗马　　　　B. 希腊　　　　C. 埃及　　　　D. 印度

125. AC002　真正有意义的水质标准是( )于1914年颁布的《公共卫生署饮用水水质标准》。
　　A. 中国　　　　B. 英国　　　　C. 法国　　　　D. 美国

126. AC002　GB 5749—1985《生活饮用水卫生标准》中水质指标共( )。
　　A. 23 项　　　　B. 30 项　　　　C. 35 项　　　　D. 45 项

127. AC003　《生活饮用水卫生标准》是卫生监测和( )的主要手段。
　　A. 行政处罚　　　　B. 刑事处罚　　　　C. 卫生监督　　　　D. 水质检验

128. AC003　GB 5749—1985《生活饮用水水质标准》是( )标准,必须执行。
　　A. 强制性　　　　B. 一般　　　　C. 选择性　　　　D. 特殊性

129. AC003　GB 5749—1985《生活饮用水卫生标准》对改善和提高饮用水( )发挥重要作用。
　　A. 水量　　　　B. 水质　　　　C. 浊度　　　　D. 色度

130. AC004　GB 5749—2006《生活饮用水卫生标准》中水质指标共( )。
　　A. 85 项　　　　B. 35 项　　　　C. 106 项　　　　D. 45 项

131. AC004　制定 GB 5749—2006《生活饮用水卫生标准》指标的主要参考国家和国际组织有( )。
　　A. 2 个　　　　B. 3 个　　　　C. 4 个　　　　D. 5 个

132. AC004　《生活饮用水卫生标准》是以保护人群健康和保证人类( )为出发点的。
　　A. 生活质量　　　　B. 生产需要　　　　C. 生命安全　　　　D. 生存发展

133. AC005　我国《生活饮用水卫生标准》共修订( )。
　　A. 1 次　　　　B. 2 次　　　　C. 3 次　　　　D. 4 次

134. AC005　我国最早的生活饮用水技术法规是( )。
　　A.《自来水水质暂行标准(修正稿)》
　　B.《饮用水水质标准(草案)》
　　C. GB 5749—1985《生活饮用水卫生标准》
　　D.《生活饮用水卫生规程》

135. AD005　GB 5749—2006《生活饮用水卫生标准》于( )开始实施。
　　A. 2006 年　　　　B. 2007 年　　　　C. 2008 年　　　　D. 2010 年

136. AC006　GB 5749—2006《生活饮用水卫生标准》适用于(　　)的各类生活饮用水。
　　A. 城镇居民　　　　B. 农村居民　　　　C. 各类人群　　　　D. 工人阶层

137. AC006　生活饮用水必须保证居民(　　)饮用安全。
　　A. 当时　　　　　　B. 一段时期　　　　C. 长期　　　　　　D. 终身

138. AC006　饮用水(　　)和一般理化指标需用户直接感觉。
　　A. 感官性状　　　　B. 微生物　　　　　C. 毒理学　　　　　D. 消毒剂

139. AC007　能反映生活饮用水水质基本状况的水质指标是(　　)。
　　A. 感官指标　　　　B. 常规指标　　　　C. 非常规指标　　　D. 放射性指标

140. AC007　根据地区、时间或特殊情况需要实施的生活饮用水水质指标是(　　)。
　　A. 感官指标　　　　B. 常规指标　　　　C. 非常规指标　　　D. 放射性指标

141. AC007　生活饮用水水质指标总体分为(　　)。
　　A. 2 类　　　　　　B. 3 类　　　　　　C. 4 类　　　　　　D. 5 类

142. AC008　在入户之前经再度储存、加压和消毒或深度处理,通过管道或容器输送给用户的供水方式是(　　)。
　　A. 集中式供水　　　　　　　　　　　B. 分散式供水
　　C. 小型集中式供水　　　　　　　　　D. 二次供水

143. AC008　常规水质指标不包括(　　)。
　　A. 浊度　　　　　　B. 色度　　　　　　C. 氨氮　　　　　　D. 耗氧量

144. AC008　居民直接从水源取水,无任何设施或仅有简易设施的供水方式为(　　)。
　　A. 分散式供水　　　B. 集中式供水　　　C. 二次供水　　　　D. 小型集中式供水

145. AC009　生活饮用水必须进行(　　)处理。
　　A. 混凝　　　　　　B. 沉淀　　　　　　C. 过滤　　　　　　D. 消毒

146. AC009　当发生影响水质的突发性公共事件时,经市级以上人民政府批准,(　　)指标可适当放宽。
　　A. 感官性状和一般化学　　　　　　　B. 毒理学
　　C. 微生物　　　　　　　　　　　　　D. 消毒剂

147. AC009　我国已经明确对人体健康产生危害,影响人数最多的地球化学物质是(　　)。
　　A. 氯化物　　　　　B. 氟化物　　　　　C. 氰化物　　　　　D. 硝酸盐

148. AC010　GB 5749—2006《生活饮用水卫生标准》加强了对水质有机物、微生物和(　　)等方面的要求。
　　A. 水质无机物　　　B. 水质消毒　　　　C. 水质病原体　　　D. 放射性物质

149. AC010　GB 5749—2006《生活饮用水卫生标准》增加指标最多的是(　　)。
　　A. 有机物　　　　　　　　　　　　　B. 金属
　　C. 感官性状和一般化学指标　　　　　D. 微生物

150. AC010　GB 5749—2006《生活饮用水卫生标准》中指标检验项目和旧标准相同的是(　　)。
　　A. 有机物　　　　　　　　　　　　　B. 金属
　　C. 感官性状和一般化学指标　　　　　D. 微生物

151. AC011　新版《生活饮用水卫生标准》常规指标中微生物指标较旧标准增加（　　）。
　　A.1项　　　　　　B.2项　　　　　　C.3项　　　　　　D.4项
152. AC011　新版《生活饮用水卫生标准》常规指标中指标限值放宽的是（　　）。
　　A.总α放射性　　B.总β放射性　　C.总硬度　　　　D.溶解性总固体
153. AC011　新版《生活饮用水卫生标准》常规指标中增加的金属指标是（　　）。
　　A.铁　　　　　　B.锰　　　　　　　C.铝　　　　　　　D.铜
154. AC012　新版《生活饮用水卫生标准》消毒剂指标增加的项目不包括（　　）。
　　A.氯气及游离氯制剂　　　　　　　B.一氯胺
　　C.臭氧　　　　　　　　　　　　　D.二氧化氯
155. AC012　新版《生活饮用水卫生标准》中二氧化氯消毒剂在水厂出厂水中的限值是（　　）。
　　A.1mg/L　　　　B.0.8mg/L　　　　C.0.6mg/L　　　　D.0.3mg/L
156. AC012　新版《生活饮用水卫生标准》中二氧化氯消毒剂在管网末梢的余量应不小于（　　）。
　　A.0.1mg/L　　　B.0.05mg/L　　　C.0.02mg/L　　　D.0.01mg/L
157. AC013　新版《生活饮用水卫生标准》中非常规指标中微生物指标包括（　　）。
　　A.1项　　　　　　B.2项　　　　　　C.3项　　　　　　D.4项
158. AC013　新版《生活饮用水卫生标准》的非常规指标中感官性状和一般化学指标包括（　　）。
　　A.耗氧量　　　　B.氯化物　　　　　C.硫酸盐　　　　　D.氨氮
159. AC013　旧版《生活饮用水卫生标准》的非常规指标中检测的金属是（　　）。
　　A.钡　　　　　　B.钼　　　　　　　C.银　　　　　　　D.镍
160. AC014　新版《生活饮用水卫生标准》常规指标新增的检测项目是（　　）。
　　A.总硬度　　　　B.耗氧量　　　　　C.挥发酚类　　　　D.阴离子合成洗涤剂
161. AC014　新版《生活饮用水卫生标准》中浑浊度的限值是（　　）。
　　A.1NTU　　　　　B.2NTU　　　　　　C.3NTU　　　　　　D.5NTU
162. AC014　新版《生活饮用水卫生标准》中感官性状和一般化学指标中限值相同的金属离子是（　　）。
　　A.铁和锰　　　　B.铁和铝　　　　　C.铜和锰　　　　　D.铜和锌
163. AC015　铂-钴标准溶液是用（　　）和氯化钴配成的溶液。
　　A.氯铂酸钾　　　B.氯酸钾　　　　　C.氯化钾　　　　　D.氯化钠
164. AC015　土壤中存在的腐殖质成分使水带有（　　）。
　　A.浅蓝色　　　　B.淡绿色　　　　　C.无色　　　　　　D.黄色
165. AC015　将水放在玻璃杯中,大多数人能觉察大于（　　）的颜色。
　　A.5度　　　　　　B.10度　　　　　　C.15度　　　　　　D.20度
166. AC016　实验室测定色度时,用于比色的玻璃仪器的名称是（　　）。
　　A.试管　　　　　B.具赛试管　　　　C.具赛比色管　　　D.移液管

167. AC016　水中的色度是以除去( )后的色度为标准的。
　　　A. 微生物　　　　B. 溶解固形物　　　C. 全固形物　　　　D. 悬浮物

168. AC016　铂-钴标准溶液有效期为( )。
　　　A. 3 个月　　　　B. 6 个月　　　　　C. 9 个月　　　　　D. 12 个月

169. AC017　适合测定低浊度自来水的浊度测试仪是( )。
　　　A. 散射光浊度仪　B. 透射光浊度仪　　C. 目视法　　　　　D. 福尔马肼

170. AC017　福尔马肼测试浊度时,分光光度计应在( )波长下测定吸光度。
　　　A. 540nm　　　　B. 420nm　　　　　C. 680nm　　　　　D. 460nm

171. AC017　水样中悬浮物含量越高,( )越大,其透明度越低。
　　　A. 色度　　　　　B. 浊度　　　　　　C. 透明度　　　　　D. 温度

172. AC018　测定超纯水的 pH 值时,pH 值读数漂移的原因是( )。
　　　A. 受溶解气体的影响　　　　　　　　B. 仪器本身的读数误差
　　　C. 仪器预热时间不够　　　　　　　　D. 玻璃电极老化

173. AC018　测水样 pH 值时,甘汞电极是( )。
　　　A. 工作电极　　　B. 指示电极　　　　C. 参比电极　　　　D. 内参比电极

174. AC018　测水样 pH 值时用的复合电极包括( )。
　　　A. 玻璃电极和甘汞电极　　　　　　　B. pH 值电极和甘汞电极
　　　C. 玻璃电极和银-氯化银电极　　　　D. pH 值电极和银-氯化银电极

175. AD001　水力学是研究液体( )规律及其应用的一门科学。
　　　A. 静止　　　　　B. 运动　　　　　　C. 静止和运动　　　D. 变化

176. AD001　水力学中研究的液体是一种( )、不易压缩、均质的连续介质。
　　　A. 运动的　　　　B. 易流动　　　　　C. 有较强黏滞力　　D. 易凝固

177. AD001　水力学的内容分为水静力学和( )两部分。
　　　A. 水压力学　　　B. 水浮力学　　　　C. 水黏滞力学　　　D. 水动力学

178. AD002　液体一受剪切就会产生变形(即流动),液体的这种特性称为( )。
　　　A. 易流性　　　　B. 黏滞性　　　　　C. 压缩性　　　　　D. 表面张力

179. AD002　单位体积液体的质量称为( ),用符号( )表示,其单位是( )。
　　　A. 密度,ρ,kg/m³　　B. 重度,γ,N/m³
　　　C. 密度,γ,kg/m³　　D. 密度,ρ,N/m³

180. AD002　一个大气压下温度为 4℃ 的纯水,其密度 ρ 为( ),重度 γ 为( )。
　　　A. 1000kg/m³、9800N/m³　　　　　　B. 1000kg/m³、1000N/m³
　　　C. 9800kg/m³、1000N/m³　　　　　　D. 9800kg/m³、9800N/m³

181. AE001　电流的单位是( )。
　　　A. 欧姆　　　　　B. 伏特　　　　　　C. 瓦　　　　　　　D. 安培

182. AE001　1A=( )。
　　　A. 1000mA　　　B. 10mA　　　　　C. 0.1mA　　　　　D. 0.001mA

183. AE001　电流是( )在导体中移动的现象,电能就是利用电流来传送。
　　　A. 离子　　　　　B. 分子　　　　　　C. 电子　　　　　　D. 原子

184. AE002　电压也称为电位差,为带电导体(　　)间电位高低之差。
　　　A. 两点　　　　B. 三点　　　　C. 四点　　　　D. 多点
185. AE002　电压的单位是(　　)。
　　　A. Ω　　　　　B. V　　　　　C. U　　　　　D. R
186. AE002　家庭电路的电压为(　　)。
　　　A. 110V　　　B. 120V　　　C. 220V　　　D. 380V
187. AE003　电功率的单位是(　　)。
　　　A. 千瓦小时　　B. 千瓦　　　　C. 度　　　　　D. 伏
188. AE003　能够测量电功率的仪表是(　　)。
　　　A. 万用表　　　B. 电度表　　　C. 功率因数表　　D. 功率表
189. AE003　电功率是用来表示用电器消耗(　　)快慢的物理量。
　　　A. 电能　　　　B. 电力　　　　C. 电量　　　　D. 电压
190. AE004　当前,计算机应用已进入以(　　)为特征的时代。
　　　A. 并行处理技术　B. 分布式系统　C. 微型计算机　　D. 计算机网络
191. AE004　计算机网络的应用越来越普遍,它的最大好处在于(　　)。
　　　A. 节省人力　　　　　　　　　B. 存储容量扩大
　　　C. 可实现资源共享　　　　　　D. 使信息存取速度提高
192. AE004　计算机具有(　　)和逻辑判断能力,具有自动控制和记忆功能的信息处理设备。
　　　A. 计算能力　　B. PID 控制　　C. 人工智能　　D. 过程控制
193. AE005　下列选项中不属于计算机基本配置的是(　　)。
　　　A. 主机　　　　B. 显示器　　　C. 键盘　　　　D. 打印机
194. AE005　计算机的硬件是由(　　)和外部设备组成的。
　　　A. CPU　　　　B. 内存　　　　C. 显卡　　　　D. 主机
195. AE005　下列部件属于计算机的基本组成的是(　　)。
　　　A. 摄像头　　　B. U 盘　　　　C. 显示器　　　D. 外接音箱
196. AF001　安全生产工作是指为了达到安全生产的目的,所采取的各种措施和开展的一系列活动的(　　)。
　　　A. 保障　　　　B. 前提　　　　C. 统称　　　　D. 总称
197. AF001　安全第一与预防为主的目的都是为了保障(　　)。
　　　A. 人身安全　　B. 安全生产　　C. 设备安全　　D. 安全准则
198. AF001　造成事故的原因主要分直接原因和(　　)。
　　　A. 间接原因　　B. 人为原因　　C. 设备原因　　D. 次要原因
199. AF002　生产过程中事故是指造成人员死亡、伤害、职业病、财产损失或其他损失的(　　)。
　　　A. 安全事件　　B. 意外事件　　C. 突发事件　　D. 重大事件
200. AF002　长期的或临时的生产、搬运、使用或者储存危险物品,且数量等于或者超过临界量的单元是(　　)。
　　　A. 危险事件　　B. 低危险源　　C. 中危险源　　D. 重大危险源

201. AF002 事故的预防和控制,应从安全技术、安全( )、安全管理三方面入手,采取相应的措施。

    A. 教育   B. 知识   C. 规定   D. 职责

202. AF003 劳动保护就是( )为了保护劳动者在劳动生产过程中的安全与健康所采取的立法、组织和技术措施的总称。

    A. 地方   B. 企业   C. 社会   D. 国家和单位

203. AF003 劳动保护的目的是为劳动者创造安全、卫生、舒适的劳动工作条件,消除和( )劳动生产过程中可能发生的伤亡、职业病和急性职业中毒,保障劳动者以健康的劳动力参加社会生产,促进劳动生产率的提高,保证社会主义现代化建设顺利进行。

    A. 改正   B. 预防   C. 杜绝   D. 减少

204. AF003 不执行劳动保护的企业由( )责令改正,可以并处罚款;情节严重的,提请县级以上人民政府决定责令停产整顿;对主管人员和直接责任人员由其所在单位或者上级主管机关给予行政处分。

    A. 国家   B. 劳动行政主管部门
    C. 企业   D. 劳动保护部门

205. AF004 安全帽、呼吸护具、眼防护具、听力护具、防护鞋、防护手套、防护服、防坠落具、护肤用品、面罩面屏属于( )。

    A. 劳动必需品   B. 消防用具   C. 劳动生产用具   D. 劳动保护用具

206. AF004 呼吸护具是预防尘肺和职业病的重要护品。按用途分为防尘、防毒、( )3类。

    A. 防火   B. 防烟   C. 供氧   D. 防风

207. AF004 长期在90dB(A)以上或短时在115dB(A)以上环境中工作时应使用( )。

    A. 听力护具   B. 呼吸护具   C. 消防用具   D. 护肤用具

208. AF005 安全生产思想教育主要包括安全生产方针政策教育、( )、典型经验及事故案例教育。

    A. 法制教育   B. 理论教育   C. 实践教育   D. 技能教育

209. AF005 安全生产知识教育主要包括一般生产技术知识教育、一般安全技术知识教育和专业( )知识教育。

    A. 管理理论   B. 操作技能   C. 安全技术   D. 生产技术

210. AF005 安全生产知识教育就是通过教育,提高( ),防止误操作。

    A. 生产知识   B. 生产技能   C. 实践知识   D. 生产管理

211. BA001 混凝剂种类很多,可将它分为( )两大类。

    A. 无机盐类和铁盐   B. 无机盐类和高分子类
    C. 铁盐和铝盐   D. 酸性和碱性

212. BA001 下列选项中属于无机高分子混凝剂的是( )。

    A. 硫酸亚铁   B. 三氯化铁
    C. 硫酸铝   D. 聚合硫酸铁

213. BA001 无机盐类铝系混凝剂有( )。
   A. 聚合铝和硫酸铝   B. 明矾和硅酸钠
   C. 铝盐和硅酸钠   D. 硅酸钠和聚丙烯酰胺

214. BA002 国家标准 GB 15892—2009《生活饮用水用聚氯化铝》中规定,液体氧化铝(Al_2O_3)质量分数应大于( )。
   A. 25%   B. 20%   C. 10%   D. 5%

215. BA002 GB 15892—2009《生活饮用水用聚氯化铝》中明确规定:固体聚氯化铝的盐基度应为( )。
   A. 40%~90%   B. 45%~90%   C. 50%~90%   D. 50%~95%

216. BA002 聚氯化铝净化后的水质优于硫酸铝絮凝剂,净水成本与之相比低( )。
   A. 10%~15%   B. 15%~20%   C. 15%~30%   D. 20%~35%

217. BA003 当加药间存放一定数量的固体净水药剂时,根据工人操作条件固体药剂的堆放高度一般在( )。
   A. 1.0~2.0m   B. 1.5~2.0m   C. 0.5~1.0m   D. 0.5~2.0m

218. BA003 净水药剂堆之间要有适当的通道,通道宽度要保持在( )左右。
   A. 0.5m   B. 2.0m   C. 1.0m   D. 1.5m

219. BA003 水处理剂的使用要贯彻( )的原则。
   A. 随到随用   B. 先存先用   C. 无明确要求   D. 不分先后

220. BA004 低温低浊混凝时,使用( )。
   A. 铝盐比铁盐效果好   B. 铁盐比铝盐效果好
   C. 铁盐和铝盐效果一样   D. 硫酸铝效果好

221. BA004 下列选项中不属于铝盐混凝剂特点的是( )。
   A. 矾花形成快   B. 颗粒大而重
   C. 适宜的 pH 值范围宽   D. 处理后的水色度高

222. BA004 当用硫酸铝去除原水的浑浊度时,要达到较好的混凝效果,水的 pH 值应控制在( )。
   A. 5~9   B. 6.5~7.5   C. 6~8   D. 6~9

223. BA005 最早使用的混凝剂是( )。
   A. 聚合硫酸铁   B. 聚合氯化铝   C. 三氯化铁   D. 明矾

224. BA005 铝盐对出水的色度、( )影响较铁盐小。
   A. 浊度   B. 水温   C. 碱度   D. pH 值

225. BA005 亚铁氯化法中,理论投氯量与硫酸亚铁量之比约为( )。
   A. 1∶5   B. 1∶6   C. 1∶7   D. 1∶8

226. BA006 下列选项中不属于高分子混凝剂的是( )。
   A. 三氯化铁   B. 聚合硫酸铁   C. 聚合氯化铝   D. 聚丙烯酰胺

227. BA006 高分子混凝剂有无机和有机两大类,常用的无机高分子混凝剂是( )。
   A. 三氯化铁   B. 硫酸铝
   C. 碱式氯化铝   D. 硫酸亚铁

228. BA006　聚合铝可以在较大的(　　)范围内起混凝作用。
　　　A. 色度和pH值　　B. 浑浊度和水温　　C. 碱度和水温　　D. 浑浊度和pH值
229. BA007　铁盐做混凝剂可以使水的色度(　　)。
　　　A. 升高　　B. 降低　　C. 保持不变　　D. 随意变化
230. BA007　投加铁盐可以使水的pH值(　　)。
　　　A. 升高　　B. 降低　　C. 不变　　D. 随意变化
231. BA007　目前使用的铁盐混凝剂不包括(　　)。
　　　A. 硫酸亚铁　　B. 明矾　　C. 三氯化铁　　D. 聚合硫酸铁
232. BA008　聚合氯化铝的简写为(　　)。
　　　A. PAM　　B. PAS　　C. PAC　　D. PAS
233. BA008　在投药量相同的情况下,下列关于投加铝盐和投加铁盐对处理水的pH值影响的说法正确的是(　　)。
　　　A. 铝盐影响大　　B. 铁盐影响大　　C. 二者影响一样　　D. 影响大小不确定
234. BA008　下列选项中不属于碱式氯化铝的优点的是(　　)。
　　　A. 净化效率高　　B. 温度适应性高　　C. 操作方便　　D. 成本较高
235. BA009　聚丙烯酰胺有很好的混凝、助凝作用,下列选项中关于其作用原理的说法不正确的是(　　)。
　　　A. 有巨大的相对分子质量　　B. 是巨大的线性分子
　　　C. 有较强的吸附架桥作用　　D. 改变了水的pH值
236. BA009　聚丙烯酰胺在储存与配制过程中要避免与(　　)接触。
　　　A. 塑料容器　　B. 铁器　　C. 不锈钢容器　　D. 玻璃钢容器
237. BA009　聚丙烯酰胺的投加量随原水浊度增加而增加,其投加浓度以(　　)为宜。
　　　A. 0.2%　　B. 1.0%　　C. 0.1%　　D. 2%
238. BA010　活化硅酸处理(　　)水效果显著。
　　　A. 高温低浊　　B. 高温高藻　　C. 低温低浊　　D. 低温高浊
239. BA010　硅酸钠做助凝剂使用较麻烦,是因为(　　)。
　　　A. 配制浓度不好掌握　　B. 容量堵塞管道
　　　C. 要有适当的酸化度和活化时间　　D. 投加量不易确定
240. BA010　硅酸钠活化后必须及时使用,通常在数小时内,最多不超过(　　)内用完。
　　　A. 6h　　B. 12h　　C. 24h　　D. 48h
241. BA011　助凝剂主要是(　　)物质。
　　　A. 氧化剂类　　B. 高分子类　　C. 碱剂类　　D. 酸剂类
242. BA011　在处理高浑浊度水时,既可保证水质,又可减少混凝剂用量的高分子助凝剂是(　　)。
　　　A. 活化硅酸　　B. 聚丙烯酸胺　　C. 聚合氯化铝　　D. 三氯化铁
243. BA011　当处理高色度水及用于破坏水中有机物或去除臭味时,可在投加混凝剂前先投加(　　)。
　　　A. 盐酸　　B. 生石灰　　C. 氯气　　D. 活化硅酸

244. BA012　当原水受到严重污染、有机物过多时,可用(　　)以破坏有机物干扰。
　　A. 还原剂　　　　B. 氧化剂　　　　C. 碱剂　　　　D. 酸剂

245. BA012　助凝剂的作用机理主要是(　　)。
　　A. 双电子层作用　　　　　　　B. 电性中和作用
　　C. 高分子物质的吸附架桥作用　　D. 沉淀物的卷扫作用

246. BA012　当原水碱度不足而使混凝剂水解困难时,可投加(　　)以提高水的 pH 值。
　　A. 石灰　　　　B. 黏土　　　　C. 盐酸　　　　D. 氯气

247. BA013　下列选项中属于氧化剂类助凝剂的是(　　)。
　　A. 活化硅酸　　B. 氯气　　　　C. 聚丙烯酰胺　　D. 石灰

248. BA013　下列选项中不属于高分子助凝剂的是(　　)。
　　A. 聚丙烯酰胺　　B. 活化硅酸　　C. 黏土　　　　D. 骨胶

249. BA013　活化硅酸配合铝盐、铁盐使用效果较好,对处理(　　)水较为有效。
　　A. 高温、中浊　　B. 高温、高浊　　C. 高温、高藻　　D. 低温、低浊

250. BA014　下列选项中不属于微粒稳定性主要原因的是(　　)。
　　A. 微粒布朗运动　　　　　　B. 胶体颗粒间的静电斥力
　　C. 絮凝稳定　　　　　　　　D. 胶体颗粒表面的水化作用

251. BA014　混凝阶段所处理的对象主要是水中悬浮物和(　　)。
　　A. 溶解物质　　B. 胶体杂质　　C. 漂浮物　　　D. 离子

252. BA014　混凝工艺的两个阶段分别是(　　)和反应。
　　A. 脱稳　　　　B. 凝聚　　　　C. 沉淀　　　　D. 混合

253. BA015　杂乱无章的水分子运动碰撞胶体微粒产生的运动称为(　　)。
　　A. 分子运动　　B. 布朗运动　　C. 胶体运动　　D. 原子运动

254. BA015　混凝剂在水中胶体粒子的作用有3种,分别为(　　)吸附架桥、网捕和卷扫。
　　A. 絮凝反应　　B. 双电子层作用　　C. 电性中和　　D. 胶体保护

255. BA015　结合原水水质选用性能良好的药剂,创造适宜的(　　)条件,是混凝工艺的技术关键。
　　A. 化学　　　　B. 水力　　　　C. 物理和水力　　D. 化学和水力

256. BA016　在絮凝阶段,通常以 G 值或 GT 值作为控制指标,G 值代表的是(　　)。
　　A. 液体质量　　B. 能量功率　　C. 动力黏度　　D. 速度梯度

257. BA016　异向凝聚的凝聚速率与(　　)成正比,与(　　)成反比。
　　A. 水温,颗粒的直径　　　　　　B. 水温,颗粒数量浓度
　　C. 水温,颗粒直径的平方　　　　D. 水温,颗粒数量浓度的平方

258. BA016　同向凝聚的凝聚速率受(　　)影响。
　　A. 颗粒的浓度与水温　　　　　　B. 颗粒的水温
　　C. 颗粒的浓度与直径　　　　　　D. 颗粒的直径

259. BA017　下列选项中关于混凝剂投加的基本要求的叙述的是(　　)。
　　A. 投量准确　　　　　　　　　　B. 易于调节
　　C. 设备复杂　　　　　　　　　　D. 工作可靠

260. BA017 投加点与( )距离应尽量靠近,便于投加。
    A. 原水管线　　　　B. 反应池　　　　C. 投药间　　　　D. 沉淀池
261. BA017 投药方法、( )与投药设备处置是否恰当,关系到投加混凝剂的消耗量,工人劳动强度大小及处理水质的好坏。
    A. 混凝剂种类　　B. 投药点的选择　　C. 混凝剂的配制　　D. 投药点的距离
262. BA018 混凝剂投加系统设备的配置选择条件不包括( )。
    A. 根据水厂规模　　　　　　　　B. 水厂地形特点
    C. 所选用的混凝剂品种　　　　　D. 投药方法
263. BA018 投加系统中计量设备一般不包括( )。
    A. 计量泵　　　　B. 转子流量计　　　C. 苗嘴　　　　D. 脉动阻尼器
264. BA018 常用的药剂投加方法有( )和( )两种。
    A. 干投法,湿投法　　B. 泵投法,干投法
    C. 泵投法,湿投法　　D. 重力投法,干投法
265. BA019 固体混凝剂必须经溶解、配制后才能使用,其质量分数要求为( )。
    A. 3%~5%　　B. 5%~8%　　C. 5%~10%　　D. 10%~15%
266. BA019 最佳投药量是指达到既定水质目标的( )加药量。
    A. 最大　　　　B. 最小　　　　C. 平均　　　　D. 适中
267. BA019 利用烧杯试验不能确定的是( )。
    A. 最佳投药量　　B. 筛选混凝剂　　C. 最佳沉速　　D. 最佳投碱量
268. BA020 采用管道混合时,管道内水流流速应在( ),才能使药与水充分混合。
    A. 0.5~1.0m/s　　B. 1.2~1.5m/s　　C. 1.6~2.0m/s　　D. 2.1~2.5m/s
269. BA020 采用水泵混合时,将混凝剂投加在水泵( )处可达到快速混合的目的。
    A. 吸水口　　　B. 出水口　　　C. 吸水管或喇叭口　　D. 泵体或叶轮
270. BA020 采用水泵混合时,泵房与反应池的距离应较近,一般不超过( )。
    A. 50m　　　　B. 1000m　　　C. 100m　　　　D. 500m
271. BA021 混凝剂与处理的原水必须在短时间内得到充分混合,一般在( ),最多不超过2min。
    A. 30~50s　　B. 10~30s　　C. 50~100s　　D. 10~50s
272. BA021 在混合过程中,( )是重要的技术控制参数。
    A. G 值　　　　B. GT 值　　　　C. T 值　　　　D. G 与 T 值
273. BA021 混凝剂和原水的混合均匀与否是( )效果好坏的基础。
    A. 沉淀　　　　B. 过滤　　　　C. 絮凝　　　　D. 混凝
274. BA022 混合设施的种类很多,可分为( )、管式混合、水力混合池混合、机械混合。
    A. 水泵混合　　　　　　　　B. 静态混合器混合
    C. 压缩空气混合　　　　　　D. 水跃混合
275. BA022 水泵混合通常用于取水泵房靠近水厂处理构筑物的场合,两者间距不宜大于( )。
    A. 50m　　　　B. 100m　　　C. 150m　　　　D. 200m

276. BA022 采用管式混合时,管中的液体流速不应小于(   )。
    A. 0.5m/s   B. 1.0m/s   C. 1.5m/s   D. 2.0m/s
277. BA023 水跃混合池利用(   )以上的流速迅速流下时所产生的水跃进行混合。
    A. 1m/s   B. 2m/s   C. 3m/s   D. 4m/s
278. BA023 利用水体的曲折行进所产生的湍流进行混合的混合池是(   )混合池。
    A. 隔板混合池   B. 水跃混合池   C. 跌水混合池   D. 涡流混合池
279. BA023 隔板混合池为避免进入空气,缝隙必须具有淹没水深(   )以上。
    A. 50~100mm   B. 100~150mm   C. 100~200mm   D. 150~200mm
280. BA024 机械混合池的混合时间应控制在10~30s以内,最多不超过(   )。
    A. 5min   B. 6min   C. 2min   D. 1min
281. BA024 机械混合池在设计中应避免因水流(   )旋转而(   )混合效果。
    A. 同步,降低   B. 异步,升高   C. 异步,降低   D. 同步,升高
282. BA024 机械混合池中的搅拌器可以是浆板式、(   )、透平式。
    A. 涡轮式   B. 螺旋式   C. 磁力式   D. 锚式
283. BB001 下列选项中不符合理想沉淀池3个假定的是(   )。
    A. 颗粒处于拥挤沉淀状态
    B. 颗粒沉到池底即认为已被去除,不再返回水流中
    C. 水流沿水平方向流动
    D. 颗粒处于自由沉淀状态
284. BB001 在明渠中 Re 大于(   ),水流呈紊流状态。
    A. 1000   B. 100   C. 500   D. 50
285. BB001 截留沉速是反映了沉淀池中所能去除的颗粒中的(   )的沉速。
    A. 悬浮颗粒   B. 最小颗粒   C. 最大颗粒   D. 胶体颗粒
286. BB002 沉淀池停留时间等于沉淀池容积和沉淀池的(   )之比。
    A. 设计流量   B. 流速   C. 表面积   D. 池长
287. BB002 沉淀池停留时间的计算公式为(   ),按照沉淀有效容积计算。
    A. $T=Q/A$ B. $T=L/3.6V$ C. $T=V/Q$ D. $T=L/V$
288. BB002 水流经进水穿孔墙的流速较池中水流速度高出许多倍,所以进池水流具有很大的(   ),它能在池内持续很长距离才逐渐消失。
    A. 动能   B. 势能   C. 电能   D. 机械能
289. BB003 沉淀按水中固体颗粒的性质分类,可分为(   )、混凝沉淀、化学沉淀。
    A. 拥挤沉淀   B. 挤压沉淀   C. 自然沉淀   D. 自由沉淀
290. BB003 原水中不加混凝剂,完全借助颗粒自身重力作用,在水中下沉,这个过程称为(   )。
    A. 自由沉淀   B. 自然沉淀   C. 拥挤沉淀   D. 压缩沉淀
291. BB003 水处理工艺的沉淀多属于(   )。
    A. 自由沉淀   B. 絮凝沉淀
    C. 拥挤沉淀与压缩沉淀   D. 压缩沉淀

292. BB004 排泥时间长短取决于(　　)、排泥泵流量和浓缩池要求的进泥浓度。
A. 原水浊度　　　B. 原水水温　　　C. 污泥量　　　D. 排泥周期

293. BB004 大型水厂一般采用自动控制排泥,多用(　　)程序控制。
A. 污泥量　　　B. 水质浊度　　　C. 投加量　　　D. 时间

294. BB004 排泥彻底,适用于大中型水厂的排泥方式是(　　)。
A. 斗底排泥　　　B. 穿孔管排泥　　　C. 虹吸排泥　　　D. 机械排泥

295. BB005 平流沉淀池可分为(　　)4个部分。
A. 进水区、反应区、沉淀区、出水区　　B. 进水区、沉淀区、存泥区、出水区
C. 进水区、反应区、存泥区、出水区　　D. 进水区、沉淀区、絮凝区、出水区

296. BB005 水流从絮凝池直接进入平流沉淀池,可通过(　　)将水均匀分布于沉淀池整个断面上。
A. 进水管　　　B. 格栅　　　C. 穿孔墙　　　D. 喷头

297. BB005 设计平流沉淀池的主要控制指标是(　　)。
A. 流量和停留时间　　　　B. 表面负荷和停留时间
C. 水温和流量　　　　　　D. 表面负荷和流量

298. BB006 平流沉淀池因为出水堰板溢流负荷太大,堰板不平整,池子设计不合理,有死区,造成水流短路,减小了沉淀池的(　　)。
A. 表面负荷　　　B. 有效容积　　　C. 水平流速　　　D. 水力半径

299. BB006 在平流沉淀池中,提高 Fr 数的有效措施是(　　)。
A. 减少水平速度　　　　B. 增大水平速度
C. 增大沉淀池容积　　　D. 减少水力半径

300. BB006 斜管沉淀池的清水区布置十分重要,为保证出水均匀,清水区的高度一般为(　　)。
A. 0.5~1.0m　　　B. 1.0~1.5m　　　C. 2.0~2.5m　　　D. 2.5~3.0m

301. BB007 平流沉淀池采用桁车刮泥机时,一般采用(　　)。
A. 间歇刮泥　　　B. 连续刮泥　　　C. 定时刮泥　　　D. 自动刮泥

302. BB007 辐流沉淀池运行较好,设备较简单,一般采用(　　)。
A. 斗底排泥　　　B. 机械排泥　　　C. 虹吸排泥　　　D. 穿孔管排泥

303. BB007 平流沉淀池排泥不及时,池内积沙或浮渣太多,直接影响(　　)。
A. 表面负荷　　　B. 水平流速
C. 出水浊度　　　D. 水力半径

304. BB008 斜板沉淀池按水流方向可以分为(　　)3种。
A. 上向流、下向流、平向流　　B. 上向流、下向流、异向流
C. 上向流、下向流、侧向流　　D. 上向流、下向流、同向流

305. BB008 异向流斜板沉淀池清水区上升流速一般取(　　)。
A. 2.5~3.0m/s　　B. 2.5~3.0mm/s　　C. 9~11m/s　　D. 9~11mm/s

306. BB008 同向流斜板沉淀池清水区上升流速一般取(　　)。
A. 30~40m/s　　B. 30~40mm/s　　C. 8.3~11m/s　　D. 8.3~11mm/s

307. BB009　下列关于斜板沉淀池的优点的叙述正确的是(　　)。
　　　A. 沉淀效率低　　　B. 池体小　　　C. 占地大　　　D. 耗用较多材料

308. BB009　斜板(管)沉淀池在沉淀池中加放与水平成一定角度的斜板(管)，改变了(　　)，从而水处理效果好。
　　　A. 表面负荷　　　B. 进水速度　　　C. 沉淀速度　　　D. 水力半径

309. BB009　斜管沉淀池中，斜管的倾角越小，沉淀面积越大，沉淀效果越高，但对排泥不利，生产实践中倾角宜在(　　)。
　　　A. 20°　　　B. 30°　　　C. 50°　　　D. 60°

310. BB010　气浮过程是水、气泡、(　　)，即液、气、固三相接触的作用过程。
　　　A. 颗粒　　　B. 胶体　　　C. 悬浮物　　　D. 矾花

311. BB010　气浮过程中，向水中投加适量的混凝剂从而形成憎水性矾花，这种矾花易与表面带(　　)的微气泡黏附，形成矾花与水的分离。
　　　A. 正电荷　　　B. 负电荷　　　C. 电中和　　　D. 离子

312. BB010　溶气压力是气浮的关键之一，溶气压力的大小与(　　)有关。
　　　A. pH 值　　　B. 水温　　　C. 浊度　　　D. 碱度

313. BB011　气浮适用于(　　)的原水，这种杂质颗粒细小，加混凝剂后形成的矾花少而小，易被气泡托起。
　　　A. 高浊度　　　　　　　　　B. 温度变化小
　　　C. 硬度小　　　　　　　　　D. 低浊度、含藻类较多

314. BB011　影响气浮净水效果的主要因素是(　　)。
　　　A. 矾花结构、气泡尺寸、气泡数量、絮凝条件
　　　B. 矾花结构、矾花重量、气泡浓度、水温
　　　C. pH 值、气泡尺寸、水温、气泡数量
　　　D. 碱度、气泡尺寸、气泡数量、矾花结构

315. BB011　气浮法效果的关键是(　　)，它要求产生的气泡细微、均匀且稳定。
　　　A. 溶气释放器　　　B. 溶气缸　　　C. 回流泵房　　　D. 气浮池

316. BB012　澄清池可利用池中已经生成的(　　)的絮凝作用，来达到沉降澄清水质的作用。
　　　A. 活性泥渣　　　B. 絮凝体　　　C. 矾花　　　D. 污泥

317. BB012　原水浊度低时，为加速泥渣层的形成，可人工投加(　　)。
　　　A. 助凝剂　　　B. 石灰　　　C. 活性炭　　　D. 黏土

318. BB012　机械搅拌澄清池是利用(　　)的提升作用来完成泥渣回流和接触反应的。
　　　A. 水力循环　　　B. 气水分离器　　　C. 机械搅拌　　　D. 虹吸设备

319. BB013　澄清池按接触絮凝絮粒形成的方式可分为(　　)。
　　　A. 泥渣过滤型澄清池与机械搅拌澄清池
　　　B. 悬浮澄清池与机械搅拌澄清池
　　　C. 泥渣过滤型澄清池与泥渣循环型澄清池
　　　D. 脉冲澄清池与机械搅拌澄清池

320. BB013　下列选项中属于泥渣过滤型澄清池的是(　　)。
　　A. 机械加速澄清　　　　　　　　B. 脉冲澄清池
　　C. 水力循环澄清池　　　　　　　D. 机械搅拌澄清池

321. BB013　下列选项中可以用于平流沉淀池的改建的澄清池是(　　)。
　　A. 机械搅拌澄清池　　　　　　　B. 水力循环澄清池
　　C. 脉冲澄清池　　　　　　　　　D. 悬浮澄清池

322. BC001　在水处理过程中,(　　)是给水处理工艺的最后一道工序,占有至关重要的地位。
　　A. 沉淀　　　　B. 澄清　　　　C. 过滤　　　　D. 消毒

323. BC001　滤池负荷以单位时间单位过滤面积上的过滤水量计,单位为(　　)。
　　A. m/h　　　B. $m^3/(m^2 \cdot h)$　　　C. $m^2/(m^2 \cdot h)$　　　D. $m^2 \cdot h/m^3$

324. BC001　过滤的功效在于进一步去除水中的剩余(　　),同时为滤后消毒创造良好条件。
　　A. 浊度　　　　B. 色度　　　　C. COD　　　　D. 铁、锰离子

325. BC002　滤池进水量不变,即(　　)不变的过滤方式称为等速过滤。
　　A. 水头损失　　B. 滤速　　　　C. 过滤周期　　D. 冲洗强度

326. BC002　下列选项中属于等速过滤滤池的是(　　)。
　　A. 移动冲洗罩滤池　　B. 虹吸滤池　　　C. 普通快滤池　　　D. V形滤池

327. BC002　过滤主要是悬浮颗粒与滤料颗粒之间黏附作用的结果,黏附作用是一种(　　)。
　　A. 物理作用　　B. 物理化学作用　　C. 化学作用　　D. 化学物理作用

328. BC003　滤速随时间而(　　)过滤过程称为变速过滤。
　　A. 增加　　　　B. 不变　　　　C. 减小　　　　D. 不确定

329. BC003　变速过滤的特点是出水水质(　　),水头损失(　　)。
　　A. 稳定,大　　B. 稳定,小　　C. 不稳定,小　　D. 不稳定,大

330. BC003　下列选项中属于变速过滤滤池的是(　　)。
　　A. 移动冲洗罩滤池　　B. 虹吸滤池　　　C. 无阀滤池　　　D. 鸭舌式滤池

331. BC004　无阀滤池配水系统采用的是(　　),可省去冲洗水塔、冲洗水泵。
　　A. 大阻力配水系统　　　　　　　B. 中阻力配水系统
　　C. 小阻力配水系统　　　　　　　D. 长柄滤头

332. BC004　按过滤的滤速分类,滤池有(　　)。
　　A. 快滤池和慢滤池　　　　　　　B. 双阀滤池和虹吸滤池
　　C. 单层滤池和多层滤池　　　　　D. 无阀滤池和单阀滤池

333. BC004　按水力条件分类,滤池有(　　)。
　　A. 重力式和虹吸式　　　　　　　B. 压力式和虹吸式
　　C. 压力式和无阀式　　　　　　　D. 重力式和压力式

334. BC005　通过滤料质量10%的筛孔孔径,又称为(　　)。
　　A. 最大粒径　　B. 最小粒径　　C. 有效粒径　　D. 不均匀系数

335. BC005 d_{80} 是通过滤料质量 80% 的筛孔孔径,它代表( )。
 A. 细颗粒尺寸 B. 不均匀系数 C. 有效粒径 D. 粗颗粒尺寸

336. BC005 滤池最基本的组成部分是( )。
 A. 阀门 B. 承托层 C. 配水系统 D. 滤料层

337. BC006 滤池滤料粒径大小不同的颗粒所占的比例(质量百分比)称为( )。
 A. 粒径 B. 滤池级配 C. 膨胀度 D. 不均匀系数

338. BC006 双层滤池采用无烟煤和石英砂时,煤砂混杂与否或是否出现分层,主要取决于煤砂的( )。
 A. 相对密度 B. 粒径 C. 相对密度与粒径 D. 有效直径

339. BC006 为了反映滤粒的均匀程度,用 K_{80} 表示( ),作为滤料级配的指标。
 A. 最大粒径 B. 最小粒径 C. 有效粒径 D. 不均匀系数

340. BC007 下列选项中属于滤料承托层作用的是( )。
 A. 滤料反冲洗时,降低浊度
 B. 均匀收集滤后水,同时降低滤速
 C. 防止滤料从配水系统中流失,同时均布冲洗水
 D. 承托斜管,承托配水系统

341. BC007 下列选项中可以做滤料的承托层的是( )。
 A. 无烟煤 B. 砾石 C. 石英砂 D. 黏土

342. BC007 滤池承托层可以保证滤料不进入( )和出水中。
 A. 排水槽 B. 穿孔滤砖 C. 配水系统 D. 炭滤池

343. BC008 滤速是指过滤时水流通过滤层水位下降的速度,或者可以说滤池单位面积上的流量负荷,单位以( )来表示。
 A. $L/(s \cdot m^2)$ B. m/s C. m/h D. $m^3/(m^2 \cdot h)$

344. BC008 等速过滤与减速过滤相比,在( )的条件下,减速过滤的效果比较好。
 A. 平均滤速相同 B. 水头损失相同 C. 过滤周期相同 D. 膨胀率相同

345. BC008 在滤池的进水端装设( )以保持进水流量恒定的方法也可以获得恒速过滤。
 A. 浮球阀 B. 闸阀 C. 移动式堰板 D. 自由跌落堰室

346. BC009 滤池配水系统的作用在于( )。
 A. 使冲洗水在整个滤池面积上均匀分布 B. 节省冲洗水量
 C. 防止滤料从配水系统中流失 D. 尽快恢复滤池过滤能力

347. BC009 与小阻力配水系统相比,滤池大阻力配水系统的优点是( )。
 A. 压力均匀性好 B. 滤层阻力小 C. 配水均匀性较好 D. 孔口水头损失小

348. BC009 下列选项中配水系统属于大阻力配水系统的是( )。
 A. 钢筋混凝土穿孔板
 B. 穿孔滤砖
 C. 带有干管和穿孔管的"丰"字形配水系统
 D. 滤头

349. BC010　滤池过滤周期受(　　)、滤前水质、水温、水量等的影响。
　　　A. 滤速　　　　　B. 水头损失　　　　C. 膨胀率　　　　　D. 冲洗强度

350. BC010　工作周期延长,将对滤池运行产生的影响是(　　)。
　　　A. 单位工作周期内产水量下降　　　　B. 滤池含泥量增加
　　　C. 冲洗间隔时间缩短　　　　　　　　D. 滤层会被穿透

351. BC010　确定冲洗周期的方法一般有3种,下列选项中不属于的是(　　)。
　　　A. 水头损失　　　　　　　　　　　　B. 出水水质
　　　C. 根据经验　　　　　　　　　　　　D. 反冲时间

352. BC011　滤池的反冲洗强度 $q=14L/(s \cdot m^2)$,单位面积 $F=12m^2$,如设计两条排水槽,
　　　则每槽排水流量为(　　)。
　　　A. 84L/s　　　　B. 168L/s　　　　C. 0.084L/s　　　D. 0.168L/s

353. BC011　反冲洗达到良好效果的先决条件是(　　)。
　　　A. 冲洗强度合理选择　　　　　　　　B. 保持一定的滤速
　　　C. 保持一定的膨胀率　　　　　　　　D. 控制适当的反冲周期

354. BC011　单层均质石英砂滤料的冲洗强度一般采用(　　)。
　　　A. $13\sim16L/(s \cdot m^2)$　　　　　　　B. $8\sim10L/(s \cdot m^2)$
　　　C. $12\sim15L/(s \cdot m^2)$　　　　　　　D. $15\sim18L/(s \cdot m^2)$

355. BC012　滤池含泥率是指滤池经反冲洗后,在滤料层表面下(　　)处滤料的含泥量。
　　　A. 5~10cm　　　B. 10~15cm　　　C. 10~20cm　　　D. 15~20cm

356. BC012　滤料含泥量如果超过(　　)说明滤料状态已经不好,就要查清原因,并采取适当措施。
　　　A. 1%　　　　　B. 3%　　　　　C. 5%　　　　　　D. 10%

357. BC012　滤料层含泥量过多,滤速不均匀是(　　)的主要原因。
　　　A. 滤池裂缝　　　B. 气阻　　　　　C. 跑砂、漏砂　　　D. 生物故障

358. BC013　滤池冲洗的目的是(　　)。
　　　A. 清除滤层中所截留的污物,使滤池恢复过滤能力
　　　B. 清除杂物,降低滤速
　　　C. 增加滤料的空隙,增加滤速
　　　D. 提高滤速,加快水质过滤

359. BC013　普通快滤池供给冲洗水的方式有两种,分别是(　　)。
　　　A. 冲洗水泵和高压水　　　　　　　　B. 冲洗水泵和冲洗水塔或冲洗水箱
　　　C. 冲洗水箱和高压水　　　　　　　　D. 冲洗水箱和排水渠

360. BC013　滤池反冲洗时,滤层膨胀后所增加的厚度与膨胀前厚度之比称为(　　)。
　　　A. 冲洗强度　　　B. 孔隙率　　　　C. 滤层膨胀度　　　D. 滤料分层数

361. BD001　原水预处理通常在净水工艺的(　　)环节进行。
　　　A. 混凝前　　　　B. 混凝　　　　　C. 沉淀　　　　　　D. 过滤

362. BD001　受污染水源水处理的对象不包括(　　)。
　　　A. 有机污染物　　B. 胶体物质　　　C. 氨氮　　　　　　D. 消毒副产物

363. BD001　水厂预处理通常指的是（　　）。
　　A. 常规处理工艺　　B. 深度处理工艺　　C. 化学预氧化　　D. 混凝沉淀处理
364. BD002　预处理中的生物法是引用污水处理中常用的去除有机物的（　　）。
　　A. 吸附法　　B. 化学法　　C. 生物膜法　　D. 空气吹脱法
365. BD002　吸附预处理是利用吸附剂强大的（　　）性能来去除水中的污染物的。
　　A. 吸附　　B. 氧化　　C. 溶解　　D. 吸收
366. BD002　活性炭用于给水处理，不能有效吸附去除的是（　　）。
　　A. 溶解性有机物　　B. 臭和氧　　C. 卤代烃　　D. 微污染物质
367. BD003　粉末活性炭投加量的多少与水的（　　）和产生臭味物质的浓度有关。
　　A. 温度　　B. 浊度　　C. 色度　　D. pH 值
368. BD003　水中的铁、锰一般不能通过（　　）去除。
　　A. 化学氧化法　　B. 吸附法　　C. 电解法　　D. 生物预处理法
369. BD003　预处理后产生大量卤化有机污染物，并且不易被后续工艺去除的一种预处理方法是（　　）。
　　A. 预氯化氧化法　　B. 高锰酸钾氧化法　　C. 紫外光氧化法　　D. 臭氧法
370. BD004　地面水与地下水比较，卫生条件较好的是（　　）。
　　A. 地面水　　B. 地下水　　C. 都一样　　D. 无法确定
371. BD004　下列选项中属于造成水浑浊现象主要根源的是（　　）。
　　A. 悬浮物和胶体　　B. 悬浮物　　C. 胶体　　D. 溶解物
372. BD004　原水中的微污染物主要是（　　）。
　　A. 无机物　　B. 有机物　　C. 悬浮固体　　D. 胶体
373. BD005　下列选项中与河流地表水受污染的途径无关的是（　　）。
　　A. 城市生活污水　　B. 工业废水　　C. 农业径流　　D. 矿区开采
374. BD005　河流地表水污染物的扩散速度（　　）。
　　A. 迅速　　B. 稳定　　C. 缓慢　　D. 无法确定
375. BD005　河流对污染物的稀释能力与（　　）无关。
　　A. 径流量　　B. 污染物的数量　　C. 污染物的种类　　D. 季节时间
376. BD006　下列选项中不属于湖泊污染的特点的是（　　）。
　　A. 来源广　　B. 途径多　　C. 生物降解能力强　　D. 稀释能力强
377. BD006　下列选项中工业行业对湖泊污染最严重的是（　　）。
　　A. 化学肥料行业　　B. 造纸行业　　C. 制糖行业　　D. 煤炭化工行业
378. BD006　湖水中各种外来污染物主要是以（　　）的形式存在。
　　A. 胶体　　B. 悬浮物　　C. 溶解物　　D. 底质
379. BD007　近年来，经济持续发展，水中的（　　）的产量和种类不断增加，对地表水源造成了极大的危害。
　　A. 无机物　　B. 有机物　　C. 有毒化学物质　　D. 病原微生物
380. BD007　下列选项中关于病原微生物来源的叙述不正确的是（　　）。
　　A. 城市生活污水　　B. 医院污水　　C. 大气降水　　D. 垃圾

381. BD007　我国七大水系污染程度较轻的是(　　)。
　　A. 辽河　　　　B. 淮河　　　　C. 长江　　　　D. 黄河
382. BD008　下列选项中属于无毒污染物的是(　　)。
　　A. 碳水化合物　B. 木质素　　　C. 脂肪　　　　D. 无机阴离子
383. BD008　内源污染物主要来自(　　)。
　　A. 地表径流　　　　　　　　　B. 底泥释放的有机物
　　C. 土壤渗沥　　　　　　　　　D. 天气降水
384. BD008　下列选项中关于地面水中杂质的主要来源的叙述不正确的是(　　)。
　　A. 工农业废水的排入　　　　　B. 水中微生物的繁殖
　　C. 水流对河床的冲刷溶解　　　D. 泉水的流入
385. BD009　下列选项中关于城市工业废水特点的叙述不正确的是(　　)。
　　A. 悬浮物含量高　B. 酸碱度变化不大　C. 化学需氧量高　D. 含有毒有害成分
386. BD009　雨水在(　　)的污染比较严重,不可忽视。
　　A. 降水初期　　　　　　　　　B. 降水中期
　　C. 降水末期　　　　　　　　　D. 以上选项均不正确
387. BD009　20世纪80年代以后,水源水中的(　　)污染成为人类最关注的问题。
　　A. 无机物　　　B. 微生物　　　C. 有机物　　　D. 有毒物质
388. BD010　下列选项中关于有毒有机污染物特点的叙述不正确的是(　　)。
　　A. 容易降解　　B. 有"三致"作用　C. 分布面广　　D. 有慢性毒性
389. BD010　耗氧有机物污染一般不存在于(　　)。
　　A. 生活污水　　B. 工业废水　　C. 大气降水　　D. 垃圾渗沥液
390. BD010　含氧有机物的污水中一般包括(　　),因为它能提供其所需的营养。
　　A. 氟化物　　　B. 病原微生物　C. 酚类　　　　D. 漂白剂
391. BD011　下列选项中关于微生物在水体中作用的叙述不正确的是(　　)。
　　A. 使水体自净　　　　　　　　B. 降低水体生物生产力
　　C. 引起水体富营养化　　　　　D. 导致水体发臭
392. BD011　下列选项中关于微生物在淡水生态系统中生态学功能的叙述不正确的是(　　)。
　　A. 降解死的有机物　　　　　　B. 能进行有机元素的循环
　　C. 能进行光能自养　　　　　　D. 能进行化能自养
393. BD011　富营养化水体的特征是水中(　　)大量增加。
　　A. 无机离子　　　　　　　　　B. 有机离子
　　C. 藻类和水生植物　　　　　　D. 有害的金属离子
394. BD012　下列选项中关于水蚤特性的说法不正确的是(　　)。
　　A. 水蚤生命力较强　　　　　　B. 对溶解氧要求很高
　　C. 有明显的趋光性　　　　　　D. 可进行有性生殖
395. BD012　下列选项中关于水蚤类动物能够吞食的食物的叙述不正确的有(　　)。
　　A. 藻类　　　　B. 无机物　　　C. 细菌　　　　D. 悬浮状有机物

396. BD012　水蚤的甲壳具有很强的（　　），可以很好地保护水蚤，致使水蚤难以灭活。
　　A. 氧化性　　　　　B. 还原性　　　　　C. 抗氧化性　　　　D. 稳定性

397. BD013　水体的（　　）为水蚤的生长提供了良好的生存环境。
　　A. 自净作用　　　　B. 富营养化　　　　C. 流动性　　　　　D. 更新速度

398. BD013　管网中的水蚤给用户带来了不良的（　　）影响，并且还是传播疾病的重要媒介。
　　A. 毒理学　　　　　B. 物理学　　　　　C. 感官　　　　　　D. 化学

399. BD013　水蚤类动物能够分泌黏性物质，促进（　　）产生凝聚作用，使水澄清。
　　A. 胶体　　　　　　B. 细小悬浮物　　　C. 溶解物　　　　　D. 有机物

400. BD014　剑水蚤食性（　　），（　　）适应多种环境。
　　A. 复杂，能　　　　B. 复杂，不能　　　C. 单一，能　　　　D. 单一，不能

401. BD014　下列选项中不属于广温性剑水蚤的是（　　）。
　　A. 广布中剑水蚤　　B. 近邻剑水蚤　　　C. 毛饰拟剑水蚤　　D. 沙居剑水蚤

402. BD014　剑水蚤中的许多种类不是（　　）的宿主。
　　A. 绦虫　　　　　　B. 吸虫　　　　　　C. 线虫　　　　　　D. 蚊虫

403. BD015　在养殖池塘中，春季浮游动物高峰最先出现的往往是（　　）。
　　A. 轮虫　　　　　　　　　　　　　　　B. 枝角类
　　C. 桡足类　　　　　　　　　　　　　　D. 同时出现，无先后次序

404. BD015　一般情况下淡水鱼池中氧气的消耗主要由（　　）引起。
　　A. 底栖动物　　　　　　　　　　　　　B. 养殖鱼类
　　C. 水呼吸　　　　　　　　　　　　　　D. 施肥后氧化分解

405. BD015　下列选项中关于水蚤特的性说法不正确的是（　　）。
　　A. 水蚤生命力较强　　　　　　　　　　B. 对溶解氧要求很高
　　C. 有明显的趋光性　　　　　　　　　　D. 可进行有性生殖

406. BD016　摇蚊虫属于动物界、（　　）、节肢动物门。
　　A. 鱼纲　　　　　　B. 爬行纲　　　　　C. 昆虫纲　　　　　D. 鸟纲

407. BD016　下列选项中属于摇蚊科的是（　　）。
　　A. 按蚊　　　　　　B. 伊蚊　　　　　　C. 库蚊　　　　　　D. 花翅摇蚊

408. BD016　中国摇蚊虫近500种，下列选项中不属于常见种类的是（　　）。
　　A. 海滨摇蚊亚科　　B. 摇蚊亚科　　　　C. 长足摇蚊亚科　　D. 直突摇蚊亚科

409. BD017　摇蚊幼虫是淡水水域中（　　）的主要类群之一。
　　A. 爬行动物　　　　B. 两栖动物　　　　C. 底栖动物　　　　D. 浮游动物

410. BD017　摇蚊幼虫的生物量一般在每平方米几克到几十克，（　　）最高。
　　A. 春季　　　　　　B. 夏季　　　　　　C. 秋季　　　　　　D. 冬季

411. BD017　下列选项中不属于影响摇蚊幼虫种群分布的主要因素的是（　　）。
　　A. 地域　　　　　　B. 季节　　　　　　C. 水深　　　　　　D. 水质

412. BD018　摇蚊是典型的变态昆虫，其生活史经过了4个阶段，（　　）阶段最长。
　　A. 卵　　　　　　　B. 幼虫　　　　　　C. 蛹　　　　　　　D. 成虫

413. BD018 摇蚊初孵幼虫有趋光性,主要分布在水体( )。
   A. 上层　　　　　B. 中层　　　　　C. 底层　　　　　D. 表面层

414. BD018 摇蚊的生活史中,( )是唯一的进食阶段。
   A. 卵　　　　　　B. 幼虫　　　　　C. 蛹　　　　　　D. 成虫

415. BD019 下列选项中不属于影响摇蚊生长繁殖环境因素的是( )。
   A. 温度　　　　　B. 湿度　　　　　C. 光照　　　　　D. 风力

416. BD019 pH 值影响红虫生长,pH 值在( )时,红虫生长最好。
   A. 小于 3　　　　B. 4~7　　　　　C. 7~8　　　　　D. 大于 9

417. BD019 最适合摇蚊虫生活的水体是( )。
   A. 江河水　　　　B. 水库、湖泊　　C. 海水　　　　　D. 泉水

418. BD020 水厂的( )是摇蚊的主要产卵场所。
   A. 反应池壁　　　B. 沉淀池壁　　　C. 滤池壁　　　　D. 清水池壁

419. BD020 特定光源,如( )对蚊虫具有引诱作用,再结合电场或能场作用可捕杀摇蚊虫。
   A. 绿光　　　　　B. 红光　　　　　C. 紫光　　　　　D. 白光

420. BD020 在纯水中,相同的投加剂量下,( )对摇蚊幼虫的灭活性能最高。
   A. 漂白粉　　　　B. 氯气　　　　　C. 二氧化氯　　　D. 臭氧

421. BE001 饮用水的水质安全性主要分为生物安全性和( )
   A. 物理安全性　　B. 化学安全性　　C. 有机物安全性　D. 无机物安全性

422. BE001 饮用水( )安全性是人体健康所考虑的最首要的因素。
   A. 生物安全性　　B. 藻类安全性　　C. 有机物安全性　D. 化学安全性

423. BE001 饮用水消毒剂本身及其生成的消毒副产物,提高了饮用水的化学物风险,降低了饮用水的( )。
   A. 物理安全性　　B. 指标　　　　　C. 化学安全性　　D. 色度

424. BE002 饮用水消毒主要通过( )完成。
   A. 絮凝　　　　　B. 过滤　　　　　C. 粉末活性炭吸附　D. 消毒剂消毒

425. BE002 饮用水消毒剂可分为氧化剂、物理媒剂、重金属离子等,其中( )最为普遍。
   A. 氧化剂　　　　B. 物理媒剂　　　C. 重金属离子　　D. 紫外线

426. BE002 消毒副产物的生成量主要取决于待消毒水中的( )和无机化合物等的含量。
   A. 铁含量　　　　B. 矿化度　　　　C. 有机物　　　　D. 总硬度

427. BE003 下列选项中不属于饮用水物理消毒方法的是( )。
   A. 加热杀菌　　　B. 过滤除菌　　　C. 二氧化氯消毒　D. 微波灭菌

428. BE003 饮用水过滤除菌的方式有常规深层过滤、生物膜慢滤和( )等形式。
   A. 沉淀　　　　　B. 膜过滤　　　　C. 双层滤料　　　D. 间歇灭菌

429. BE003 超声波、电场、磁场、辐射、热效应等作用干扰或破坏微生物的生命过程,可达到( )的目的。
   A. 消毒　　　　　B. 降温　　　　　C. 降 pH 值　　　D. 稳定

430. BE004　物理作用一般（　　）消毒的持续性。
　　　A. 有　　　　　　　B. 没有　　　　　　C. 提高　　　　　　D. 降低
431. BE004　过滤方法除菌（　　）消耗化学药剂。
　　　A. 较多　　　　　　B. 不需要或很少　　C. 完全不需要　　　D. 大量
432. BE004　膜过滤规模较小，膜介质容易受化学物质侵害和微生物污染，采用膜过滤的投资和维护费用（　　）。
　　　A. 很少　　　　　　B. 几乎没有　　　　C. 不确定　　　　　D. 较大
433. BE005　下列选项中不属于氧化型消毒剂的是（　　）。
　　　A. 臭氧　　　　　　B. 氯气　　　　　　C. 二氧化氯　　　　D. 表面活性剂
434. BE005　下列选项中不属于非氧化型消毒剂的是（　　）。
　　　A. 重金属离子　　　　　　　　　　　　B. 季铵类化合物
　　　C. 臭氧　　　　　　　　　　　　　　　D. 表面活性剂
435. BE005　氧化型消毒剂（　　）与环境物质生成有害的消毒副产物，化学稳定性较差。
　　　A. 容易　　　　　　　　　　　　　　　B. 较难
　　　C. 不易　　　　　　　　　　　　　　　D. 以上三项都不对
436. BE006　氧化型消毒剂往往是通过（　　）微生物的某种特殊酶而起消毒作用，或者通过氧化使细胞质产生破坏性降解。
　　　A. 吸附　　　　　　B. 灭活　　　　　　C. 过滤　　　　　　D. 还原
437. BE006　一般而言，非氧化性消毒剂不容易产生消毒副产物，但是杀菌能力（　　），价格也比较高。
　　　A. 非常强　　　　　　　　　　　　　　B. 较好
　　　C. 较差　　　　　　　　　　　　　　　D. 与氧化性消毒剂相同
438. BE006　设计良好的消毒方法可以维持较好的消毒持续作用，能控制（　　）的杀菌范围。
　　　A. 较大　　　　　　B. 全部　　　　　　C. 任意　　　　　　D. 较小
439. BE007　选用消毒方法时应考虑反应产物的性质和后果，通常选择对环境影响（　　）、投加浓度（　　）的方法。
　　　A. 大，小　　　　　B. 小，小　　　　　C. 大，大　　　　　D. 小，大
440. BE007　消毒剂应价格（　　），来源方便，生产供应可靠。
　　　A. 较高　　　　　　B. 最低　　　　　　C. 昂贵　　　　　　D. 合理
441. BE007　选用消毒方法（　　）消毒药剂发挥作用的稳定性因素。
　　　A. 一般不考虑　　　B. 不考虑　　　　　C. 考虑　　　　　　D. 仅仅考虑
442. BE008　下列选项中不属于目前饮用水常用消毒剂的是（　　）。
　　　A. 卤素类　　　　　B. 重金属类　　　　C. 表面活性剂类　　D. 甲醛类
443. BE008　（　　）、氯胺和次氯酸盐是目前使用最广泛的饮用水消毒剂。
　　　A. 氯　　　　　　　B. 臭氧　　　　　　C. 重金属　　　　　D. 碘消毒
444. BE008　高锰酸钾属于氧化型消毒剂，能氧化水中大部分（　　）物质。
　　　A. 有机　　　　　　B. 无机　　　　　　C. 氯酸盐类　　　　D. 油类

445. BE009　消毒处理的方式不包括(　　)。
　　A. 物理法　　　　　　　　　　B. 化学法
　　C. 吸附　　　　　　　　　　　D. 物理/化学法联用方式

446. BE009　物理法消毒(　　)紫外线处理法。
　　A. 不包括　　B. 包括　　C. 无关于　　D. 就是

447. BE009　化学法消毒处理方式是投加各种化学药剂,如重金属离子、表面活性剂、(　　)、还原剂等。
　　A. 氧化剂　　B. 紫外线　　C. 超声　　D. 辐射

448. BE010　下列选项中关于氯胺与自由氯杀菌能力的说法正确的是(　　)。
　　A. 二者相当　　B. 无法比较　　C. 氯胺更强　　D. 自由氯更强

449. BE010　氯胺的稳定性(　　)氯,所以氯胺对于控制微生物的再生长(　　)自由氯。
　　A. 差于,好于　　B. 好于,好于　　C. 好于,差于　　D. 差于,差于

450. BE010　氯胺消毒中起主要作用的是(　　)和二氯胺。
　　A. 一氯胺　　B. 三氯胺　　C. 氨气　　D. 氨氮

451. BE011　氯胺灭活的机理是阻止(　　)的合成或者阻止以蛋白质为底物的生物活动。
　　A. 细胞壁　　B. 蛋白质　　C. 鞭毛　　D. 细胞质

452. BE011　在加氯前先加氨或铵盐,再加(　　)使之生成化合性氯的消毒方法称为氯胺消毒。
　　A. 盐酸　　B. 臭氧　　C. 氯　　D. 氮气

453. BE011　氯胺消毒作用机理一般认为是把氯储存起来,在管网中逐渐放出(　　)。
　　A. 次氯酸　　B. 臭氧　　C. 氨氮　　D. 二氧化氯

454. BE012　当水中含有有机物和酚时,氯胺消毒不会产生(　　)和氯酚臭。
　　A. 氨　　B. 氯臭　　C. 溴酸盐　　D. 三卤甲烷

455. BE012　氯胺消毒的杀菌能力(　　)。
　　A. 较弱　　B. 强　　C. 几乎为零　　D. 无法确定

456. BE012　单独采用氯胺消毒的水厂很少,氯胺通常作为(　　)消毒剂以抑制管网中细菌再繁殖。
　　A. 主要　　B. 辅助　　C. 还原　　D. 预氧化

457. BE013　氯可溶于水和碱,温度大于(　　)时就不溶于水。
　　A. 100℃　　B. 50℃　　C. 10℃　　D. 70℃

458. BE013　在101.3kPa的条件下,20℃时最高溶解度是1体积水可溶解(　　)体积氯气。
　　A. 2　　B. 2.15　　C. 3　　D. 3.15

459. BE013　运行实践中常利用(　　)的氨水检测加氯系统的泄漏情况。
　　A. 1%　　B. 5%　　C. 10%　　D. 30%

460. BE014　下列选项中不属于氯消毒特点的是(　　)。
　　A. 杀菌能力强　　　　　　　　B. 应用广泛
　　C. 投资和运行费用昂贵　　　　D. 对人体健康有一定的威胁

461. BE014 氯消毒在一般投加剂量下对病毒、病原虫和寄生虫卵(　　)。
    A. 效果良好　　　　　　　　　　B. 有效
    C. 基本无效　　　　　　　　　　D. 效果无法确定

462. BE014 氯的杀菌效果受(　　)影响较大。
    A. pH 值　　　　B. 浊度　　　　C. 色度　　　　D. 铁含量

463. BE015 氯消毒主要是起到(　　)作用,破坏细菌的酶系统而使细菌死亡。
    A. 还原　　　　B. 氧化　　　　C. 调节　　　　D. 置换

464. BE015 温度上升时氯的杀菌效果较(　　),同时余氯的损失较(　　)。
    A. 好,小　　　B. 差,小　　　C. 好,大　　　D. 差,大

465. BE015 肠病毒对氯的抵抗力要比细菌大(　　)以上。
    A. 5 倍　　　　B. 10 倍　　　C. 30 倍　　　D. 100 倍

466. BE016 下列选项中消毒效率最高的消毒剂是(　　)。
    A. 二氧化氯　　B. 游离氯　　　C. 生石灰　　　D. 氯胺

467. BE016 下列选项中是二氧化氯消毒主要副产物的是(　　)。
    A. 氧气　　　　B. 氯酸盐　　　C. 臭氧　　　　D. 硫化氢

468. BE016 当水中细菌浓度在 $10^5 \sim 10^6$ 个/mL 时,0.5mg/L 的二氧化氯作用 5min 后的杀菌率为(　　)。
    A. 90%　　　　B. 99%　　　　C. 75%　　　　D. 28%

469. BE017 二氧化氯是(　　)的气体。
    A. 黄绿色　　　B. 棕色　　　　C. 白色　　　　D. 蓝色

470. BE017 空气中的二氧化氯含量大于(　　)下限时,易发生爆炸。
    A. 5%　　　　　B. 10%　　　　C. 30%　　　　D. 50%

471. BE017 二氧化氯液体为透明至黄色水溶液,在(　　)下性质稳定,能储存 2 年。
    A. $-5 \sim 95℃$　　B. $95 \sim 100℃$　　C. $-10 \sim -8℃$　　D. $-15 \sim -11℃$

472. BE018 二氧化氯对微生物(　　)有较好的吸附和穿透作用。
    A. 核苷酸　　　B. 细胞壁　　　C. 蛋白质　　　D. 细胞核

473. BE018 下列选项中氨基酸最易受二氧化氯氧化破坏的是(　　)。
    A. 色氨酸　　　B. 蛋氨酸　　　C. 酪氨酸　　　D. 半胱氨酸

474. BE018 二氧化氯的氧化能力是氯的(　　)。
    A. 2.63 倍　　　B. 1.51 倍　　　C. 2.15 倍　　　D. 4.28 倍

475. BE019 固态次氯酸钠是(　　)粉末。
    A. 白色　　　　B. 紫色　　　　C. 深绿色　　　D. 黄色

476. BE019 次氯酸钠粉末有效氯含量为(　　)。
    A. 1%~4%　　　B. 5%~15%　　C. 45%~60%　　D. 75%~85%

477. BE019 次氯酸钠一般储存温度不应超过(　　)。
    A. 20℃　　　　B. 25℃　　　　C. 29.4℃　　　D. 50℃

478. BE020 含量为(　　)的过氧化氢溶液常用于外科消毒。
    A. 3%　　　　　B. 10%　　　　C. 15%　　　　D. 30%

479. BE020　过氧化氢与(　　)联用能促进彼此的消毒效果。
　　　A. 钙离子　　　　B. 银离子　　　　C. 盐酸　　　　D. 氢氧化钠
480. BE020　饮用水中过氧化氢对人体的安全浓度为(　　)。
　　　A. 3mg/L　　　　B. 5mg/L　　　　C. 8mg/L　　　　D. 10mg/L
481. BE021　正常状态下,臭氧是(　　)气体。
　　　A. 黄绿色　　　　B. 淡蓝色　　　　C. 灰白色　　　　D. 棕色
482. BE021　臭氧的化学性质极不稳定,当空气中浓度超过(　　)(下限)时,容易发生爆炸。
　　　A. 25%　　　　B. 10%　　　　C. 15%　　　　D. 5%
483. BE021　生产上采用含(　　)铬的铁铬合金来制造臭氧发生设备。
　　　A. 10%　　　　B. 25%　　　　C. 15%　　　　D. 5%
484. BE022　预臭氧化可部分降解天然(　　)和灭活微生物。
　　　A. 有机物　　　　B. 无机物　　　　C. 硝酸盐　　　　D. 硫化物
485. BE022　水中"三致"物质中的"三致"指的是致癌、致畸、(　　)。
　　　A. 致盲　　　　B. 致聋　　　　C. 致突变　　　　D. 致哑
486. BE022　臭氧预氧化中臭氧处理单元对(　　)有特殊要求。
　　　A. 面积　　　　B. 结构　　　　C. 材质　　　　D. 强度
487. BE023　在溶液中,臭氧与污染物以(　　)途径进行反应。
　　　A. 1种　　　　B. 2种　　　　C. 3种　　　　D. 4种
488. BE023　臭氧在水中的自分解遵循(　　)反应动力学。
　　　A. 假一级　　　　B. 假二级　　　　C. 链终止　　　　D. 催化
489. BE023　臭氧分子具有(　　)结构,可直接与污染物反应。
　　　A. 稳定　　　　B. 共振　　　　C. 不稳定　　　　D. 三角形
490. BE024　(　　)是紫外线杀菌的波段。
　　　A. 200~280nm　　B. 100~150nm　　C. 290~350nm　　D. 50~100nm
491. BE024　紫外线灯用(　　)制造外壳。
　　　A. 普通玻璃　　　B. 石英玻璃　　　C. 有机玻璃　　　D. 透明塑料
492. BE024　较短波长的紫外线照射可能会使硝酸盐转变为(　　)。
　　　A. 氯酸盐　　　　B. 有机物　　　　C. 硫酸盐　　　　D. 亚硝酸盐
493. BE025　波长为(　　)的紫外线的杀菌作用最强。
　　　A. 200nm　　　　B. 300nm　　　　C. 253.7nm　　　　D. 278nm
494. BE025　一般日光穿透大气层后到达地面的紫外线波长为(　　)。
　　　A. 100~150nm　　　　　　　　　B. 287~3900nm
　　　C. 400~450nm　　　　　　　　　D. 50~80nm
495. BE025　封闭套管式紫外反应器要求套管的紫外线透射率不低于(　　)。
　　　A. 50%　　　　B. 70%　　　　C. 80%　　　　D. 99%
496. BE026　固态高锰酸钾是(　　)粉状或针状晶体。
　　　A. 黄色　　　　B. 紫黑色　　　　C. 绿色　　　　D. 白色

497. BE026 高锰酸钾在( )条件下是强氧化剂,能氧化水中大部分有机物质。
A. 碱性 B. 酸性 C. 中性 D. 高温

498. BE026 为保证高锰酸钾的处理效果,可通过投加( )去除二氧化锰杂质。
A. Mg^{2+} B. Ca^{2+} C. Na^+ D. K^+

499. BE027 高锰酸钾投量在( )时,对水中土腥味有良好的去除效果。
A. 0.5~20mg/L B. 0.1~0.3mg/L
C. 20~25mg/L D. 30~40mg/L

500. BE027 色度主要是水中含有大量天然( )引起的。
A. 酸类物质 B. 碱类物质 C. 无机盐 D. 有机物

501. BE027 苯酚是臭味前体物,在消毒过程中与( )结合形成氯酚,产生臭味。
A. 氧 B. 硫 C. 氢 D. 氯

502. BE028 盐酸为( )液体。
A. 无色 B. 紫色 C. 黄色 D. 乳白色

503. BE028 一般使用的盐酸 pH 值在( )。
A. 2~3 B. 6~9 C. 7~8 D. 10~11

504. BE028 盐酸是( )的水溶液。
A. HCl B. H_2S C. NH_3 D. N_2

505. BE029 当温度为( )时,氯酸钠受热放出氧气。
A. 100℃ B. 300℃ C. 55℃ D. 200℃

506. BE029 氯酸钠与( )作用放出二氧化氯。
A. 氢氧化钠 B. 氯化钠 C. 硫酸铜 D. 硫酸

507. BE029 在酸性溶液中,有催化剂( )存在时,氯酸钠是强氧化剂。
A. 氢氧化钠 B. 氯化钾 C. 硫酸铜 D. 氯化钠

508. BE030 亚氯酸钠是( )的盐。
A. 针状 B. 雪片状 C. 粒状 D. 方块状

509. BE030 工业用亚氯酸钠纯度为( )。
A. 50%~80% B. 5%~15% C. 90%~99% D. 25%~35%

510. BE030 温度高于( )时亚氯酸钠迅速分解。
A. 85℃ B. 90℃ C. 100℃ D. 175℃

511. BF001 阀门具有( )、导流、调节等功能。
A. 传送 B. 截止 C. 测流 D. 控制

512. BF001 阀门的截止功能又称( )功能。
A. 导流 B. 止回 C. 倒流 D. 逆流

513. BF001 阻止介质倒流,不需要借助外力是利用了阀门( )功能。
A. 止回 B. 截止 C. 防止逆流 D. 导流

514. BF002 依靠介质(液体、气体)本身的能力而自行动作的阀门属于( )。
A. 调节阀 B. 自动阀
C. 安全阀 D. 驱动阀

515. BF002　按(　　)分类,阀门被分为闸阀、球心阀、蝶阀、针阀等。
　　　A. 作用　　　　　B. 启闭方式　　　　C. 用途　　　　　D. 形状和构造

516. BF002　需要借助手动、电动、液动、气动来操纵动作的阀门属于(　　)。
　　　A. 自动阀　　　　B. 驱动阀　　　　　C. 截止阀　　　　D. 止回阀

517. BF003　下列选项中不属于阀门的基本结构的是(　　)。
　　　A. 扳手　　　　　B. 阀盖　　　　　　C. 阀体　　　　　D. 密封件

518. BF003　下列选项中属于闸阀的启闭件是(　　)。
　　　A. 闸板　　　　　B. 蝶板　　　　　　C. 阀瓣　　　　　D. 旋塞阀球体

519. BF003　阀门中与管道直接连接,并控制介质流动方向的阀门承压零件是(　　)。
　　　A. 阀体　　　　　B. 阀盖　　　　　　C. 阀座　　　　　D. 启闭件

520. BF004　阀门上标有 DN25,表示(　　)。
　　　A. 公称压力为 25kgf/cm²　　　　　　B. 公称通径为 25mm
　　　C. 公称压力为 25MPa　　　　　　　　D. 公称通径为 25in

521. BF004　阀门上代表公称压力的标识为(　　)。
　　　A. DN　　　　　　B. MPa　　　　　　C. Pg　　　　　　D. bar

522. BF004　阀门型号中类别代号用汉语拼音字母表示,则止回阀的代表字母为(　　)。
　　　A. H　　　　　　　B. Z　　　　　　　C. N　　　　　　　D. B

523. BF005　在管路中主要起切断作用的阀门是(　　)。
　　　A. 闸阀　　　　　B. 截止阀　　　　　C. 止回阀　　　　D. 蝶阀

524. BF005　闸阀的主要作用(　　)。
　　　A. 接通和截止介质
　　　B. 防止介质倒流
　　　C. 调节介质流量、压力
　　　D. 防止压力超过规定的数值,保证管道或设备安全运行

525. BF005　下列选项中不属于闸阀的优点的是(　　)。
　　　A. 流体阻力小　　B. 密封面不易冲蚀　C. 启闭省劲　　　D. 灵敏度高

526. BF006　下列选项中靠旋转阀链来使阀门畅通或闭塞的阀门是(　　)。
　　　A. 闸板阀　　　　B. 截止阀　　　　　C. 止回阀　　　　D. 球阀

527. BF006　只需要用旋转 90°的操作和很小的转动力就能关闭严密的阀门是(　　)。
　　　A. 闸阀　　　　　B. 球阀　　　　　　C. 旋塞阀　　　　D. 截止阀

528. BF006　适宜直接做开闭使用,适用于水、溶剂、酸和天然气等一般工作介质和工作条件恶劣的介质的阀门是(　　)。
　　　A. 闸板　　　　　B. 蝶板　　　　　　C. 阀瓣　　　　　D. 球阀

529. BF007　蝶阀是指(　　)。
　　　A. 依靠介质本身流动而自动开闭阀瓣,用来防止介质倒流的阀门
　　　B. 关闭件(阀瓣)沿阀座中心线移动的阀门
　　　C. 蝶板在阀体内绕固定轴旋转的阀门
　　　D. 关闭件(闸板)沿通路中心线的垂直方向移动的阀门

530. BF007 蝶阀的特点是( )。
 A. 流体阻力小,其阻力系数与同长度的管段相等
 B. 启闭方便迅速,调节性能好,蝶板旋转90°既可完成启闭
 C. 外形尺寸和开启高度都较大
 D. 开闭过程中,密封面间有相对摩擦,容易引起擦伤

531. BF007 蝶阀主要由阀体、( )、阀杆、密封圈和传动装置组成。
 A. 圆柱体　　　　B. 球体　　　　C. 蝶板　　　　D. 球板

532. BF008 只允许介质向一个方向流动的阀门是( )。
 A. 止回阀　　　　B. 截止阀　　　C. 闸阀　　　　D. 蝶阀

533. BF008 逆止阀、单向阀、单流门都是( )的名称。
 A. 截止阀　　　　B. 止回阀　　　C. 闸阀　　　　D. 蝶阀

534. BF008 止回阀的作用是( )。
 A. 接通和截止介质　　　　　　　B. 防止介质倒流
 C. 调节介质流量、压力　　　　　D. 分离、混合或分配介质

535. BF009 截门指的是( )。
 A. 止回阀　　　　B. 闸阀　　　　C. 截止阀　　　D. 球阀

536. BF009 截止阀允许介质( )。
 A. 单向流动　　　B. 双向流动　　C. 单/双向流动　D. 垂直方向流动

537. BF009 截止阀的缺点是( )。
 A. 流体阻力大,长期运行时,密封可靠性不强
 B. 在开闭过程中密封面的摩擦力比闸阀小,耐磨
 C. 开启高度小
 D. 通常只有一个密封面,制造工艺好,便于维修

538. BF010 下列选项中不属于流量计的是( )。
 A. 电磁流量计　　B. 旋翼式水表　C. 超声波流量计　D. 隔膜计量泵

539. BF010 下列选项中流量计不属于按电学原理分类的是( )。
 A. 光电式流量计　　　　　　　　B. 电感式流量计
 C. 电磁式流量计　　　　　　　　D. 差动电容式流量计

540. BF010 流量越大,度量的次数越多,输出的频率越高的流量计是( )。
 A. 叶轮式流量计　B. 容积式流量计　C. 差压式流量计　D. 超声波流量计

541. BF011 水表是对水的( )流量进行测量。
 A. 累计　　　　　B. 瞬时　　　　C. 单位时间内　　D. 质量

542. BF011 传统水表的内部结构从外向里可分为( )、套筒、内芯三大件。
 A. 表盘　　　　　B. 表盖　　　　C. 外壳　　　　D. 铅封

543. BF011 流经水表的水流越急,叶轮的转速( )。
 A. 越慢　　　　　B. 越快　　　　C. 保持不变　　　D. 无法确定

544. BF012 下列选项中属于速度式水表的是( )。
 A. 旋翼式　　　　B. 活塞式　　　C. 圆盘式　　　　D. 电磁流量计

545. BF012 下列选项中属于容积式水表的是(   )。
    A. 旋翼式   B. 螺翼式   C. 活塞式   D. 电磁流量计
546. BF012 下列选项中不是按计数器是否浸入水中分类的水表是(   )。
    A. 湿式水表   B. 干式水表   C. 液封水表   D. 远传水表
547. BF013 水表能正常工作并符合最大允许误差要求的流量称为(   )。
    A. 最大流量   B. 常用流量   C. 分界流量   D. 最小流量
548. BF013 水表在短时间内能符合最大允许误差要求的流量是(   )。
    A. 过载流量   B. 常用流量   C. 分界流量   D. 最小流量
549. BF013 水表在规定误差限内使用的下限流量称为(   )。
    A. 最大流量   B. 公称流量   C. 分界流量   D. 最小流量
550. BF014 铸铁管承受的工作压力 $p \leq 0.45\text{MPa}$ 时为(   )铸铁管。
    A. 低压   B. 中压   C. 高压   D. 超高压
551. BF014 工作压力为1MPa的铸铁管是(   )铸铁管。
    A. 低压   B. 中压   C. 高压   D. 超高压
552. BF014 给水金属管不包括(   )。
    A. 钢管   B. 铝塑复合管   C. 铜管   D. 铸铁管
553. BF015 铸铁管具有(   )的优点。
    A. 韧度高   B. 耐高压   C. 耐腐蚀   D. 抗冲击
554. BF015 钢管具有很多优点,但它有(   )的缺点。
    A. 材质脆   B. 不抗冲击   C. 不耐高压   D. 易锈蚀
555. BF015 不锈钢管的缺点是(   )。
    A. 气密件好、内壁光滑   B. 不易施工、价贵
    C. 外观美、耐腐蚀   D. 耐高压、密度小
556. BF016 预应力和自应力钢筋混凝土管(   )。
    A. 防腐能力差,需要防腐处理
    B. 防腐能力强,不需要防腐处理
    C. 防腐能力一般,需要防腐处理
    D. 防腐能力一般,不需要防腐处理
557. BF016 石棉水泥管的接头用(   )法连接。
    A. 法兰   B. 螺纹   C. 粘接   D. 套箍
558. BF016 玻璃纤维增强环氧树脂管(玻璃钢管)属于(   )塑料管。
    A. 热塑性   B. 热固性   C. 硬聚氯乙烯   D. 聚乙烯
559. BF017 下列选项中不属于混凝土管特点的是(   )。
    A. 价格较低   B. 防腐能力强   C. 容易获得   D. 管节短
560. BF017 下列选项中不属于玻璃夹砂钢管的特性的是(   )。
    A. 密度小   B. 管材内壁阻力大   C. 使用寿命长   D. 耐腐蚀性能好
561. BF017 PE管(   )较强。
    A. 抗冲击性能   B. 耐热能力   C. 抗压力   D. 耐腐蚀性

562. BF018 硬质聚氯乙烯管的缺点是(　　)。
    A. 耐腐蚀
    B. 内壁光滑
    C. 质轻安装方便
    D. 接头黏合技术要求高,固化时间较长

563. BF018 U-PVC 管公称外径大于 63mm 时应采用(　　)。
    A. 粘接连接
    B. 承插式弹性橡胶密封圈柔性连接
    C. 法兰式连接
    D. 螺纹连接

564. BF018 PE 管与 U-PVC 管的共同点是(　　)。
    A. 耐酸碱腐蚀
    B. 柔韧强
    C. 卫生条件好无毒
    D. 抗冲击力强

565. BF019 U-PVC 给水管道与外径大于 63mm 的金属管道、阀门或其他不同材料的管道进行连接时,应采用(　　)。
    A. 法兰连接　　B. 螺纹连接　　C. 溶剂粘接　　D. 密封胶圈连接

566. BF019 U-PVC 给水管道与外径小于 63mm 的金属管道或其他不同材料的管道以及卫生洁具等进行连接时,应采用(　　)。
    A. 法兰连接　　B. 螺纹连接　　C. 溶剂粘接　　D. 密封胶圈连接

567. BF019 管外径 DN75mm 以上(含 DN75mm)的 U-PVC 给水管道管材与管件,基本上都采用(　　)。
    A. 法兰连接　　B. 焊接　　C. 螺纹连接　　D. 承插式溶剂粘接

568. BF020 PP-R 管不宜在室外安装使用的原因是(　　)。
    A. 刚度小　　B. 密度小　　C. 易老化　　D. 膨胀系数较大

569. BF020 PP-R 管不仅用于冷热水管道,还可用于纯净饮用水系统的主要原因是(　　)。
    A. 使用寿命长
    B. 物料可回收利用
    C. 安装方便,连接可靠
    D. 没有有害有毒的元素存在,卫生可靠

570. BF020 PP-R 管可用于建筑给排水热水系统的主要原因是(　　)。
    A. 耐腐蚀
    B. 不易结垢
    C. 无有毒有害元素,卫生可靠
    D. 耐热性高

571. BG001 串联电路中电流(　　)。
    A. 处处相等
    B. 等于各支路电流之和
    C. 等于经过各电阻电流之和
    D. 等于电源电流

572. BG001 串联电路的总电压(　　)。
    A. 处处相等
    B. 等于各电阻两端分电压之和
    C. 等于电源电压
    D. 等于电路中某一电阻与电流的乘积

573. BG001 将两个电阻 R_1、R_2 串联,其中 $R_1=1\Omega$、$R_2=2\Omega$,通过 R_1 的电流 1A,则通过 R_2 的电流大小为(　　)。
    A. 1A　　B. 2A　　C. 3A　　D. 1.5A

574. BG002 两个电阻 R_1、R_2 并联,其中 $R_1=1\Omega$,$R_2=2\Omega$,R_1 两端电压为 1.5V,则总电压为(　　)。
    A. 1V　　B. 2V　　C. 3V　　D. 1.5V

575. BG002　两个电阻 R_1、R_2 并联，R_1 的电流为 5A，电路中总电流为 6A，则 R_2 上的电流为（　　）。
　　A. 5A　　　　　B. 11A　　　　　C. 6A　　　　　D. 1A

576. BG002　两个电阻 R_1、R_2 并联，其上所承受的电压为 U_1、U_2，则（　　）。
　　A. $U_1 > U_2$　　　　　　　　　B. $U_1 < U_2$
　　C. $U_1 = U_2$　　　　　　　　　D. 二者关系无法判断

577. BG003　用来测量交流、直流电路中电流的仪表是（　　）。
　　A. 电压表　　　B. 电能表　　　C. 万用表　　　D. 电流表

578. BG003　在电路图中，电流表的符号为（　　）。
　　A. Ⓥ　　　　　B. Ⓥ　　　　　C. ⓐ　　　　　D. Ⓐ

579. BG003　电流表可分为（　　）、交流电流表、数显电流表。
　　A. 直流电流表　　　　　　　　　B. 大量程电流表
　　C. 一般电流表　　　　　　　　　D. 交-直-交电流表

580. BG004　图 1 中电流表的读数为（　　）。
　　A. 53.0A　　　　　　　　　　　 B. 53.0mA
　　C. 52.5A　　　　　　　　　　　 D. 52.5mA

581. BG004　图 2 中电流表的读数为（　　）。
　　A. 115mA　　　　　　　　　　　 B. 103mA
　　C. 115A　　　　　　　　　　　　D. 103A

582. BG004　10 分度电流表读数时需在精确度后加（　　）估读数。
　　A. 4 位　　　　　　　　　　　　 B. 3 位
　　C. 2 位　　　　　　　　　　　　 D. 1 位

583. BG005　电压表又称为（　　）。
　　A. 欧兆表　　　B. 伏特表　　　C. 伏表　　　　D. 摇表

584. BG005　直流电压表的符号是在 V 下面加一个（　　）。
　　A. ~　　　　　B. _　　　　　　C. =　　　　　　D. +

585. BG005　电压表是个相当大的电阻器，可理想地认为是（　　）。
　　A. 短路　　　　　　　　　　　　B. 电源
　　C. 断路　　　　　　　　　　　　D. 接地

586. BG006　图 3 电压表的读数为（　　）。
　　A. 5.0V　　　　　　　　　　　　B. 5.0mV
　　C. 5.00V　　　　　　　　　　　 D. 5.00mV

587. BG006　图 4 中电压表的读数为（　　）。
　　A. 9V　　　　　　　　　　　　　B. 9.0V
　　C. 9.3V　　　　　　　　　　　　D. 1.9V

588. BG006　最小分度为 0.5V 的电压表，读数要估读到最小分度的（　　）。
　　A. 1/3　　　　B. 1/2　　　　　C. 1/5　　　　　D. 1/10

589. BG007　下列选项中用于进行短路保护或过载保护的电气设备是(　　)。
　　A. 自动开关　　　B. 熔断器　　　C. 配电盘　　　D. 电能表
590. BG007　(　　)是熔断器中控制熔断特性的关键元件。
　　A. 熔体　　　　B. 外壳　　　　C. 支座　　　　D. 导线
591. BG007　以金属导体作为熔体而分断电路的电器是(　　)。
　　A. 电笔　　　　B. 熔断器　　　C. 电压互感器　　D. 电流互感器
592. BG008　电路中电流超过额定电流就会自动断开的开关是(　　)。
　　A. 熔断器　　　　　　　　　　B. 自动开关
　　C. 空气开关　　　　　　　　　D. 电流互感器
593. BG008　空气开关的铭牌上"400V～"指的是空气开关的(　　)。
　　A. 额定电压　　B. 最大功率　　C. 额定电流　　D. 工作电压
594. BG008　空气开关的铭牌上"C63"中的"63"指的是空气开关的(　　)。
　　A. 额定电压　　B. 最大功率　　C. 额定电流　　D. 工作电压
595. BG009　只需用手指触碰计算机显示屏上的图符或文字就能对主机进行操作的电气设备是(　　)。
　　A. 鼠标　　　　B. 键盘　　　　C. 触摸屏　　　D. 多媒体操作系统
596. BG009　触摸屏是计算机的一种新型(　　)设备。
　　A. 输出　　　　B. 存储　　　　C. 输入　　　　D. 控制
597. BG009　人们用(　　)来代替鼠标或键盘对主机进行操作。
　　A. 触摸屏　　　B. PLC　　　　C. 分时操作系统　D. 实时操作系统
598. BG010　下列选项中对触摸屏的说法正确的是(　　)。
　　A. 触摸屏膜面为触摸面,即产品背面
　　B. 触摸屏膜面为触摸面,即产品正面
　　C. 触摸屏部分为玻璃制品,装配时不需戴手套/指套作业
　　D. 装配时对触摸屏施加大力冲击
599. BG010　积尘太多会降低触摸屏的(　　),只需用干布把屏幕擦拭干净。
　　A. 敏感性　　　B. 反应速率　　C. 散热能力　　D. 清洁
600. BG010　下列选项中关于触摸屏的说法错误的是(　　)。
　　A. 操作时注意力度,避免互相碰撞而划伤触摸屏表面
　　B. 用带腐蚀性的胶粘贴在触摸屏的表面
　　C. 应用玻璃清洁剂清洗触摸屏上的脏指印和油污
　　D. 每天在开机之前,用干布擦拭屏幕

二、判断题(对的画"√",错的画"×")

(　　)1. AA001　人类能够直接使用的淡水即水资源。
(　　)2. AA002　我国水资源总量丰富,但人均占有量较少。
(　　)3. AA003　水是生物不可缺少的组成部分。
(　　)4. AA004　地球上水资源总量保持平衡,所以不用节水。

( )5. AA005 0℃时,水的密度最大。
( )6. AA006 水是不活泼物质,不能与金属反应。
( )7. AA007 腐殖质是天然水中无机杂质的主要成分。
( )8. AA008 地面水中的微生物受季节影响小。
( )9. AA009 地下水一般水质清澈,化学成分简单。
( )10. AA010 天然水中胶体颗粒可以用肉眼看到。
( )11. AA011 当水中溶解氧降低到一定程度时,水会变臭。
( )12. AA012 地下水全部都是碱性的。
( )13. AB001 取水工程范围包括自流灌溉与提水灌溉以及城市工业、生活用水。
( )14. AB002 地表水水源往往条件不同、情况复杂,但各类水系的取水河段却具有相同的特征。
( )15. AB003 地表水一般具有浑浊度高、水温变幅大、有机物及细菌含量低、铁、锰含量较高的特点。
( )16. AB004 单独设立的泵站、沉淀池和清水池的外围不小于10m的区域内,其卫生要求与水厂生产区不同。
( )17. AB005 为确保生活饮用水水质安全,给水水源只需满足水源卫生防护的各项要求,无须遵照《中华人民共和国水污染防治法》的规定,即可有效防止水源污染。
( )18. AB006 江河中运行着的泥沙,主要来源于水流对河床和河岸的冲刷,其次是雨雪水对地表土壤的冲蚀。
( )19. AB007 江河取水构筑物有固定式取水构筑物、移动式取水构筑物和山溪浅水河流取水构筑物。
( )20. AB008 当地基条件较差时,为了避免产生不均匀沉降,或者由于供水安全性要求高,水泵需要自灌启动时,则宜将岸边式取水构筑物的进水间与泵房的基础建在不同标高上。
( )21. AB009 采用水泵吸水管直接取水的河床式取水构筑物,一般只限于取水量小、源水水质较好的取水工程。
( )22. AB010 按斗槽伸入河岸的程度,斗槽式取水构筑物可分为斗槽全部设置在河床内、斗槽全部伸入岸边内、斗槽部分伸入河床3种。
( )23. AB011 取水头部布置和形式的确定,除满足水流条件外,还应考虑地质、结构、施工、航运等因素。
( )24. AB012 缆车式取水构筑物是建造于岸坡下吸取江河或水库表层水的取水构筑物。
( )25. AB013 湖泊式水库面积宽广,深度较大,水流和泥沙运动都接近于天然湖泊的状态,具有河流的形态及水文特征。
( )26. AB014 湖泊、水库本身就是一座大型沉淀池,与河水相比,洪水期和枯水期浊度变化较大,水质比较稳定。
( )27. AB015 在深水水库中取水的取水构筑物的形式有与坝体合建式的和分建式的两种固定式取水塔形式。

( )28. AB016　袋形橡胶坝是用合成纤维织成的帆布，布面塑以橡胶黏合成一个坝袋，锚固在坝基和边墙上，然后用水或空气充胀，形成坝体挡水。

( )29. AB017　底栏栅式取水构筑物为保证廊道基础稳定，在廊道下游设置防冲工程。

( )30. AB018　大口井广泛应用于取集深层地下水。

( )31. AB019　上层滞水是埋藏在离地表很深、包气带中局部隔水层之上的重力水。

( )32. AB020　设置井壁管的目的在于加固井壁、隔离水质不良的或水头较低的含水层。

( )33. AB021　通常把提升液体、输送液体和使用液体增加压力的机器称为水泵。

( )34. AB022　容积式水泵是利用工作室容积周期变化来输送液体的。

( )35. AB023　启动前应对水泵近控按钮进行复位，否则接通电源时水泵可能会自行启动。

( )36. AB024　正常启泵过程为启泵后检查水泵声响、振动正常后方可开启出水阀门。

( )37. AB025　抚摸水厂运行中离心泵的泵体应感觉有液体流过。

( )38. AB026　一般的泵系统中不设普通止回阀，而在泵出口设置缓闭止回阀后，当发生停泵水锤时，该阀门可以保证整个泵系统中水锤升压不高，倒流量和水泵机组倒转数都得到控制。

( )39. AB027　离心泵的工作过程实际上是一个能量的传递和转化的过程。

( )40. AB028　离心泵的基本结构可分为三部分，即转动部分、泵盖部分和密封部分。

( )41. AC001　水源水日常检验项目中包括浊度和色度。

( )42. AC002　新中国成立后最早的生活饮用水技术法规是《自来水水质暂行标准》。

( )43. AC003　《生活饮用水水质标准》是国家法律强制执行的标准。

( )44. AC004　我国最新的生活饮用水标准是 GB 5749—2006《生活饮用水卫生标准》。

( )45. AC005　我国第一部生活饮用水国家标准是《生活饮用水卫生规程》。

( )46. AC006　新的饮用水标准应适用于城镇居民的各类生活饮用水。

( )47. AC007　供水水质指标总体分为感官性状、一般化学指标和非常规指标。

( )48. AC008　非常规指标是指生活饮用水中不重要的指标。

( )49. AC009　当发生影响水质的突发性公共事件时，经省级以上人民政府批准，感官性状和一般化学指标可以适当放宽。

( )50. AC010　新旧版《生活饮用水卫生标准》中放射性指标检测项目不变。

( )51. AC011　新《生活饮用水卫生标准》中增加了出厂水耗氧量的检测。

( )52. AC012　新《生活饮用水卫生标准》中要求出厂水二氧化氯余量不小于 0.1 mg/L。

( )53. AC013　新版《生活饮用水卫生标准》非常规指标中微生物指标包括贾第鞭毛虫和隐孢子虫。

( )54. AC014　新版《生活饮用水卫生标准》中总硬度的限值是 1000 mg/L。

( )55. AC015　用于测定色度的标准色列可以长期使用。

( )56. AC016　水样取来后，立即进行目视比色法比较水样与铂-钴标准溶液，即可得到水样的色度。

( )57. AC017　测定水样浊度时，要静止后再进行测量。

( )58. AC018 不常用的 pH 值电极在使用前应用纯水活化。
( )59. AD001 水力学是力学的一个分支,研究的主要对象是水。
( )60. AD002 密度与重度的关系是 $\gamma = \rho g$ 或 $\rho = \gamma / g$。
( )61. AE001 在电路中流动的多数是带负电荷的自由电子,但自由电子的流动方向并不是电流方向。
( )62. AE002 任何电路只要有电压,就有电流流过。
( )63. AE003 单位时间内所做的电功称为电功率。
( )64. AE004 计算机是一种能够按照事先存储的程序自动、高速地对数据进行输入、处理、输出和存储的系统。
( )65. AE005 计算机系统由硬件和软件两大部分组成。
( )66. AF001 安全生产管理,坚持"安全第一、预防为主,综合治理"的方针。
( )67. AF002 事故隐患泛指生产系统中可导致事故发生的人的不安全行为、物的不安全状态和管理上的缺陷。
( )68. AF003 劳动保护的指导方针是"安全第一、预防为主"。
( )69. AF004 防护服用于保护职工免受劳动环境中的自然因素的伤害。防护服分为特殊防护服和一般作业服两类。
( )70. AF005 通过安全生产法制教育使企业各级领导能够依法组织企业的经营管理,贯彻执行"预防第一,安全为主"的方针。
( )71. BA001 混凝剂的种类很多,按化学成分可分为无机和有机两大类。
( )72. BA002 国家标准 GB 15892—2009《生活饮用水用聚氯化铝》中明确规定:液体产品中的氧化铝(Al_2O_3)质量分数不得小于 10%。
( )73. BA003 药剂的储存应保持干燥、避光、通风的环境。
( )74. BA004 应用于饮用水处理的混凝剂应混凝效果良好、对人体无害、使用方便、货源充足。
( )75. BA005 三氯化铁形成的絮体紧密,不易破碎,沉淀性好,对管道腐蚀小。
( )76. BA006 无机高分子混凝剂混凝效果好,但价格较昂贵,目前使用较少。
( )77. BA007 使用铁盐做混凝剂,混凝效果受水温影响小,适应的 pH 值范围较窄。
( )78. BA008 聚合氯化铝的盐基度是指铝离子的物质的量。
( )79. BA009 聚丙烯酰胺溶液配置后应放置一段时间后使用,效果更好。
( )80. BA010 活化硅酸是硅酸钠在加酸条件下水解,聚合反应进行到一定程度的中间产物,故它的形态和特征与反应时间、pH 值及硅酸浓度有关。
( )81. BA011 助凝剂通常是高分子物质,起助凝效果是因为它相对分子质量大,沉淀性好。
( )82. BA012 当原水碱度不足而混凝剂水解困难时,可投加碱剂,以降低水的 pH 值。
( )83. BA013 调节或改善混凝条件的助凝剂主要有酸碱类和氧化剂类。
( )84. BA014 水的混凝是混合和沉淀过程,是净水处理过程中十分重要的环节。
( )85. BA015 聚集稳定是指颗粒布朗运动对抗重力影响的能力。
( )86. BA016 布朗运动所造成的颗粒碰撞属异向絮凝。

( )87. BA017　混凝剂投加的基本要求之一是对人体健康无害。
( )88. BA018　计量泵一般是离心泵,可通过对行程和频率的调节来改变加药量的多少。
( )89. BA019　混凝剂的投加分固体投加和液体投加两种,通常用的是液体投加。
( )90. BA020　采用水泵混合,既可以满足混合的工艺要求,还可以节省混凝剂。
( )91. BA021　混合设备必须保证药剂快速、剧烈、均匀地扩散到整个水体中。
( )92. BA022　管式静态混合器构造简单、安装方便、混合快速而均匀。
( )93. BA023　水力混合池混合利用水流来混合,节省动力,没有水头损失。
( )94. BA024　机械混合的优点是混合效果好,且不受水量变化影响。
( )95. BB001　理想沉淀池中,颗粒处于自由沉淀状态。
( )96. BB002　采用预沉池使大量泥沙沉降下来的工艺属于自然沉淀。
( )97. BB003　悬浮颗粒在水中的沉淀,根据分离过程的特性可分为自由沉淀和混凝沉淀。
( )98. BB004　排泥水处理系统由排水槽和废水渠组成。
( )99. BB005　平流沉淀池积泥区的作用是积存下沉的污泥。
( )100. BB006　斜管沉淀池利用了紊流原理,提高了沉淀池的处理能力。
( )101. BB007　沉淀池的排泥方式有斗底排泥、穿孔管排泥、机械排泥。
( )102. BB008　沉淀池按沉淀的水流方向可分为平流式、竖流式、横流式、径流式等多种形式。
( )103. BB009　斜板(斜管)沉淀池对原水浊度的适应性较平流沉淀池差。
( )104. BB010　气浮与沉淀、澄清工艺不同,它是依靠微气泡,使其黏附于絮粒上,从而实现絮粒的强制性上浮。
( )105. BB011　气浮池单位面积的产水量小,且增加了清水与泥渣的分离时间,使池子占地面积减少。
( )106. BB012　澄清池是把混合、反应、沉淀3个工艺结合在一起的构筑物。
( )107. BB013　悬浮澄清池和机械加速澄清池都属于泥渣循环性澄清池。
( )108. BC001　过滤是以具有孔隙的粒状滤料层,如石英砂等,截留水中杂质从而使水获得澄清的工艺过程。
( )109. BC002　当滤池进水量不变时,即滤速不变时,称"等速过滤"。
( )110. BC003　普通快滤池和虹吸滤池属于变速过滤。
( )111. BC004　滤池按滤层结构分为单层滤池、双层滤池、三层滤池。
( )112. BC005　均质滤料是指滤料粒径完全相同。
( )113. BC006　采用无烟煤和石英砂组成的三层滤料中,反冲洗时无烟煤应该在石英砂上面。
( )114. BC007　滤料承托层的主要作用是防止滤料从配水系统中消失,降低滤速。
( )115. BC008　快滤池的产水量决定于滤池负荷,滤池负荷相当于滤速。
( )116. BC009　滤池的配水系统不仅是为了均布冲洗水,同时也是过滤时的集水系统。
( )117. BC010　滤池采用气水反冲洗,既提高冲洗效果,又节省冲洗水量。

(　　)118. BC011　滤池单独用水反冲洗必须设冲洗水泵或冲洗水塔(箱)。

(　　)119. BC012　滤料含泥率是衡量反冲洗效果的重要依据,一般滤层含泥率小于5%视为正常。

(　　)120. BC013　滤池反冲周期过长,会在滤层中出现负水头,产生气囊,影响滤后水质。

(　　)121. BD001　原水预处理可以在滤池后增加臭氧-活性炭吸附的方法。

(　　)122. BD002　颗粒活性炭能够根据原水水质变化情况灵活改变炭的投加量。

(　　)123. BD003　生物预处理对于所有受污染的水,都有良好的处理效果。

(　　)124. BD004　机物在水中是不稳定的,会氧化化解而消耗水中的溶解氧。

(　　)125. BD005　污染物进入河流先呈带状分布,然后逐渐扩散,混合,直到一定距离后达到全断面均匀混合。

(　　)126. BD006　湖泊的水质污染比河道的水质污染更为严重。

(　　)127. BD007　水体富营养化主要是由于营养盐类(主要是指氮、磷)和有机物的增多引起水质变化、生态平衡遭受破坏的现象。

(　　)128. BD008　江河水相对其他水源易受工业废水、生活污水及其他各种人为污染物的污染。

(　　)129. BD009　大气降水污染负荷不高,比较容易控制。

(　　)130. BD010　耗氧有机物一般不具毒性,不易被微生物分解。

(　　)131. BD011　水蚤类动物能够分泌黏性物质,给水处理带来危害。

(　　)132. BD012　所有的水蚤都是单性生殖。

(　　)133. BD013　江河等流水水域蚤类数量大量增加,会给水处理带来了严重的影响。

(　　)134. BD014　水体中出现的剑水蚤属桡足类甲壳动物。

(　　)135. BD015　在春季浮游动物高峰期,剑水蚤比猛水蚤出现得早。

(　　)136. BD016　供水系统中所发现的红虫以摇蚊幼虫为主。

(　　)137. BD017　摇蚊的分布很广,几乎在任何水域中均可以见到。

(　　)138. BD018　摇蚊的所有世代周期均为水生阶段。

(　　)139. BD019　水厂沉淀池的水质特征十分适宜红虫的生长和繁殖,是供水系统中摇蚊污染的重要原因。

(　　)140. BD020　摇蚊虫的物理防治技术包括微滤、紫外灯诱蚊等方法。

(　　)141. BE001　饮用水净化工艺本身也可能对饮用水的化学安全性造成负面影响。

(　　)142. BE002　水质污染越严重,二氧化氯的消耗量就越小,生成的无机副产物相应就越少。

(　　)143. BE003　过滤除菌主要是机械地将微生物从水中分离出来,是一种物理过程。

(　　)144. BE004　物理消毒需要进行药剂的储备和运输,不便于生产管理。

(　　)145. BE005　氧化型消毒剂在消毒历史上开发最早,其特点是杀菌力强、来源广泛、价格低廉。

(　　)146. BE006　化学消毒法进行消毒剂的生产、储备和运输时有一定的安全隐患。

(　　)147. BE007　消毒药剂发挥作用的稳定性是指有一定时间的持续消毒能力,不容易受到外部的物理化学条件的影响而降低效果。

(　)148. BE008　羟基自由基是最强的氧化消毒剂之一。
(　)149. BE009　专用的消毒处理方式有物理法、化学法、物理/化学法联用方式。
(　)150. BE010　氯胺的穿透能力比氯强,能够更好地控制生物膜。
(　)151. BE011　氨/氯胺优化消毒的主要思路就是采用先氯胺消毒后转氯消毒。
(　)152. BE012　人工投加的氨(消毒剂)可以是液氨、硫酸铵或氯化铵。
(　)153. BE013　氯瓶中的氯一般都以气态和液态两种形式共存。
(　)154. BE014　氯气是成本比较低的氧化消毒剂,应用范围广泛。
(　)155. BE015　氯化合物的水解程度与其杀菌能力有关。
(　)156. BE016　二氧化氯具有广谱杀菌性,对绝大多数细菌和病原微生物均有很好的灭活效果。
(　)157. BE017　二氧化氯不易溶于水。
(　)158. BE018　悬浮物不是影响二氧化氯消毒效果的主要因素之一。
(　)159. BE019　次氯酸钠溶液有一定的腐蚀性,容器可为木制或混凝土建造。
(　)160. BE020　过氧化氢氧化性强,消毒能力也强,杀菌范围广泛。
(　)161. BE021　臭氧具有特殊的刺激性气味,在浓度很高时呈现新鲜气味。
(　)162. BE022　臭氧预氧化作用是去除色度和臭味,改善絮凝效果。
(　)163. BE023　一般水中均含有微量或大量的有机或无机物质,导致溶入水中的臭氧进行分解的反应变得更复杂。
(　)164. BE024　紫外线消毒没有持续消毒能力,最好用在处理水能立即使用的场合。
(　)165. BE025　水中的化学组成和温度变化会严重影响紫外线消毒的效果。
(　)166. BE026　高锰酸钾比较稳定、储存方便、使用比较安全。
(　)167. BE027　氯不能降低放线菌引发的臭味。
(　)168. BE028　当盐酸少量泄漏时,可用砂土、干燥石灰或苏打灰混合。
(　)169. BE029　氯酸钠在中性溶液或弱碱性溶液中氧化能力非常低。
(　)170. BE030　亚氯酸钠在密闭或溶液状态下比较稳定。
(　)171. BF001　阀门的被控流体可以是液体、气体、气液混合体或固液混合体。
(　)172. BF002　依靠介质(液体、气体)本身的能力而自行动作的阀门是自动阀门。
(　)173. BF003　阀门的结构中启闭件与阀座(或阀体)紧密结合,起密封作用的两个接触面称为密封面。
(　)174. BF004　阀门的产品型号由类别、传动方式、连接方式、结构形式等四部分组成。
(　)175. BF005　闸阀是截断阀类的一种,用来接通或截断管路中的介质。
(　)176. BF006　工作介质为氧气、过氧化氢、甲烷、乙烯、树脂时可以选用球阀。
(　)177. BF007　蝶阀具有轻巧、结构简单、开闭迅速等特点,比其他阀门要节省材料。
(　)178. BF008　止回阀只允许介质向一个方向流动。
(　)179. BF009　截止阀有节流作用,但一般不允许作为节流阀。
(　)180. BF010　电磁流量计可应用于测量气体、蒸气电导率低的介质流量。
(　)181. BF011　1825年英国的克路斯发明了真正具有仪表特征的平衡罐式水表。
(　)182. BF012　旋翼式水表属于速度式水表。

(　　)183. BF013　水表读数时,"×10"的十位指针在8与9之间,非常靠近9,是该读8还是读9,取决于×1的个位标盘指针是否到0。

(　　)184. BF014　给水金属管有铸铁管和钢管两种。

(　　)185. BF015　铸铁管的缺点是质地较脆,不耐振动,工作压力较钢管低。

(　　)186. BF016　配有纵向和环向缠结预应力的钢筋混凝土管称为预应力钢筋管。

(　　)187. BF017　塑料管材分为热塑性塑料管材和热固性塑料管材两大类。

(　　)188. BF018　U-PVC管是一种以聚氯乙烯树脂为原料,不含增塑剂的塑料管材。

(　　)189. BF019　U-PVC管的主要连接方式有承插黏结、塑料焊接、专用配件法兰连接、螺纹连接。

(　　)190. BF020　PP-R管的物料经清洁、破碎后可回收再利用。

(　　)191. BG001　串联电路的总电阻等于各串联电阻之和。

(　　)192. BG002　并联电路的总电流等于各并联电阻电流的和。

(　　)193. BG003　电流表是指用来测量交流、直流电路中电流的仪表。

(　　)194. BG004　使用电流表进行读数时应使视线垂直于刻度表面,并要估读。

(　　)195. BG005　电压表可分为直流电压表、交流电压表、数显电压表。

(　　)196. BG006　最小分度为0.1V的电压表,读数要估读到最小分度的1/10。

(　　)197. BG007　选用熔断器时,应使熔断器的保护特性与被保护设备的过载特性基本吻合。

(　　)198. BG008　空气开关能够完成接触和分断电路,对电路或电气设备发生的短路、严重过载及电压等进行保护,且具有很好的灭弧能力。

(　　)199. BG009　触摸屏技术只需用手指触碰计算机显示屏上的图符或文字就能对主机的操作。

(　　)200. BG010　使用触摸屏时,水滴或饮料落在屏幕上,会使软件停止反应,这是由于水滴和手指具有相似的特性,需把水滴擦去。

答　案

一、单项选择题

1. B	2. C	3. D	4. D	5. B	6. C	7. C	8. A	9. A	10. C
11. C	12. D	13. A	14. B	15. A	16. B	17. C	18. A	19. C	20. B
21. A	22. A	23. D	24. C	25. C	26. A	27. B	28. C	29. B	30. B
31. C	32. D	33. C	34. A	35. D	36. C	37. A	38. B	39. A	40. A
41. C	42. D	43. C	44. A	45. D	46. B	47. A	48. B	49. D	50. B
51. C	52. C	53. A	54. D	55. B	56. A	57. C	58. B	59. B	60. C
61. D	62. C	63. A	64. A	65. A	66. C	67. C	68. C	69. A	70. B
71. A	72. C	73. A	74. B	75. D	76. C	77. A	78. B	79. D	80. C
81. C	82. B	83. C	84. D	85. A	86. D	87. D	88. B	89. D	90. B
91. C	92. D	93. C	94. B	95. B	96. A	97. C	98. C	99. A	100. A
101. C	102. A	103. B	104. D	105. D	106. A	107. C	108. B	109. A	110. B
111. C	112. C	113. A	114. D	115. C	116. D	117. C	118. C	119. B	120. C
121. D	122. C	123. B	124. A	125. D	126. C	127. C	128. A	129. B	130. C
131. D	132. A	133. A	134. A	135. D	136. C	137. D	138. B	139. B	140. C
141. A	142. D	143. C	144. A	145. D	146. A	147. B	148. B	149. A	150. C
151. B	152. A	153. C	154. A	155. B	156. C	157. B	158. D	159. C	160. B
161. A	162. D	163. A	164. D	165. C	166. C	167. D	168. B	169. A	170. C
171. B	172. A	173. C	174. B	175. C	176. B	177. D	178. A	179. A	180. A
181. D	182. A	183. C	184. A	185. B	186. B	187. B	188. D	189. A	190. D
191. C	192. A	193. D	194. D	195. C	196. C	197. B	198. A	199. B	200. D
201. A	202. D	203. B	204. B	205. D	206. C	207. A	208. A	209. C	210. B
211. B	212. D	213. A	214. C	215. A	216. C	217. D	218. C	219. B	220. B
221. D	222. B	223. D	224. D	225. D	226. A	227. C	228. D	229. A	230. C
231. B	232. C	233. B	234. D	235. D	236. B	237. A	238. C	239. C	240. C
241. B	242. B	243. C	244. B	245. C	246. A	247. B	248. C	249. D	250. C
251. B	252. D	253. B	254. C	255. D	256. D	257. D	258. C	259. C	260. C
261. B	262. B	263. D	264. A	265. C	266. B	267. C	268. B	269. C	270. C
271. B	272. B	273. C	274. A	275. D	276. B	277. C	278. A	279. A	280. C
281. A	282. B	283. D	284. C	285. B	286. A	287. C	288. A	289. C	290. C
291. B	292. C	293. D	294. D	295. C	296. C	297. B	298. B	299. D	300. B
301. A	302. B	303. C	304. A	305. B	306. D	307. B	308. D	309. D	310. D

311. B	312. B	313. D	314. A	315. A	316. A	317. D	318. C	319. C	320. B
321. C	322. C	323. B	324. A	325. B	326. B	327. B	328. C	329. B	330. A
331. C	332. A	333. D	334. C	335. D	336. C	337. B	338. C	339. D	340. C
341. B	342. C	343. C	344. A	345. D	346. A	347. C	348. C	349. A	350. A
351. C	352. A	353. A	354. C	355. C	356. B	357. A	358. A	359. B	360. C
361. A	362. B	363. B	364. C	365. A	366. C	367. B	368. C	369. A	370. B
371. A	372. B	373. D	374. A	375. C	376. D	377. B	378. B	379. B	380. C
381. C	382. D	383. C	384. D	385. B	386. B	387. B	388. C	389. C	390. B
391. B	392. D	393. C	394. B	395. B	396. C	397. B	398. C	399. B	400. A
401. D	402. D	403. D	404. A	405. D	406. C	407. D	408. C	409. C	410. A
411. B	412. D	413. A	414. B	415. B	416. C	417. B	418. B	419. C	420. D
421. B	422. A	423. C	424. D	425. A	426. C	427. C	428. C	429. B	430. B
431. B	432. D	433. D	434. C	435. A	436. B	437. C	438. A	439. B	440. D
441. C	442. D	443. C	444. A	445. C	446. B	447. D	448. B	449. C	450. A
451. B	452. C	453. A	454. B	455. A	456. B	457. B	458. B	459. C	460. C
461. C	462. B	463. B	464. C	465. B	466. A	467. B	468. B	469. C	470. B
471. A	472. B	473. C	474. A	475. B	476. A	477. C	478. C	479. B	480. A
481. B	482. A	483. B	484. A	485. C	486. C	487. B	488. C	489. A	490. A
491. B	492. D	493. C	494. B	495. C	496. B	497. B	498. C	499. A	500. D
501. D	502. A	503. A	504. A	505. B	506. D	507. C	508. B	509. A	510. D
511. B	512. C	513. C	514. C	515. D	516. D	517. A	518. A	519. C	520. B
521. C	522. A	523. A	524. A	525. D	526. D	527. B	528. D	529. C	530. B
531. C	532. C	533. C	534. B	535. C	536. A	537. A	538. C	539. C	540. B
541. A	542. C	543. B	544. A	545. C	546. D	547. B	548. C	549. D	550. A
551. C	552. B	553. C	554. D	555. B	556. B	557. C	558. C	559. D	560. B
561. D	562. B	563. B	564. A	565. A	566. B	567. B	568. C	569. D	570. B
571. A	572. B	573. A	574. D	575. D	576. C	577. B	578. C	579. B	580. B
581. A	582. D	583. B	584. B	585. C	586. C	587. C	588. C	589. B	590. A
591. B	592. C	593. A	594. C	595. C	596. C	597. A	598. B	599. A	600. B

二、判断题

1. ×　正确答案:人类直接能够使用的淡水是狭义水资源。　2. √　3. √　4. ×　正确答案:地球上水资源总量虽然保持不变,但随着水污染严重,人类可用水资源在减少。　5. ×　正确答案:4℃时,水的密度最大。　6. ×　正确答案:水可以与活泼金属反应。　7. ×　正确答案:腐殖质是天然水中有机杂质的主要成分。　8. ×　正确答案:地面水中的微生物受季节影响很大。　9. ×　正确答案:地下水一般水质清澈,化学成分复杂。　10. ×　正确答案:天然水中胶体颗粒无法用肉眼看到。11. √　12. ×　正确答案:地下水有酸性的、中性的和碱性的。　13. √　14. ×　正确答案:地表水水源往往条件不同、情况复杂,各类水系的取水河段又具有不同的特征。　　15. ×　正确答案：地表水一般具有浑浊度高、水温变幅大，有机物及细菌含量高，铁、锰含量较低的特点。　　16. ×　正确答案：单独设立的泵站、沉淀池和清水池的外围不小于10m的区域内，其卫生要求与水厂生产区相同。17. ×　正确答案：为确保生活饮用水水质安全，除必须满足水源卫生防护各项要求外，还必须遵照《中华人民共和国水污染防治法》的规定，才能有效防止水源污染。　　18. ×　正确答案：江河中运动着的泥沙，主要来源于雨雪水对地表土壤的冲蚀，其次是水流对河床和河岸的冲刷。　19. √　20. ×　正确答案：当地基条件较差时，为了避免产生不均匀沉降，或者由于供水安全性要求高，水泵需要自灌启动时，则宜将岸边式取水构筑物的进水间与泵房的基础建在相同标高上。　　21. √　22. √　23. √　24. ×　正确答案：缆车式取水构筑物是建造于岸坡上吸取江河或水库表层水的取水构筑物。　　25. ×　正确答案：湖泊式水库面积宽广，深度较大，水流和泥沙运动都接近于天然湖泊的状态，具有湖泊的形态及水文特征。　　26. ×　正确答案：湖泊、水库本身就是一座大型沉淀池，与河水相比，洪水期和枯水期浊度变化较小，水质比较稳定。　　27. √　28. √　29. √　30. ×　正确答案：大口井广泛应用于集取浅层地下水。　31. ×　正确答案：上层滞水是埋藏在离地表不深、包气带中局部隔水层之上的重力水。　32. √　33. √　34. √　35. √　36. √　37. ×　正确答案：抚摸水厂运行中离心泵的泵体应感觉泵体发凉。　38. √　39. √　40. ×　正确答案：离心泵的基本结构可分为三部分，即转动部分、泵壳部分和密封部分。　　41. √　42. √　43. √　44. √　45. ×　正确答案：我国第一部生活饮用水国家标准是 GB5749-1985《生活饮用水卫生标准》。　　46. ×　正确答案：新的饮用水标准应适用于各类人群的各类生活饮用水。　　47. ×　正确答案：供水水质指标总体分为常规指标和非常规指标。　　48. ×　正确答案：非常规指标并非是不重要，而是此指标不是全国普遍存在的问题。　　49. ×　正确答案：当发生影响水质的突发性公共事件时，经市级以上人民政府批准，感官性状和一般化学指标可以适当放宽。　　50. √　51. √　52. √　53. √　54. ×　正确答案：新版标准中总硬度的限值是450mg/L。　　55. √　56. ×　正确答案：水样取来后，放置数小时，吸取上层澄清水样，进行目视比色法比较水样，即可得到水样的色度。　　57. ×　正确答案：测定水样浊度时，要充分摇匀后，再进行测量。　58. ×　正确答案：不常用的pH值电极在使用前应用氯化钾溶液活化。　59. √　60. √　61. √　62. ×　正确答案：在闭合回路中，只要有电压，就有电流流过。　　63. √　64. √　65. √　66. √　67. √　68. √　69. ×　正确答案：防护服用于保护职工免受劳动环境中的物理、化学因素的伤害。防护服分为特殊防护服和一般作业服两类。　　70. ×　正确答案：通过安全生产法制教育使企业各级领导能够依法组织企业的经营管理，贯彻执行"安全第一，预防为主"的方针。　　71. √　72. √　73. √　74. √　75. ×　正确答案：三氯化铁形成的絮体紧密，不易破碎，沉淀性好，对管道腐蚀大。　　76. ×　正确答案：无机高分子混凝剂混凝效果好，且价格较便宜，得到广泛使用。　　77. ×　正确答案：使用铁盐做混凝剂，混凝效果受水温影响大，适应的pH值范围较宽。　　78. ×　正确答案：聚合氯化铝的盐基度是指聚合物中氢氧根与1/3铝离子物质的量的比值。　　79. ×　正确答案：聚丙烯酰胺溶液配置后应立即投加，以免降解失效。　　80. √　81. ×　正确答案：助凝剂通常是高分子物质，起助凝效果是因为它分子链长，起到吸附架桥作用。　　82. ×　正确答案：当原水碱度不足而混凝剂水解困难时，可投加碱剂，以提高水的pH值。　　83. √　84. ×　正确答案：水的混凝是混合和絮凝过程,是净水处理过程中十分重要的环节。 85.× 正确答案:动力学稳定系指颗粒布朗运动对抗重力影响的能力。 86.√ 87.√ 88.× 正确答案:计量泵一般是柱塞式的容积泵,可通过对行程和频率的调节来改变加药量的多少。 89.√ 90.√ 91.√ 92.√ 93.× 正确答案:水力混合池混合,利用水流来混合,节省动力,但有一定的水头损失。 94.√ 95.√ 96.√ 97.× 正确答案:悬浮颗粒在水中的沉淀,根据分离过程的特性事分为自由沉淀和拥挤沉淀。 98.√ 99.√ 100.× 正确答案:斜管沉淀池利用了层流原理,提高了沉淀池的处理能力。 101.√ 102.√ 103.√ 104.√ 105.× 正确答案:气浮池单位面积的产水量大,且减少了清水与泥渣的分离时间,使池子占地面积减少。 106.√ 107.× 正确答案:机械加速澄清池属于泥渣循环性澄清池,悬浮澄清池不属于泥渣循环性澄清池。 108.√ 109.√ 110.× 正确答案:普通快滤池和移动冲洗罩滤池属于变速过滤。 111.√ 112.× 正确答案:均质滤料是指沿整个滤层深度方向任一横截面上,滤料组成和平均粒径均匀一致。 113.× 正确答案:采用无烟煤和石英砂组成的三层滤料中,反冲洗时无烟煤应该在石英砂下面。 114.× 正确答案:滤料承托层主要作用是防止滤料从配水系统中消失,同时均布冲洗水。 115.× 正确答案:快滤池的产水量决定于滤速,滤速相当于滤池负荷。 116.√ 117.√ 118.√ 119.× 正确答案:滤料含泥率是衡量反冲洗效果的重要依据,一般滤层含泥率小于3%视为正常。 120.√ 121.× 正确答案:在滤池后增加臭氧-活性炭吸附的方法属于深度处理。 122.× 正确答案:粉末活性炭能够根据原水水质变化情况灵活改变炭的投加量。 123.× 正确答案:生物预处理可有效去除可生化性较高的受污染水、有机污染物,但对于可生化性较低的受污染水,效果不佳。 124.√ 125.√ 126.√ 127.√ 128.√ 129.× 正确答案:大气降水污染由于污染负荷很高,所以很难控制。 130.× 正确答案:耗氧有机物一般不具毒性,易被微生物分解。 131.× 正确答案:水蚤类动物能够分泌黏性物质,能够促进细小悬浮物产生凝聚作用,使水澄清。 132.× 正确答案:水蚤成虫在不良环境中形成休眠卵为两性生殖,其余多为单性生殖。 133.× 正确答案:江河水由于水体更新速度较快,蚤类数量较少,还不至于对水处理产生严重的影响。 134.√ 135.× 正确答案:在养殖池塘中,春季浮游动物高峰时,剑水蚤和猛水蚤同时出现,无先后次序。 136.√ 137.√ 138.× 正确答案:摇蚊的成虫是摇蚊世代周期中唯一陆生的阶段。 139.√ 140.√ 141.√ 142.× 正确答案:水质污染越严重,二氧化氯的消耗量就越大,生成的无机副产物相应就越多。 143.√ 144.× 正确答案:物理消毒需要进行药剂的储备和运输便于生产和管理。 145.√ 146.√ 147.√ 148.√ 149.√ 150.√ 151.× 正确答案:氨/氯胺优化消毒的主要思路就是采用先氯消毒后转氯胺消毒。 152.√ 153.√ 154.√ 155.√ 156.√ 157.× 正确答案:二氧化氯易溶于水,溶于碱溶液、硫酸。 158.× 正确答案:悬浮物是影响二氧化氯消毒效果的主要因素之一。 159.√ 160.× 正确答案:过氧化氢虽然氧化性强,但消毒能力不好,杀菌范围不广。 161.× 正确答案:臭氧具有特殊的刺激性气味,在浓度很低时呈现新鲜气味。 162.√ 163.√ 164.√ 165.× 正确答案:水中的化学组成和温度变化不会影响紫外线消毒的效果。 166.√ 167.√ 168.√ 169.√ 170.√ 171.√ 172.√ 173.√ 174.× 正确答案:阀门的产品型号由阀门类型、驱动方式、连接形式、结构形式、密封面及衬里材料、公称压力、阀体材料等七部分组成。　　175.√　176.√　177.√　178.√　179.√　180.×　正确答案:电磁流量计不能应用于电导率低的介质,如气体等。　181.√　182.√　183.√　184.√　185.√　186.√　187.√　188.√　189.√　190.√　191.√　192.√　193.√　194.√　195.√　196.√　197.√　198.√　199.√　200.√

附 录

附录1　职业技能等级标准

1. 工种概况

1.1　工种名称
净水工。

1.2　工种代码
6-28-03-01-07。

1.3　工种定义
操作净水设备,在制水过程中添加混凝剂、消毒剂,使水质达到国家规定标准的人员。

1.4　适用范围
水质净化。

1.5　工种等级
本工种共设四个等级,分别为初级(国家职业资格五级)、中级(国家职业资格四级)、高级(国家职业资格三级)、技师(国家职业资格二级)。

1.6　工种环境
大部分操作为室内作业,小部分为室外作业。工作场所存在一定的粉尘及腐蚀性化学品接触。

1.7　工种能力特征
身体健康,具有一定的理解、表达、分析、判断能力和形体知觉、色觉能力,动作协调灵活。

1.8　基本文化程度
高中毕业(或同等学力)。

1.9　培训要求

1.9.1　培训期限
全日制职业学校教育,根据其培养目标和教学计划确定期限。晋级培训:初级不少于280标准学时;中级不少于210标准学时;高级不少于200标准学时。

1.9.2　培训教师

培训初、中、高级的教师应具有本工种高级及以上职业资格证书或中级以上专业技术职务任职资格。

1.9.3　培训场地设备

理论培训应具有可容纳30名以上学员的教室,技能操作培训应有相应的设备、工具、安全设施等较为完善的场地。

1.10　鉴定要求

1.10.1　适用对象

(1)新入职的操作技能人员;

(2)在操作技能岗位工作的人员;

(3)其他需要鉴定的人员。

1.10.2　申报条件

具备以下条件之一者可申报初级工:

(1)新入职完成本职业(工种)培训内容,经考核合格人员。

(2)从事本工种工作1年及以上的人员。

具备以下条件之一者可申报中级工:

(1)从事本工种工作5年以上,并取得本职业(工种)初级工职业技能等级证书。

(2)各类职业、高等院校大专及以上毕业生从事本工种工作3年及以上,并取得本职业(工种)初级工职业技能等级证书。

具备以下条件之一者可申报高级工:

(1)从事本工种工作14年以上,并取得本职业(工种)中级工职业技能等级证书的人员。

(2)各类职业、高等院校大专及以上毕业生从事本工种工作5年及以上,并取得本职业(工种)中级工职业技能等级证书的人员。

技师需取得本职业(工种)高级工职业技能等级证书3年以上,工作业绩经企业考核合格的人员。

1.10.3　鉴定方式

分理论知识考试和操作技能考核。理论知识考试采用闭卷笔试方式为主,推广无纸化考试形式;操作技能考核采用现场操作、模拟操作、实际操作笔试等方式。理论知识考试和操作技能考核均实行百分制,成绩皆达60分以上(含60分)者为合格。技师还需进行综合评审,综合评审包括技术答辩和业绩考核。综合评审成绩是技术答辩和业绩考核两部分的平均分。

1.10.4　鉴定时间

理论知识考试90分钟;操作技能考核不少于60分钟;综合评审的技术答辩时间40分钟(论文宣读20分钟,答辩20分钟)。

2. 基本要求

2.1 职业道德

(1)爱岗敬业,自觉履行职责;
(2)忠于职守,严于律己;
(3)吃苦耐劳,工作认真负责;
(4)勤奋好学,刻苦钻研业务技术;
(5)谦虚谨慎,团结协作;
(6)安全生产,严格执行生产操作规程;
(7)文明作业,质量环保意识强;
(8)文明守纪,遵纪守法。

2.2 基础知识

2.2.1 水资源知识
(1)水资源的概念;
(2)水化学知识;
(3)水处理微生物知识。

2.2.2 取水知识
(1)取水工程概述及给水水源;
(2)地下水取水构筑物;
(3)地表水取水构筑物;
(4)取水水泵。

2.2.3 水质检验
(1)饮用水卫生标准;
(2)水质检验基本知识。

2.2.4 水力学知识
(1)水力学基本概念;
(2)水力学的研究对象。

2.2.5 电气知识
(1)电力知识;
(2)计算机知识。

2.2.6 安全知识
(1)安全生产知识;
(2)消防安全知识;
(3)安全用电知识;
(4)现场安全管理知识。

3. 工作要求

本标准对初级、中级、高级、技师的技能要求依次递进,高级别包含低级别的要求。

3.1 初级

职业功能	工作内容	技能要求	相关知识
一、管理净水主体工艺	(一) 管理混凝工艺	1. 能识别常用净水剂; 2. 能选用混凝剂; 3. 能进行净水剂投加操作; 4. 能进行加药泵切换操作; 5. 能执行混合要求; 6. 能绘制水处理构筑物简图; 7. 能识别加药系统管件; 8. 能巡回检查加药间	1. 混凝剂的分类; 2. 净水剂的储存; 3. 选用混凝剂的原则; 4. 各种混凝剂的应用; 5. 混凝剂投加的规范要求; 6. 混合的基本要求; 7. 几种混合方式的特点; 8. 绘制净水工艺流程图的方法; 9. 加药系统管件的名称及作用; 10. 加药泵的操作方法
	(二) 管理浮沉工艺	1. 能识别沉淀池种类; 2. 能解释沉淀池各部位的作用; 3. 能进行沉淀池排泥操作; 4. 能巡回检查沉淀池; 5. 能解释气浮的原理	1. 沉淀的原理; 2. 沉淀池的分类、构造及特点; 3. 沉淀池各部位作用; 4. 沉淀池排泥方式; 5. 气浮法的原理及特点; 6. 澄清池的工作原理及分类
	(三) 管理过滤工艺	1. 能识别过滤池种类; 2. 能解释滤池各部位的作用; 3. 能进行过滤池反冲洗操作; 4. 能巡回检查滤池	1. 过滤的概念; 2. 过滤池的分类、构造及特点; 3. 滤池各部位作用; 4. 滤池运行主要工艺参数; 5. 滤池反冲洗的方式
二、管理净水辅助工艺	(一) 管理预处理工艺	1. 能解释预处理工艺各部分作用; 2. 能识别预处理工艺种类; 3. 能表述微污染水源的特征; 4. 能判断水源污染的原因; 5. 能识别水源污染物的种类; 6. 能识别水中微生物的特性; 7. 能巡回检查预处理间	1. 预处理工艺的定义及作用; 2. 预处理工艺的几种方式; 3. 微污染水源的特征; 4. 水源污染的原因; 5. 污染物的类型; 6. 水中几种微生物的特性及产生原因; 7. 预处理间巡检要求
	(二) 管理氧化消毒工艺	1. 能表述饮用水消毒的分类及特点; 2. 能选择消毒方式; 3. 能选用不同消毒剂; 4. 能表述消毒工艺的原理及特点; 5. 能使用酸度计测定水的 pH 值; 6. 能使用二氧化氯分析仪测定余量	1. 饮用水消毒的分类及特点; 2. 消毒方法的选择; 3. 几种消毒剂的性质原理; 4. 几种消毒工艺的原理及特点; 5. 酸度计的使用方法; 6. 二氧化氯分析仪的使用方法
三、管理维护设备	(一) 管理维护阀门、管线、仪表	1. 能识别常用阀门; 2. 能更换 PVC 球阀; 3. 能区分流量计的类别; 4. 能使用水表计量; 5. 能选用给水管线	1. 阀门的基本知识; 2. 阀门的分类及应用; 3. 流量计的概述; 4. 水表的概述; 5. 水表表盘的读取; 6. 给水管线的分类; 7. 给水管线的特点; 8. 给水管线的连接方式
	(二) 操作电气设备	1. 能识别串联电路和并联电路; 2. 能识别熔断器、自动开关、空气开关; 3. 能使用触摸屏	1. 电路的概念; 2. 电流表与电压表的读数; 3. 熔断器的基本知识; 4. 自动开关的基本知识; 5. 触摸屏的基本知识; 6. 空气开关的基本知识

3.2 中级

职业功能	工作内容	技能要求	相关知识
一、管理净水主体工艺	（一）管理混凝工艺	1. 能巡回检查加药间； 2. 能计算混凝剂单耗； 3. 能配制混凝药剂； 4. 能配制聚丙烯酰胺溶液； 5. 能运行维护加药系统； 6. 能操作计量泵	1. 加药间巡回检查路线及注意事项； 2. 水厂混凝剂单耗计算方法； 3. 影响混凝的因素； 4. 混凝药剂配制及机理； 5. 混凝剂的溶解方法； 6. 聚丙烯酰胺溶液配制方法； 7. 加药系统运行维护方法； 8. 计量泵的定义； 9. 计量泵的工作原理； 10. 计量泵主要部件的作用
	（二）管理浮沉工艺	1. 能检查反应沉淀工艺及附属设施； 2. 能进行斜板(管)沉淀池的运行参数简单计算； 3. 能判断沉淀池的形式； 4. 能巡回检查气浮池	1. 沉淀工艺及附属设施的分类； 2. 沉淀工艺及附属设施的特点； 3. 沉淀池主要运行参数计算方法； 4. 沉淀工艺适用条件； 5. 气浮工艺适用条件； 6. 气浮池运行管理的注意事项
	（三）管理过滤工艺	1. 能解释滤池的特点； 2. 能进行滤料的选择； 3. 能区分滤池的冲洗方式； 4. 能操作真空泵	1. 常见滤池的特点； 2. 选择滤料的方法； 3. 滤池的冲洗用水系统操作方式及特点； 4. 真空泵的工作原理； 5. 真空泵的结构； 6. 真空泵的型号
	（四）管理深度工艺	1. 能选择活性炭滤料； 2. 能进行炭滤池的反冲洗操作； 3. 能计算炭滤池的接触时间； 4. 能测定炭滤池的反冲洗强度； 5. 能识别膜及膜分离的分类； 6. 能判断超滤膜的材料	1. 活性炭的性质； 2. 活性炭的性能指标； 3. 活性炭的吸附原理； 4. 活性炭的选择方法； 5. 炭滤池反冲洗方法； 6. 炭滤池接触时间计算方法； 7. 炭滤池反冲洗强度测定方法； 8. 膜的分类； 9. 膜分离的分类； 10. 膜技术的原理； 11. 膜的集成； 12. 超滤的基本理论； 13. 超滤的术语； 14. 超滤膜的材料
二、管理净水辅助工艺	（一）管理预处理工艺	1. 能解释化学预氧化的作用； 2. 能判断有机物对水处理的影响； 3. 能判断水体富营养化的原因及危害； 4. 能识别水中的藻类来源及种类； 5. 能解释藻毒素的危害； 6. 能防治水中的蚤虫； 7. 能防治水中的红虫	1. 化学预氧化的定义； 2. 化学预氧化的目的； 3. 有机物对水处理的影响； 4. 水体富营养化的成因； 5. 水体富营养化的危害； 6. 水中藻类的来源和分类； 7. 藻类对水体的影响； 8. 影响藻类生长的因素； 9. 水蚤的控制方法； 10. 红虫的防治方法

续表

职业功能	工作内容	技能要求	相关知识
二、管理净水辅助工艺	（二）管理氧化消毒工艺	1. 能解释消毒剂的机理及性质； 2. 能判断影响消毒效果的因素； 3. 能计算加氯量； 4. 能进行氯投加操作； 5. 能进行二氧化氯投加操作； 6. 能检查消毒原料药剂； 7. 能进行臭氧投加操作； 8. 能进行次氯酸钠投加操作； 9. 能进行高锰酸钾投加操作	1. 消毒剂的机理； 2. 氯消毒效果的因素； 3. 饮用水的安全消毒； 4. 氯消毒的副产物； 5. 加氯量的控制； 6. 加氯设备的使用； 7. 氯气使用的安全规定； 8. 氯胺投加量的确定； 9. 化学药品的安全技术说明书； 10. 二氧化氯投加的方法； 11. 二氧化氯投加系统工作原理； 12. 消毒原料的储存； 13. 臭氧的制备方法； 14. 次氯酸钠的应用； 15. 紫外线杀菌的影响因素； 16. 高锰酸钾消毒优缺点及机理
	（三）操作氧化消毒设备	1. 能清洗二氧化氯发生器过滤器； 2. 能投入运行二氧化氯发生器； 3. 能检查运行的二氧化氯发生器； 4. 能调整二氧化氯投加量； 5. 能切换运行中的计量泵； 6. 能进行臭氧发生器运行前准备	1. 二氧化氯投加系统的主要部件及特性； 2. 二氧化氯发生器部件的工作原理； 3. 二氧化氯发生器过滤器清洗方法； 4. 二氧化氯发生器的运行及检查； 5. 二氧化氯投加量调整方法； 6. 计量泵的切换运行； 7. 臭氧发生器运行前准备工作
三、操作维护设备	（一）管理维护阀门、管线、仪表	1. 能检查管道质量； 2. 能使用电磁流量计； 3. 能使用压力表； 4. 能维护阀门	1. 管道质量检查方法； 2. 电磁流量计的概述； 3. 电磁流量计的应用； 4. 压力表的分类； 5. 压力表的读数方法； 6. 阀门的维护方法； 7. 阀门的常见故障
	（二）操作电气设备	1. 能识别电动机； 2. 能对运行中的电动机进行巡护； 3. 能选用电压表、电流表； 4. 能计算电压； 5. 能使用电能表； 6. 能安全接地接零	1. 电动机的分类； 2. 电动机的基本参数； 3. 电动机的巡护方法； 4. 电流、电压的测量选择； 5. 电压的基本知识； 6. 接地接零保护常识； 7. 电能表的基本知识； 8. 电能表的读数方法
	（三）操作自控设备	1. 能区分计算机的硬件与软件； 2. 能操作计算机； 3. 能使用 Word 和 Excel	1. 计算机系统的组成； 2. 计算机病毒的概述； 3. Word 的基本知识； 4. Excel 的基本知识

3.3 高级

职业功能	工作内容	技能要求	相关知识
一、管理净水主体工艺	（一）管理混凝工艺	1. 能使用助凝剂增强混凝效果； 2. 能正确判断并调整净水剂投加量； 3. 能确定净水剂最佳投量； 4. 能判断矾花形成情况	1. 净水剂的配制方法； 2. 净水剂投加控制方法； 3. 净水剂投加设备的使用方法； 4. 最佳净水剂投加量确定方法
	（二）管理浮沉工艺	1. 能判断沉淀工艺适用条件； 2. 能计算斜板（管）沉淀池的设计工艺参数； 3. 能管理斜板沉淀池； 4. 能管理澄清池； 5. 能进行气浮池的运行调整	1. 常见沉淀池适用条件； 2. 斜板（管）沉淀池的设计方法； 3. 斜板（管）沉淀池的运行管理； 4. 其他沉淀池的相关知识； 5. 澄清池的运行管理知识； 6. 气浮工艺的形式； 7. 气浮工艺的影响因素
	（三）管理过滤工艺	1. 能管理普通快滤池； 2. 能解释普通快滤池的主要设计参数； 3. 能使用助滤剂； 4. 能进行微絮凝直接过滤操作； 5. 能管理翻板滤池； 6. 能管理V形滤池	1. 普通快滤池的管理要点； 2. 普通快滤池的设计要点； 3. 助滤剂的使用方法； 4. 微絮凝直接过滤的相关知识； 5. 翻板滤池的管理方法； 6. V形滤池的管理知识
	（四）管理深度工艺	1. 能辨别膜材料； 2. 能更换膜组件； 3. 能调整超滤系统的运行； 4. 能分析膜污染的情况； 5. 能判断活性炭滤池过滤效果； 6. 能调整臭氧投加比例	1. 膜材料的材质； 2. 膜材料的制备； 3. 膜技术的特点及问题； 4. 超滤的特性； 5. 膜污染机理； 6. 影响膜污染的因素； 7. 防止膜污染的措施； 8. 克服浓差极化的方法； 9. 臭氧投加要求； 10. 活性炭滤池过滤效果的影响因素
二、管理净水辅助工艺	（一）管理预处理工艺	1. 能使用光学显微镜观察微生物； 2. 能选择活性炭种类； 3. 能操作粉末活性炭投加装置； 4. 能处理水中藻类； 5. 能处理水中剑水蚤	1. 光学显微镜的使用方法； 2. 原水预处理的方法； 3. 粉末活性炭投加装置的基本原理； 4. 粉末活性炭投加装置的操作方法； 5. 活性炭的选择方法； 6. 高锰酸钾投加装置的基本原理； 7. 高锰酸钾投加装置的操作方法； 8. 藻类对水处理运行的影响； 9. 藻类的去除方法； 10. 剑水蚤杀灭方法
	（二）管理氧化消毒工艺	1. 能管理二氧化氯消毒工艺； 2. 能制备二氧化氯； 3. 能安全使用二氧化氯； 4. 能减少二氧化氯消毒副产物； 5. 能掌握臭氧消毒特点； 6. 能掌握臭氧尾气破坏的方法； 7. 能配制氯酸钠和亚氯酸钠	1. 二氧化氯消毒的应用； 2. 影响二氧化氯消毒效果的因素； 3. 二氧化氯消毒的副产物； 4. 二氧化氯的制备方法； 5. 二氧化氯的安全规定； 6. 臭氧的消毒特点； 7. 氯酸钠和亚氯酸钠配制方法

续表

职业功能	工作内容	技能要求	相关知识
二、管理净水辅助工艺	（三）操作氧化消毒设备	1. 能处理二氧化氯发生器常见故障； 2. 能更换二氧化氯发生器背压阀； 3. 能判断二氧化氯发生器运行故障； 4. 能更换二氧化氯发生器计量泵； 5. 能清洗二氧化氯发生器	1. 二氧化氯常见故障； 2. 二氧化氯发生器背压阀更换方法； 3. 二氧化氯发生器运行故障排除方法； 4. 二氧化氯发生计量泵的更换方法； 5. 二氧化氯发生器清洗方法
三、管理维护设备	（一）管理维护阀门、管线、仪表	1. 能使用转子流量计； 2. 能更换转子流量计； 3. 能粘接PE管线； 4. 能识别计量泵进出口阀门； 5. 能设定计量泵安全阀、背压阀的压力	1. 转子流量计的读数方法； 2. 转子流量计更换方法； 3. PE管线粘接方法； 4. 计量泵阀门的分类； 5. 设定计量泵安全阀、背压阀压力方法
	（二）操作电气设备	1. 能使用三相异步电动机； 2. 能维护三相异步电动机； 3. 能区分电气设备的类别； 4. 能使用电气安全设备	1. 三相异步电动机使用方法； 2. 三相异步电动机维护方法； 3. 电气设备分类方法； 4. 电气防火的方法
	（三）操作自控设备	1. 能识别自动化控制系统； 2. 能识别执行器	1. 自动控制系统的概念； 2. 自动控制系统的分类； 3. 执行器的概念
四、综合管理	（一）文字录入	1. 能录入文字； 2. 能进行文字排版； 3. 能在文字中插入表格、图片	1. 计算机文字录入方法； 2. 文字排版方法； 3. 文字制表、插图方法
	（二）表格处理	1. 能制作表格； 2. 能制作数据图表	1. 计算机制作表格方法； 2. 计算机制作图表方法

3.4 技师

职业功能	工作内容	技能要求	相关知识
一、管理净水主体工艺	（一）管理混凝工艺	1. 能筛选净水剂； 2. 能计算混合GT值； 3. 能进行计量泵换油操作； 4. 能处理计量泵运行中常见故障； 5. 能进行计量泵维护保养	1. 净水剂筛选方法； 2. 混合GT值的计算； 3. 计量泵的运行方法； 4. 计量泵常见故障的处理方法； 5. 计量泵维修保养方法
	（二）管理浮沉工艺	1. 能计算沉淀池进出口流量； 2. 能确定沉淀池排泥时间； 3. 能计算沉淀池排泥量； 4. 能设计平流沉淀池尺寸； 5. 能进行理想沉淀池理论计算； 6. 能表述气浮的设计安装要点	1. 沉淀池进出口流量计算方法； 2. 沉淀池排泥时间确定方法； 3. 沉淀池排泥量计算方法； 4. 平流沉淀池设计理论； 5. 理想沉淀池理论计算方法； 6. 气浮的设计要点； 7. 平流式溶气浮机的安装调试
	（三）管理过滤工艺	1. 能测定滤池滤速； 2. 能测定滤料含泥量； 3. 能测定滤池反冲洗强度； 4. 能测定滤池膨胀率； 5. 能解释过滤机理； 6. 能判断并排除普通快滤池故障； 7. 能提出普通快滤池改造途径； 8. 能判定真空泵常见故障； 9. 能维修真空泵	1. 滤池滤速测定方法； 2. 滤料含泥量测定方法； 3. 滤池反冲洗强度测定方法； 4. 滤池膨胀率测定方法； 5. 滤池过滤机理； 6. 普通快滤池故障判断及排除方法； 7. 普通快滤池改造理论； 8. 真空泵常见故障的判断方法； 9. 真空泵的维修方法

续表

职业功能	工作内容	技能要求	相关知识
一、管理净水主体工艺	（四）管理深度工艺	1. 能判断超滤系统影响因素； 2. 能操作超滤预处理工艺； 3. 能操作膜系统进行反冲洗； 4. 能判断超滤系统故障点； 5. 能检测超滤系统组件完整性； 6. 能利用混凝提高超滤系统过滤效果； 7. 能计算炭滤池的表面负荷； 8. 能测定炭滤池滤层厚度； 9. 能测定炭滤池 COD 去除率； 10. 能测定炭滤池膨胀率； 11. 能利用固定化生物活性炭滤池进行水处理	1. 超滤系统工作原理； 2. 超滤系统工艺特性； 3. 超滤预处理工艺操作方法； 4. 膜处理反冲洗操作规程； 5. 膜处理反冲洗周期确定方法； 6. 膜处理化学加强洗操作规程； 7. 化学药剂使用操作方法； 8. 超滤系统常见故障分析方法； 9. 超滤系统完整性检测方法； 10. 超滤系统操作方法； 11. 超滤系统控制方式； 12. 混凝对膜系统过滤效果的影响； 13. 炭滤池表面负荷计算方法； 14. 炭滤池滤层厚度检测方法； 15. 炭滤池 COD 去除率计算方法； 16. 炭滤池膨胀率计算方法； 17. 人工固定化生物活性炭的工艺原理； 18. 生物活性炭滤池中微生物降解能力的评价方法； 19. 固定化生物活性炭的净水性能
二、管理净水辅助工艺	（一）管理预处理工艺	1. 能控制预处理工序质量； 2. 能进行预处理设施的维护保养； 3. 能操作生物预处理工艺； 4. 能控制水中的臭味； 5. 能去除水中色度； 6. 能控制水中藻类； 7. 能控制藻毒素	1. 预处理工序的质量控制规定； 2. 预处理设施的运行规定； 3. 预处理设施的维护保养； 4. 生物预处理的方法及特点； 5. 饮用水中臭味的来源； 6. 水体臭味的控制方法； 7. 水体色度的去除方法； 8. 原水藻类去除方法； 9. 藻毒素去除方法
	（二）管理氧化消毒工艺	1. 能分析二氧化氯的使用； 2. 能控制消毒副产物； 3. 能控制二氧化氯残余量； 4. 能管理二氧化氯工艺系统	1. 使用二氧化氯的经济分析； 2. 消毒副产物的控制； 3. 管网二氧化氯余量的控制研究； 4. 二氧化氯工艺系统的管理
	（三）操作氧化消毒设备	1. 能维护保养二氧化氯工艺设备及附件； 2. 能运行维护臭氧发生器； 3. 能运行维护臭氧发生器气源系统； 4. 能维护臭氧接触池	1. 二氧化氯工艺附属设备及附近件的维护保养； 2. 臭氧发生器的运行维护内容； 3. 臭氧发生器气源系统的运行维护内容； 4. 臭氧接触池的运行维护内容
三、管理维护设备	（一）管理维护、阀门管线、仪表	1. 能粘接 PVC 管线； 2. 能识别液位计	1. PVC 管线粘接方法； 2. 液位计的概述； 3. 液位计的分类
	（二）操作电气设备	1. 能操作变频器； 2. 能更换变频器模块； 3. 能维护变频器	1. 变频器的使用方法； 2. 变频器模块的更换方法； 3. 变频器的维护方法
	（三）操作自控设备	1. 能操作 PLC； 2. 能操作自动化控制系统	1. 可编程控制器的概述； 2. 可编程逻辑控制器的作用； 3. 自动化控制系统组成； 4. 自动化控制系统的作用

续表

职业功能	工作内容	技能要求	相关知识
四、综合管理	（一）表格处理	能制作 Excel 图表	Excel 图表的制作方法
	（二）质量管理	1. 能组织 QC 小组开展活动； 2. 能编写质量管理报告	1. QC 质量管理内容方法； 2. 质量管理报告编写要求及方法
	（三）培训	1. 能编写培训教学计划； 2. 能编制技术培训教案	1. 教学计划编写方法； 2. 教案编制方法

4. 比重表

4.1 理论知识

项目			初级	中级	高级	技师
基本要求		基础知识	35%	35%	33%	23%
相关知识	管理制水工艺	管理混凝工艺	12%	7%	5%	5%
		管理浮沉工艺	6%	7%	7%	7%
		管理过滤工艺	7%	6%	8%	8%
		管理深度工艺		7%	12%	25%
	管理氧化消毒工艺	管理预处理工艺	10%	8%	9%	8%
		管理消毒工艺	15%	12%	8%	3%
		操作消毒设备		4%	4%	4%
	管理维护设备	管理维护阀门、管线、仪表	10%	5%	4%	4%
		管理电气设备	5%	4%	3%	3%
		操作自控设备		5%	2%	4%
	综合管理	文字录入、处理				2%
		表格制作、应用				3%
		质量管理				4%
		培训				2%
合计			100%	100%	100%	100%

4.2 操作技能

项目			初级	中级	高级	技师
操作技能	管理净水主体工艺	管理混凝工艺	30%	30%	13%	10%
		管理浮沉工艺	10%	5%	9%	5%
		管理过滤工艺	10%	5%	17%	5%
		管理深度工艺		10%	4%	35%
	管理净水辅助工艺	管理预处理工艺	10%	10%	4%	10%
		管理消毒工艺	10%	10%		

续表

	项目		初级	中级	高级	技师
操作技能	管理净水辅助工艺	操作消毒设备		10%	18%	5%
	管理维护设备	管理维护阀门、管线、仪表	30%	10%	18%	10%
		管理电气设备		10%	4%	5%
	综合管理	Word 操作			4%	
		Excel 操作			9%	5%
		质量管理				5%
		培训				5%
合计			100%	100%	100%	100%

附录2 初级工理论知识鉴定要素细目表

行业:石油天然气　　　　工种:净水工　　　　等级:初级工　　　　鉴定方式:理论知识

行为领域	代码	鉴定范围 (重要程度比例)	鉴定比重	代码	鉴定点	重要程度	上岗要求
基础知识 A (35%)	A	水资源知识 (9:2:1)	6%	001	水资源的概述	X	√
				002	我国水资源的概况	Z	
				003	水的作用	X	
				004	水的循环	Y	
				005	水的物理性质	X	√
				006	水的化学性质	X	√
				007	天然水的特性	X	√
				008	地面水的特性	X	√
				009	地下水的特性	X	√
				010	天然水中的杂质	X	√
				011	水中溶解性气体对水质的影响	Y	
				012	水的酸碱度	X	
	B	取水知识 (21:5:2)	14%	001	取水工程的任务	X	√
				002	取水工程的研究内容	Z	
				003	给水水源的分类	X	√
				004	地表水水源的卫生防护要求	Y	√
				005	地下水水源的卫生防护要求	Y	√
				006	江河水的水源特征	X	
				007	江河取水构筑物的类型	X	
				008	岸边式取水构筑物的基本型式	X	
				009	河床式取水构筑物的基本型式	X	
				010	斗槽式取水构筑物的分类	X	
				011	固定式取水头部的形式	X	
				012	移动式取水构筑物的形式	Y	
				013	水库按构造的分类方法	X	
				014	水库的水质特征	X	
				015	水库取水构筑物的类型	X	
				016	低坝式取水构筑物的组成	Z	
				017	底栏栅取水构筑物的组成	Y	
				018	地下取水构筑物的分类	X	

续表

行为领域	代码	鉴定范围（重要程度比例）	鉴定比重	代码	鉴 定 点	重要程度	上岗要求
基础知识 A (35%)	B	取水知识 (21∶5∶2)	14%	019	地下水的分类	X	
				020	管井的构造	Y	
				021	水泵的定义	X	√
				022	水泵的分类	X	√
				023	离心泵启动前检查的内容	X	√
				024	离心泵的启动步骤	X	√
				025	离心泵运行检查的内容	X	√
				026	离心泵停车的步骤	X	√
				027	离心泵的工作原理	X	√
				028	离心泵的基本结构	X	√
	C	水质检验知识 (14∶3∶1)	9%	001	水源水的日常检验项目	X	√
				002	《生活饮用水水质标准》的起源	Z	
				003	《生活饮用水卫生标准》的作用	X	
				004	《生活饮用水卫生标准》的性质	Y	
				005	饮用水水质标准的发展	Y	
				006	修订《生活饮用水卫生标准》的原则	Y	
				007	《饮用水水质标准》的相关术语	X	√
				008	饮用水不同供水方式的水质指标	X	
				009	饮用水水质的要求	X	√
				010	新版《生活饮用水卫生标准》的特点	X	
				011	新水质标准与原标准常规指标限值的比较	X	
				012	新水质标准与原标准消毒剂指标限值的比较	X	
				013	新水质标准与原标准非常规指标限值的比较	X	
				014	生活饮用水感观性状的一般化学性指标	X	√
				015	色度测定的意义	X	√
				016	色度的测定方法	X	√
				017	浊度的测定	X	√
				018	pH 值的测定	X	√
	D	水力学知识 (2∶0∶0)	1%	001	水力学的定义	X	
				002	液体的主要物理性质	X	√
	E	电气知识 (5∶0∶0)	3%	001	电流常识	X	√
				002	电压常识	X	√
				003	电功率的概念	X	√
				004	计算机的概念	X	
				005	计算机的组成	X	

续表

行为领域	代码	鉴定范围（重要程度比例）	鉴定比重	代码	鉴定点	重要程度	上岗要求
基础知识 A （35%）	F	安全知识 （4：1：0）	2%	001	安全生产的目的	Y	√
				002	安全生产管理的概念	X	√
				003	劳动保护的概念	X	√
				004	劳动保护用具的种类	X	√
				005	安全生产知识教育内容	X	√
专业知识 B （65%）	A	管理混凝工艺 （19：4：1）	12%	001	混凝剂的分类	X	√
				002	聚合氯化铝的检验指标	X	
				003	净水药剂的储存	X	√
				004	选用混凝剂的原则	X	√
				005	无机类混凝剂的应用	X	
				006	高分子混凝剂的应用	X	
				007	铁盐混凝剂的应用	X	
				008	聚合氯化铝的应用	X	√
				009	聚丙烯酰胺的应用	Y	
				010	活化硅酸的应用	Z	
				011	助凝剂的定义	X	
				012	助凝剂的作用	X	√
				013	助凝剂的分类	Y	
				014	混凝的定义	X	√
				015	混凝的原理	X	√
				016	混凝动力学的概念	Y	√
				017	混凝剂的投加基本要求	X	√
				018	混凝剂投加系统的组成	X	√
				019	混凝剂的投加规定	X	√
				020	混合设备	Y	
				021	混合的基本要求	X	√
				022	混合的基本方式	X	
				023	水力混合的特点	X	
				024	机械混合的特点	X	
	B	管理浮沉工艺 （10：2：1）	6%	001	理想沉淀池的机理	X	
				002	沉淀的原理	X	√
				003	沉淀池的类型	X	
				004	排泥系统的组成	X	√
				005	平流沉淀池的构造	X	√
				006	沉淀池集水槽的作用	X	√

续表

行为领域	代码	鉴定范围（重要程度比例）	鉴定比重	代码	鉴 定 点	重要程度	上岗要求
专业知识B（65%）	B	管理浮沉工艺（10∶2∶1）	6%	007	沉淀池排泥方式的分类	X	√
				008	斜板(管)沉淀池的类型	X	√
				009	斜板(管)沉淀池的特点	X	√
				010	气浮法的工作原理	X	√
				011	气浮工艺的特点	Y	
				012	澄清池的工作原理	Y	
				013	澄清池的分类	Z	
	C	管理过滤工艺（10∶2∶1）	7%	001	过滤的概念	X	√
				002	等速过滤的概念	Y	√
				003	变速过滤的概念	Y	√
				004	滤池的分类	X	√
				005	滤池的滤料	X	√
				006	滤料的级配	X	
				007	滤池的承托层	X	
				008	滤速的概念	X	√
				009	滤池配水系统的分类	Z	√
				010	滤池反冲洗周期的概念	X	√
				011	滤池反冲洗强度的概念	X	√
				012	滤料层含泥量的概念	X	√
				013	滤池反冲洗方法的分类	X	√
	D	管理预处理工艺（16∶3∶1）	10%	001	原水预处理的定义	X	
				002	原水预处理的目的	X	
				003	原水预处理的方法	X	√
				004	微污染水源的水质特点	X	
				005	河流地表水的污染特征	X	√
				006	湖泊、水库地表水污染的特征	X	√
				007	水源水质的污染原因	X	
				008	污染物的分类	X	
				009	污染源的类型	Y	
				010	有机污染的类型	X	
				011	微生物在水体中的作用	X	
				012	水蚤的特性	X	√
				013	水蚤在水中的危害	X	√
				014	剑水蚤的分类	X	√
				015	剑水蚤的生物学特性	Y	√

续表

行为领域	代码	鉴定范围（重要程度比例）	鉴定比重	代码	鉴定点	重要程度	上岗要求
专业知识B（65%）	D	管理预处理工艺（16:3:1）	10%	016	摇蚊虫的分类	X	√
				017	摇蚊虫的分布	Y	√
				018	摇蚊虫的生活史	Z	√
				019	供水系统滋生摇蚊虫的影响因素	X	√
				020	摇蚊虫的物理化学防治	X	√
	E	管理消毒工艺（24:5:1）	15%	001	饮用水的安全性	Z	√
				002	饮用水的安全消毒	X	√
				003	饮用水物理消毒的分类	X	
				004	饮用水物理消毒的特点	X	√
				005	饮用水化学消毒的分类	X	
				006	饮用水化学消毒的特点	X	√
				007	消毒方法的选择	Y	√
				008	消毒剂的种类	X	√
				009	消毒处理的方式	Y	
				010	氯胺的性质	X	
				011	氯胺的消毒原理	X	√
				012	氯胺消毒的优缺点	X	√
				013	氯气的性质	X	√
				014	氯消毒的特点	X	√
				015	氯消毒的原理	X	√
				016	二氧化氯消毒的优缺点	X	√
				017	二氧化氯的性质	X	√
				018	二氧化氯的氧化原理	X	√
				019	次氯酸钠的性质	X	
				020	过氧化氢消毒的特点	X	
				021	臭氧的性质	X	
				022	臭氧氧化的目的	X	√
				023	臭氧氧化的原理	X	√
				024	紫外线消毒的特点	X	√
				025	紫外线杀菌的原理	X	√
				026	高锰酸钾的理化性质	X	√
				027	高锰酸钾氧化的原理	X	√
				028	盐酸的理化性质	Y	√
				029	氯酸钠的理化性质	Y	√
				030	亚氯酸钠的理化性质	Y	√

续表

行为领域	代码	鉴定范围（重要程度比例）	鉴定比重	代码	鉴定点	重要程度	上岗要求
专业知识 B （65%）	F	管理维护阀门、管线、仪表 （16:3:1）	10%	001	阀门的概述	X	√
				002	阀门的分类	X	√
				003	阀门的结构	X	√
				004	阀门型号的意义	Y	√
				005	闸阀的概述	X	√
				006	球阀的概述	X	√
				007	蝶阀的概述	X	√
				008	止回阀的概述	X	√
				009	截止阀的概述	X	√
				010	流量计的分类	X	√
				011	水表的概述	X	
				012	水表的分类	X	
				013	水表表盘的读取	X	√
				014	给水金属管的种类	X	
				015	给水金属管的特点	Z	√
				016	给水非金属管的种类	X	
				017	给水非金属管的特点	Y	√
				018	U-PVC管的性能特点	X	
				019	U-PVC管的管件连接方式	Y	
				020	PP-R管的性能特点	X	√
	G	管理电气设备 （8:1:1）	5%	001	串联电路的特点	X	
				002	并联电路的特点	X	
				003	电流表的概述	X	√
				004	电流表的读数	X	√
				005	电压表的概述	Y	
				006	电压表的读数	Z	
				007	熔断器的概述	X	
				008	空气开关的概述	X	√
				009	触摸屏的概述	X	
				010	触摸屏使用的注意事项	X	√

注：X—核心要素；Y—一般要素；Z—辅助要素。

附录3 初级工操作技能鉴定要素细目表

行业:石油天然气　　　工种:净水工　　　等级:初级工　　　鉴定方式:操作技能

行为领域	代码	鉴定范围（重要程度比例）	鉴定比重	代码	鉴定点	重要程度	上岗要求
操作技能A（100%）	A	管理净水主体工艺（10:0:0）	50%	001	绘制常规工艺流程图	X	√
				002	绘制水处理构筑物简图	X	
				003	巡回检查加药间	X	√
				004	加药泵切换操作	X	√
				005	溶液池切换操作	X	√
				006	识别加药系统管件	X	√
				007	巡回检查反应沉淀池	X	√
				008	沉淀池排泥操作	X	
				009	巡回检查滤池	X	√
				010	普通快滤池反冲洗	X	√
	B	管理净水辅助工艺（4:0:0）	20%	001	使用酸度计测定水的pH值	X	
				002	使用二氧化氯分析仪测定余量	X	√
				003	测定水样色度	X	√
				004	巡回检查臭氧发生器间	X	√
	C	管理维护设备（3:2:1）	30%	001	识别常用工具	X	
				002	更换PVC球阀	X	
				003	使用托盘天平称量物品	Y	
				004	使用光散射浊度仪测量浑浊度	Y	
				005	使用防毒面具	X	
				006	水表的读数	Z	

注:X—核心要素;Y—一般要素;Z—辅助要素。

附录4 中级工理论知识鉴定要素细目表

行业:石油天然气　　　　工种:净水工　　　　等级:中级工　　　　鉴定方式:理论知识

行为领域	代码	鉴定范围（重要程度比例）	鉴定比重	代码	鉴定点	重要程度
基础知识 A（35%）	A	水资源知识（7:1:1）	4%	001	水质污染	X
				002	水体的主要污染物	X
				003	耗氧污染物的来源	Z
				004	胶体物质的组成	Y
				005	溶液的性质	X
				006	水的浊度	X
				007	水中的余氯	X
				008	水的硬度	X
				009	水的碱度	X
	B	取水知识（19:4:2）	13%	001	水资源利用的困难性	X
				002	取水工程的设计要求	X
				003	地表水水域功能的分类	X
				004	水功能区划的目的	X
				005	水功能区划的基本原则	X
				006	水功能区划的方法	X
				007	地表水环境的基本要求	X
				008	给水水源的特点	X
				009	水源地选择的一般原则	X
				010	保护给水水源的一般措施	X
				011	江河取水构筑物位置的选择要求	X
				012	岸边式取水构筑物的构造	X
				013	岸边式取水构筑物的适用条件	X
				014	河床式取水构筑物的构造	X
				015	河床式取水构筑物的适用条件	Y
				016	斗槽式取水构筑物的适用条件	Y
				017	移动式取水构筑物的特点	X
				018	移动式取水构筑物的适用条件	X
				019	山区浅水河流取水构筑物取水方式的特点	Y
				020	海水取水的特点	Z
				021	海水取水构筑物的分类	Z

续表

行为领域	代码	鉴定范围（重要程度比例）	鉴定比重	代码	鉴定点	重要程度
基础知识 A （35%）	B	取水知识（19：4：2）	13%	022	管井的施工内容	X
				023	管井的维修管理	X
				024	渗渠的形式	X
				025	渗渠位置的选择原则	Y
	C	水质检验知识（10：3：1）	7%	001	生活饮用水水源水质标准	X
				002	水质检验的相关名词术语	X
				003	水样的采集保存	Y
				004	标准溶液的配制	Y
				005	常规指标中微生物的相关指标	X
				006	毒理学指标的相关限值	Z
				007	非常规指标中的微生物指标	X
				008	余氯的概念	X
				009	溶液的浓度	X
				010	溶液的化学平衡	X
				011	水中硬度的测定	X
				012	铁的测定	X
				013	锰的测定	X
				014	误差的分类	Y
	D	水力学知识（3：0：0）	2%	001	作用于液体的力	X
				002	静水压强的特性	X
				003	重力作用下静水压强分布规律	X
	E	电气知识（4：0：0）	2%	001	直流电的概念	X
				002	交流电的概念	X
				003	CPU 的概念	X
				004	主板的概念	X
	F	安全知识（10：3：2）	7%	001	安全带的使用要求	X
				002	安全带的配件参数要求	X
				003	安全带的使用注意事项	Y
				004	灭火器的性能参数	Y
				005	灭火器材的使用要求	X
				006	安全电压的概念	X
				007	安全标志的表示方法	Y
				008	机械伤害的概念	Z
				009	触电的概念	X
				010	触电的救护措施	X

续表

行为领域	代码	鉴定范围（重要程度比例）	鉴定比重	代码	鉴定点	重要程度
基础知识 A（35%）	F	安全知识（10:3:2）	7%	011	低压设备操作的安全规程	X
				012	防火防爆的措施	X
				013	天然气着火的特点	Z
				014	天然气着火处置措施	X
				015	灭火方法的分类	X
专业知识 B（65%）	A	管理混凝工艺（12:1:1）	7%	001	常用净水剂的卫生要求	X
				002	影响混凝的因素	X
				003	混凝剂的溶解方法	X
				004	药剂的投加方式	X
				005	絮凝方式的分类	X
				006	隔板絮凝池的特点	X
				007	折板絮凝池的特点	X
				008	网格（栅条）絮凝池的特点	Y
				009	机械絮凝池的特点	X
				010	絮凝池的分类	X
				011	高浊度水絮凝的方法	Z
				012	计量泵的定义	X
				013	计量泵的工作原理	X
				014	计量泵主要部件的作用	X
	B	管理浮沉工艺（11:2:1）	7%	001	斜板（管）沉淀池各部位的作用	X
				002	小间距斜板沉淀池的优势	X
				003	斜板（管）沉淀池的运行参数	X
				004	沉淀池的选择	Y
				005	悬浮颗粒在静水中的沉降类型	X
				006	各类沉淀池的应用	Z
				007	气浮工艺的适用条件	Y
				008	气浮池的特点	X
				009	气浮法适用的对象	X
				010	气浮法的比较	X
				011	气浮专用的设备	X
				012	气浮池的运行管理	X
				013	澄清池的工作过程	X
				014	机械搅拌澄清池的投运	X

续表

行为领域	代码	鉴定范围（重要程度比例）	鉴定比重	代码	鉴定点	重要程度
专业知识 B (65%)	C	管理过滤工艺 (8:3:1)	6%	001	双阀滤池的特点	X
				002	虹吸滤池的特点	X
				003	无阀滤池的特点	Y
				004	移动罩冲洗滤池的特点	Y
				005	V形滤池的特点	X
				006	滤料的选择要求	X
				007	滤池的反冲洗用水系统	X
				008	滤池反冲洗过程的控制	X
				009	真空泵的启停	X
				010	真空泵的工作原理	X
				011	真空泵的结构	Y
				012	真空泵的型号	Z
	D	管理深度处理工艺 (11:2:1)	7%	001	膜的分类	X
				002	膜分离的分类	X
				003	膜技术的原理	X
				004	膜的集成	Y
				005	超滤的基本理论	X
				006	超滤相关术语	X
				007	超滤膜的材料	X
				008	活性炭的表面化学性质	Y
				009	活性炭的性能指标	X
				010	活性炭的吸附原理	X
				011	活性炭的选择方法	Z
				012	活性炭滤池的布置方式	X
				013	活性炭滤池的反冲洗	X
				014	活性炭滤池的接触时间	X
	E	管理预处理工艺 (13:2:1)	8%	001	化学预氧化的定义	X
				002	化学预氧化的目的	X
				003	有机物对水处理的影响	X
				004	水体富营养化形成的原因	X
				005	水体富营养化对水处理的危害	X
				006	湖泊富营养化污染的危害	X
				007	藻类的概念	X
				008	藻类的来源	X
				009	藻类的分类	X

续表

行为领域	代码	鉴定范围（重要程度比例）	鉴定比重	代码	鉴定点	重要程度
专业知识 B（65%）	E	管理预处理工艺（13∶2∶1）	8%	010	藻类的污染	X
				011	影响藻类生长的因素	Y
				012	藻毒素的危害	X
				013	水厂出厂水水蚤增多的原因	X
				014	水蚤的控制方法	X
				015	摇蚊虫的产生	Y
				016	摇蚊虫的防治技术	Z
	F	管理消毒工艺（20∶3∶1）	12%	001	消毒剂的主要作用机理	X
				002	消毒剂的作用过程	X
				003	消毒副产物的概念	Y
				004	消毒剂主要性质的比较	X
				005	化学消毒的分类	X
				006	影响消毒效果的因素	X
				007	氯化消毒的危害	Y
				008	加氯量的控制	X
				009	氯胺投加量的确定	Z
				010	二氧化氯投加量的确定	X
				011	二氧化氯投加点的选择	X
				012	二氧化氯的投加方式	X
				013	盐酸的储存	X
				014	氯酸钠的储存规定	X
				015	亚氯酸钠的储存规定	X
				016	臭氧生产系统的组成	X
				017	臭氧的制备方法	Y
				018	次氯酸钠的应用	X
				019	影响紫外线杀菌的因素	X
				020	高锰酸钾的储存要求	X
				021	高锰酸钾投加量的确定	X
				022	高锰酸钾消毒的优缺点	X
				023	余氯的测定方法	X
				024	二氧化氯的检测方法	X
	G	操作消毒设备（6∶1∶1）	4%	001	二氧化氯发生器的结构特性	Y
				002	二氧化氯投加系统的主要部件	X
				003	二氧化氯发生器安全阀的工作原理	X
				004	二氧化氯发生器背压阀的工作原理	X

续表

行为领域	代码	鉴定范围 (重要程度比例)	鉴定比重	代码	鉴定点	重要程度
专业知识 B (65%)	G	操作消毒设备 (6∶1∶1)	4%	005	二氧化氯发生器电接点压力表的工作原理	X
				006	二氧化氯发生器的工作原理	X
				007	氯瓶的歧管系统	X
				008	泄压阀的工作原理	Z
	H	管理维护阀门、管线、仪表 (8∶1∶1)	5%	001	管道质量检查	X
				002	电磁流量计的概述	X
				003	电磁流量计的特点	X
				004	压力表的概述	X
				005	压力表的分类	X
				006	压力表表盘的读取	Y
				007	压力表的维护	X
				008	阀门的维护	X
				009	阀门的常见故障	X
				010	阀门无法开启的常见原因	Z
	I	操作电气设备 (7∶1∶0)	4%	001	电动机的分类	X
				002	电动机的性能指标	X
				003	电动机运行中的巡护	X
				004	电流和电压的测量选择	Y
				005	电压的计算方法	X
				006	接地接零保护常识	X
				007	电能表的概述	X
				008	电能表铭牌的内容	X
	J	操作自控设备 (8∶1∶1)	5%	001	计算机硬件系统的组成	X
				002	计算机软件系统的组成	X
				003	输入设备及输出设备的概念	Y
				004	操作系统的概述	X
				005	计算机病毒的概述	X
				006	计算机系统的维护方法	X
				007	Word 的概述	X
				008	Word 的基本操作	Z
				009	Excel 的概述	X
				010	Excel 的基本操作	X

注:X—核心要素;Y——般要素;Z—辅助要素。

附录5　中级工操作技能鉴定要素细目表

行业:石油天然气　　　工种:净水工　　　等级:中级工　　　鉴定方式:操作技能

行为领域	代码	鉴定范围（重要程度比例）	鉴定比重	代码	鉴定点	重要程度
操作技能A（100%）	A	管理净水主体工艺（9:1:0）	50%	001	绘制加药间工艺平面图	X
				002	绘制加药间巡回检查路线图	Y
				003	计算水厂混凝剂单耗	X
				004	配制混凝药剂	X
				005	投入运行加药系统	X
				006	停止运行加药系统	X
				007	检查投入运行前反应沉淀池	X
				008	绘制滤池剖面图	X
				009	投运活性炭滤池	X
				010	测定炭滤池的反冲洗强度	X
	B	管理净水辅助工艺（5:0:1）	30%	001	清洗二氧化氯发生器过滤器	Z
				002	检查运行中二氧化氯发生器	X
				003	投运二氧化氯发生器	X
				004	切换运行中计量泵	X
				005	根据需要调整二氧化氯投加量	X
				006	投运臭氧发生器系统前准备	X
	C	操作维护设备（2:1:1）	20%	001	读取压力表	X
				002	更换压力表	X
				003	识别压力表	Y
				004	处理阀门故障	Z

注:X—核心要素;Y—一般要素;Z—辅助要素。

附录6 高级工理论知识鉴定要素细目表

行业:石油天然气　　　　工种:净水工　　　　等级:高级工　　　　鉴定方式:理论知识

行为领域	代码	鉴定范围（重要程度比例）	鉴定比重	代码	鉴定点	重要程度	备注
基础知识A（33%）	A	水资源知识（8：1：1）	6%	001	微生物的概念	X	
				002	微生物的特点	Y	JD
				003	细菌的基本形态	X	
				004	细菌细胞的结构	X	
				005	细菌的生长	X	
				006	细菌的呼吸	Z	
				007	水的耗氧量	X	
				008	水中的溶解氧	X	
				009	水中的氨氮	X	
				010	水中的菌落总数	X	
	B	取水知识（16：3：2）	13%	001	地表水水源地水质现状的评价等级	X	
				002	水源的合理利用	X	
				003	河流特征与取水构筑物的关系	X	
				004	地表水取水构筑物位置的选择要点	X	
				005	地表水取水构筑物设计的一般原则	X	
				006	岸边式取水泵房的设计特点	X	
				007	固定式取水头部的特点	X	
				008	固定式取水头部的适用条件	X	
				009	活动式取水头部的设计要求	X	
				010	低坝式取水构筑物的适用条件	X	
				011	底栏栅取水构筑物的适用条件	X	JD
				012	水泵直接吸水的设计要点	X	
				013	自流管(渠)的设计要点	X	
				014	格栅的设计要点	X	
				015	取水构筑物的防泥沙措施	Y	
				016	水泵选择的原则	Y	
				017	冰凌对取水构筑物的危害	X	
				018	水泵的性能参数	X	JD/JS
				019	离心泵的润滑	Y	
				020	离心泵的密封	Z	
				021	离心泵的保养	Z	

续表

行为领域	代码	鉴定范围(重要程度比例)	鉴定比重	代码	鉴定点	重要程度	备注
基础知识 A (33%)	C	水质检验知识 (9:2:1)	8%	001	溶解氧的测定	X	
				002	水中碱度的测定	X	
				003	滴定分析的类型	Y	
				004	酸碱滴定法	X	
				005	络合滴定法	X	
				006	沉淀滴定法	X	JD
				007	氧化还原滴定法	X	
				008	碘量法	X	
				009	重量分析法	Z	
				010	氨氮测定的原理	Y	
				011	耗氧量测定的意义	X	
				012	耗氧量测定的原理	X	
	D	水力学知识 (4:0:0)	2%	001	液体的流速	X	
				002	液体的流量	X	
				003	沿程水头损失	X	JS
				004	局部水头损失	X	JS
	E	安全知识 (5:1:1)	4%	001	梯子的使用要求	X	
				002	保证电工作业的安全措施	X	
				003	施工临时用电安全要求	X	
				004	安全教育培训的要求	X	
				005	安全生产方针的含义	Z	
				006	安全标志的安装位置	Y	
				007	安全标志的使用要求	X	
专业知识 B (67%)	A	管理混凝工艺 (6:1:1)	5%	001	混凝剂的配制规定	X	JS
				002	投药工序质量控制的规定	X	
				003	药剂投加量的控制	X	JD/JS
				004	药剂投加点的选择	X	
				005	投药设施的维护保养	X	
				006	加药间的工作内容	Y	
				007	净水剂的投加设备	X	
				008	净水剂投加量的计量	Z	
	B	管理浮沉工艺 (10:1:1)	7%	001	常见沉淀池的适用条件	X	
				002	沉淀池进出口的形式	X	
				003	斜板(管)沉淀池的设计要点	X	JD
				004	斜板(管)沉淀池的影响因素	X	

续表

行为领域	代码	鉴定范围（重要程度比例）	鉴定比重	代码	鉴定点	重要程度	备注
专业知识 B（67%）	B	管理浮沉工艺（10：1：1）	7%	005	影响平流式沉淀池的因素	X	JD/JS
				006	平流沉淀池的设计要点	X	JS
				007	水力循环澄清池的特点	X	
				008	辐流式沉淀池的设计要点	Z	
				009	脉冲澄清池的特点	X	
				010	刮泥排泥的运行管理	Y	
				011	气浮工艺的形式	X	
				012	气浮工艺的影响因素	X	
	C	管理过滤工艺（10：2：1）	8%	001	评价滤池的技术指标	X	JS
				002	滤池运行中需注意的问题	X	
				003	助滤剂的使用	X	
				004	微絮凝直接过滤	X	
				005	滤料的铺装方法	X	
				006	快滤池的管理	X	
				007	滤池的保养	X	
				008	翻板滤池的概念	X	
				009	翻板滤池使用中的注意事项	Y	
				010	V形滤池的操作维护	X	
				011	V形滤池的常见故障	Y	
				012	普通快滤池的设计要点	X	
				013	V形滤池的设计要点	Z	
	D	管理深度处理工艺（15：3：1）	12%	001	膜材料的特点	Y	JD
				002	膜的制备	X	
				003	膜的组件	X	JD
				004	膜技术的特点	X	
				005	膜技术的问题	X	
				006	超滤的特点	X	
				007	超滤膜的表征	Z	
				008	超滤的流程模式	X	JD
				009	超滤膜的性能指数	X	
				010	超滤膜的面积负荷	X	JS
				011	超滤膜的透过机理	X	
				012	超滤膜的除浊性能	X	
				013	超滤膜的除菌性能	Y	
				014	超滤膜的截留有机物性能	X	

续表

行为领域	代码	鉴定范围（重要程度比例）	鉴定比重	代码	鉴定点	重要程度	备注
专业知识 B（67%）	D	管理深度处理工艺（15∶3∶1）	12%	015	膜污染的机理	X	JD
				016	影响膜污染的主要因素	X	
				017	膜污染的种类	Y	
				018	克服浓差极化的方法	X	
				019	防止膜污染的措施	X	
	E	管理预处理工艺（11∶2∶1）	9%	001	氧化预处理技术的分类	X	JD
				002	化学预氧化的方法	X	
				003	生物预处理的目的	X	JD
				004	吸附预处理的方法	X	
				005	微污染水中有机物的去除方法	Y	
				006	活性炭的分类	X	
				007	粉末活性炭的应用	X	
				008	粉末活性炭投加点的选择	X	JD
				009	粉末活性炭的投加方式	X	JD
				010	粉末活性炭的使用管理	Y	
				011	藻类对水体的危害	X	
				012	藻类对水厂运行的不利影响	X	JD
				013	剑水蚤的生物去除方法	Z	
				014	剑水蚤的化学杀灭方法对比	X	
	F	管理消毒工艺（12∶1∶0）	8%	001	二氧化氯消毒的应用	X	JD
				002	影响二氧化氯消毒效果的因素	X	JS
				003	二氧化氯消毒的副产物	Y	JD
				004	二氧化氯的制备方法	X	JD/JS
				005	臭氧氧化在水处理中的应用	X	JD
				006	臭氧的消毒特点	X	
				007	臭氧尾气破坏的主要方法	X	
				008	次氯酸钠的制备	X	
				009	盐酸的安全使用规定	X	
				010	氯酸钠的配制要求	X	
				011	氯酸钠的安全使用规定	X	
				012	亚氯酸钠的配制要求	X	
				013	亚氯酸钠的安全使用规定	X	
	G	操作消毒设备（5∶1∶0）	4%	001	二氧化氯发生器的维护保养	X	
				002	二氧化氯发生器运行的常见故障	X	
				003	二氧化氯发生器计量泵的工作原理	X	

续表

行为领域	代码	鉴定范围 （重要程度比例）	鉴定比重	代码	鉴定点	重要程度	备注
专业知识 B （67%）	G	操作消毒设备 （5:1:0）	4%	004	二氧化氯发生器水射器的工作原理	X	
				005	脉动阻尼器的工作原理	Y	
				006	二氧化氯的使用安全	X	
	H	管理维护阀门、管线、仪表 （5:0:1）	4%	001	转子流量计的读数	X	
				002	转子流量计的更换方法	X	
				003	计量泵阀门分类	X	
				004	设定计量泵安全阀/背压阀压力的方法	X	
				005	PE 管的性能特点	X	
				006	PE 管线的连接方法	Z	
	I	操作电气设备 （2:1:1）	3%	001	三相异步电动机的铭牌读取	X	
				002	三相异步电动机的日常维护方法	X	
				003	电气设备的分类	Y	
				004	电气设备防火的方法	Z	
	J	操作自控设备 （2:1:0）	2%	001	自动控制系统的概述	X	
				002	自动控制系统的分类	Y	
				003	执行器的概述	X	
	K	文字录入、处理 （2:1:0）	2%	001	Word 文档中文字录入方法	X	
				002	Word 文档中文字排版方法	Y	
				003	Word 文档中图片的应用	X	
	L	表格制作、应用 （3:1:1）	3%	001	Excel 表格的制作	X	
				002	Excel 表格公式的使用	X	
				003	Excel 表格图表的使用	Z	
				004	Excel 表格工具的使用	X	
				005	Excel 表格的格式化	Y	

注：X—核心要素；Y—一般要素；Z—辅助要素。

附录7　高级工操作技能鉴定要素细目表

行业:石油天然气　　　工种:净水工　　　等级:高级工　　　鉴定方式:操作技能

行为领域	代码	鉴定范围（重要程度比例）	鉴定比重	代码	鉴定点	重要程度
操作技能A（100%）	A	管理净水主体工艺（8:1:0）	43%	001	配制聚丙烯酰胺溶液	X
				002	确定最佳药剂投加量	X
				003	使用混凝搅拌器	X
				004	绘制沉淀池剖面图	X
				005	测定滤料含泥量	X
				006	测定滤池反冲洗强度	X
				007	测定滤池膨胀率	X
				008	测定滤池滤速	Y
				009	更换膜组件	X
	B	管理净水辅助工艺（4:0:0）	22%	001	更换二氧化氯发生器背压阀	X
				002	判断二氧化氯发生器运行故障	X
				003	更换二氧化氯发生器计量泵	X
				004	清洗二氧化氯发生器	X
	C	管理维护设备（3:1:0）	22%	001	使用转子流量计	X
				002	更换转子流量计	X
				003	更换计量泵膜片	Y
				004	标定计量泵流量	X
	D	综合管理（2:1:0）	13%	001	在 Word 中录入文字	X
				002	用 Excel 制作表格	X
				003	用 Excel 建立图表	Y

注:X—核心要素;Y——般要素;Z—辅助要素。

附录8 技师理论知识鉴定要素细目表

行业:石油天然气　　　工种:净水工　　　等级:技师　　　鉴定方式:理论知识

行为领域	代码	鉴定范围 (重要程度比例)	鉴定比重	代码	鉴定点	重要程度	备注
基础知识 A (23%)	A	水资源知识 (6:1:1)	6%	001	水中细菌的分布	X	
				002	水中常见的病毒	X	
				003	管网中经常出现的水质问题	X	JD
				004	管网中经常产生水质问题的原因	Z	JD
				005	改善管网水质的主要措施	Y	JD
				006	氟化物的含义	X	
				007	硝酸盐的含义	X	
				008	三氯甲烷的含义	X	
	B	取水知识 (5:1:1)	5%	001	取水工程的设计资料	X	
				002	固定式取水构筑物的施工方法	X	
				003	管井的设计步骤	Z	
				004	集取河床地下水的渗渠的布置方式	Y	
				005	虹吸管的设计要点	X	
				006	集水井的设计要点	X	
				007	寒冷地区设计取水构筑物应注意的问题	X	
	C	水质检验知识 (3:1:1)	4%	001	亚硝酸盐测定的意义	X	
				002	亚硝酸盐测定的原理	Y	JD
				003	氯化物的测定	X	JS
				004	硫酸盐的测定	X	
				005	阴离子合成洗涤剂的测定	Z	
	D	水力学知识 (2:1:0)	3%	001	液体的运动流态	X	
				002	明渠均匀流的特性	X	
				003	水动力学的基础	Y	JS
	E	安全知识 (4:1:0)	5%	001	有毒作业场所的劳动保护	X	
				002	施工安全管理原则	X	
				003	进入受限空间前的准备	X	
				004	进入受限空间作业的安全措施	X	
				005	进入受限空间作业的安全职责	Y	

续表

行为领域	代码	鉴定范围（重要程度比例）	鉴定比重	代码	鉴定点	重要程度	备注
专业知识B（77%）	A	管理混凝工艺（4:1:1）	5%	001	絮凝实验的主要用途	Z	JS
				002	絮凝实验的基本方法	X	JS
				003	絮凝实验中的有关测定	Y	JS
				004	计量泵的运行方法	X	
				005	计量泵运行中的常见故障	X	
				006	计量泵的维护保养	X	
	B	管理浮沉工艺（6:1:1）	7%	001	沉淀池进出口流量计算	X	JS
				002	沉淀池排泥时间的要求	X	
				003	沉淀池的排泥计算	X	JS
				004	平流式沉淀池设计参数的选择	X	JS
				005	理想沉淀池的计算	X	JD/JS
				006	沉淀工艺条件的控制	Z	JS
				007	气浮设计的要点	X	
				008	平流式溶气气浮机的安装调试	Y	
	C	管理过滤工艺（9:2:0）	9%	001	滤速的测定	X	JS
				002	滤料层含泥量的测定	X	JS
				003	滤池反冲洗强度的测定	Y	JD/JS
				004	滤池膨胀率的测定	X	
				005	普通快滤池的运行管理	X	JD
				006	普通快滤池常见故障的原因分析	X	
				007	普通快滤池故障的排除方法	X	JD
				008	普通快滤池的改造途径	X	
				009	真空系统的构成	X	
				010	真空泵的常见故障及原因	X	
				011	真空泵的维修方法	Y	JD/JS
	D	管理深度处理工艺（24:5:1）	24%	001	超滤系统的产水率	X	
				002	透水量对超滤系统的影响	X	
				003	制水周期对超滤系统的影响	X	
				004	化学清洗周期对超滤系统的影响	X	
				005	温度对超滤系统的影响	X	
				006	超滤工艺的预处理	X	
				007	超滤系统的清洗	X	
				008	超滤系统的化学清洗	X	JD
				009	超滤系统的故障分析	X	
				010	超滤系统组件的完整性检测	X	

续表

行为领域	代码	鉴定范围（重要程度比例）	鉴定比重	代码	鉴定点	重要程度	备注
专业知识 B (77%)	D	管理深度处理工艺 (24：5：1)	24%	011	超滤系统的操作状态	X	JD
				012	超滤系统的控制方式	X	JD
				013	超滤系统的自动控制	Y	
				014	超滤系统的工艺运行特性	X	
				015	混凝和超滤膜联用去除有机物的效果	Y	
				016	混凝剂提高量对膜过滤的影响	X	
				017	粉炭投加量对超滤膜透过性能的影响	X	
				018	活性炭的吸附容量	X	
				019	活性炭滤池的表面负荷率	X	
				020	活性炭的利用率	X	JD
				021	活性炭的再生	X	
				022	活性炭在饮用水处理中的应用方法	X	
				023	活性炭滤池的运行维护内容	X	
				024	臭氧-活性炭的处理效果	Z	JD
				025	生物活性炭滤池的生物活性	X	
				026	生物活性炭滤池的缺点	X	
				027	生物活性炭滤池中的菌落计数	X	
				028	人工固定化生物活性炭的工艺原理	Y	
				029	生物活性炭滤池中微生物降解能力的评价方法	Y	
				030	固定化生物活性炭的净水性能	Y	
	E	管理预处理工艺 (7：2：1)	8%	001	预处理工序的质量控制规定	X	
				002	预处理设施的运行规定	X	
				003	预处理设施的维护保养	X	
				004	生物预处理的方法	Y	
				005	生物预处理的特点	Y	
				006	饮用水中臭味的来源	X	
				007	水体臭味的控制方法	X	JD
				008	水体色度的去除方法	X	JD
				009	藻类的去除方法	X	JD
				010	藻毒素的去除方法	Z	
	F	管理消毒工艺 (3：1：0)	3%	001	使用二氧化氯的经济分析	X	
				002	控制消毒副产物的工艺研究	X	
				003	管网二氧化氯残余量的控制	Y	
				004	二氧化氯间的管理	X	

续表

行为领域	代码	鉴定范围（重要程度比例）	鉴定比重	代码	鉴定点	重要程度	备注
专业知识 B (77%)	G	操作消毒设备 (3:1:0)	4%	001	二氧化氯发生系统的维护保养	X	
				002	臭氧发生器的运行维护内容	X	JD/JS
				003	臭氧发生器气源系统的运行维护内容	Y	
				004	臭氧接触池的运行维护内容	X	
	H	管理维护阀门、管线、仪表 (4:1:0)	4%	001	PVC 管线的连接方法	X	
				002	PVC 管线连接的注意事项	X	
				003	PVC 管与 PE 管的区别	X	
				004	液位计的概述	X	
				005	液位计的分类	Y	
	I	操作电气设备 (2:1:1)	3%	001	变频器的概述	Z	
				002	变频器的优缺点	Y	
				003	变频器的作用	X	
				004	变频器的维护方法	X	
	J	操作自控设备 (2:1:1)	4%	001	可编程逻辑控制器的概述	X	
				002	可编程逻辑控制器的特点	Z	
				003	自控系统的功能	Y	
				004	PID 控制系统的概述	X	
	K	质量管理 (3:1:0)	4%	001	QC 小组活动的概述	X	
				002	QC 小组课题的类型	Y	
				003	QC 小组活动的方法	X	
				004	QC 小组活动的推进	X	
	L	培训 (1:1:0)	2%	001	培训计划的编制方法	Y	
				002	教案的编制方法	X	

注：X—核心要素；Y—一般要素；Z—辅助要素。

附录9　技师操作技能鉴定要素细目表

行业：石油天然气　　　工种：净水工　　　等级：技师　　　鉴定方式：操作技能

行为领域	代码	鉴定范围（重要程度比例）	鉴定比重	代码	鉴定点	重要程度
操作技能 A（100%）	A	管理净水主体工艺（10:1:0）	55%	001	筛选药剂试验	X
				002	排除计量泵不起压故障	Y
				003	计算沉淀池排泥量	X
				004	处理滤层含泥量升高问题	X
				005	测定炭滤池滤速	X
				006	测定炭滤池膨胀率	X
				007	巡回检查超滤系统	X
				008	投运膜处理系统	X
				009	停超滤系统	X
				010	操作超滤系统进行反冲洗	X
				011	操作超滤膜系统进行化学清洗	X
	B	管理净水辅助工艺（2:1:0）	15%	001	更换隔膜计量泵油	X
				002	设定计量泵安全阀、背压阀压力	X
				003	检修计量泵进出口单向阀	Y
	C	管理维护设备（2:0:1）	15%	001	粘接PVC管线	X
				002	热熔插接PP-R管	X
				003	检查变频器模块	Z
	D	综合管理（2:1:0）	15%	001	建立管理型QC小组活动	Y
				002	设计净水工教案重点内容	X
				003	用Excel建立数据透视表	X

附录 10　操作技能考核内容层次结构表

级别＼项目＼内容	操作技能					综合能力		安全生产		合计
	基本技能	资料记录整理分析	装置操作	故障判断及处理	装置管理	培训指导	技术文件编制	安全防护器材使用	健康、安全、环保（HSE）能力	
初级工	20 分 20~60 min	15 分 10~20 min	25 分 20~60 min	10 分 20~60 min				15 分 20~30 min	15 分 10~40 min	100 分 100~270 min
中级工	15 分 10~30 min	5 分 10~15 min	40 分 30~60 min	20 分 30~60 min				10 分 10~20 min	10 分 10~30 min	100 分 100~215 min
高级工		5 分 10~15 min	45 分 30~60 min	40 分 20~60 min		5 分 20~60 min			5 分 20~60 min	100 分 100~255 min
技师				15 分 20~60 min	30 分 20~60 min	10 分 20~60 min	30 分 20~60 min		15 分 30~60 min	100 分 110~300 min

参 考 文 献

[1] 洪觉民,蒋继申,胡修国,等. 现代化净水厂技术手册. 北京:中国建筑工业出版社,2013.
[2] 中国石油天然气集团公司人事服务中心. 净水工. 北京:石油工业出版社,2007.
[3] 王占生,刘文君,张锡辉. 微污染水源饮用水处理. 北京:中国建筑工业出版社,2016.
[4] 张金松,尤作亮,孙昕,等. 饮用水二氧化氯净化技术. 北京:化学工业出版社,2002.
[5] 上海市政工程设计研究院. 给水排水设计手册 第3册 城镇给水. 2版. 北京:中国建筑工业出版社,2003.
[6] 何文杰,李伟光,张晓健,等. 安全饮用水保障技术. 北京:中国建筑工业出版社,2006.